公立病院のための
地方独立行政法人
設立・運営マニュアルQ&A

監修
上塚芳郎
前東京女子医科大学教授／一般財団法人松本財団顧問

公立病院改革は「待ったなし」
各自治体で早急に議論を！

上塚芳郎
前東京女子医科大学教授、一般財団法人松本財団顧問

◆ ・ ・ ◆

　公立病院は多額の赤字を計上していることが多く、自治体の一般会計からの繰り入れによる赤字の補てんで存続し、経営に問題があると指摘されてきました。総務省「新公立病院改革ガイドライン」には、次のような記載があります。

　「公立病院は、地方公営企業として運営される以上、独立採算を原則とすべきものである。一方、地方公営企業法上、一定の経費については、一般会計等において負担するものとされている。したがって、新改革プランの前提として、当該公立病院が地域医療の確保のため果たすべき役割を明らかにした上で、これに対応して一般会計が負担すべき経費の範囲についての考え方及び一般会計等負担金の算定基準（繰出基準）を記載する」

　そして、これに続き、経営・収支の改善を目指すことが肝心であると記されています。

　内閣府「経済財政運営と改革の基本方針2018」（平成30年6月15日閣議決定）では、「公立・公的医療機関については、地域の医療需要等を踏まえつつ、地域の民間医療機関では担うことができない高度急性期・急性期医療や不採算部門、過疎地等の医療提供等に重点化するよう医療機能を見直し、これを達成するための再編・統合の議論を進める」とされました。

　これを受けた厚生労働省は、2019（令和元）年9月26日に公立病院と公的病院の25％超にあたる全国424の病院について、「再編・統合について特に議論が必要」とする分析をまとめ、病院名を公表しました。さらに翌年1月17日には、改めて440病院（データ精査の結果、再検証対象の病院数が変動）が必要に応じて機能分化やダウンサイジングも含めた再編・統合の検討が必要であるとの通知を発出しました。再検証の対象となった病院は、次の2つの点で問題があるとされています。

①診療実績が特に少ない公立・公的病院等

　がん、心疾患、脳卒中、救急、小児、周産期、災害、へき地、研修・派遣機能の9領域すべてで、地域における診療実績が下位3分の1の病院

②類似の機能を持つ病院が近接している公立・公的病院

　人口100万人以上の地域医療構想区域にある病院については、別途、再検証方針等を定める

3

こうしたなか、2020（令和2）年1月末からは新型コロナウイルス感染症が流行し、従来の公立病院改革の内容に、パンデミックへの対応の視点が欠けていたことが問題となり、新たな改革案の検討が進められています。新型コロナをはじめとする新興感染症への対応を考えると、民間病院より指揮命令系統がはっきりしている公立・公的病院のほうが、自治体の命令で病床を確保し、医師・看護師等の動員体制が取りやすいことは確かです。しかし、その点だけで現状のまま、自治体立の運営を継続するのが最善策であるということではありません。やはり改革は「待ったなし！」です。

　これまでの公立病院改革では、地方公営企業法の全部適用、地方独立行政法人化（非公務員型）、指定管理者制度の導入、民間譲渡などさまざまな手法が検討されてきました。地方公営企業法の全部適用は比較的優れた手法だとは思われますが、経営の自由度の拡大範囲は限定的です。より改革が進みやすいのは地方独立行政法人だと思います。

　このたび、長年、公立病院改革に対して鋭い視線を向けてきた長隆氏が代表を務める監査法人長隆事務所の公認会計士の方々が中心となり、本書を出版することになりました。固い法律用語や行政用語が並び、必要箇所のみを使うような類書が多いなか、本書は初心者でもわかりやすく、最後まで通読していただけるように、Ｑ＆Ａ形式としたことが特長です。

　その内容は多岐にわたり、第1部では地方独立行政法人の設立・移行準備から始まり、医療マネジメント、施設基準、ジェネリック医薬品・フォーミュラリー、医療材料の購買法、会計・監査、感染症対策など、従来の類書では扱われなかった分野も網羅しています。

　そして、第2部では「事例から学ぶ公立病院の再編統合・経営効率化」と題して、実際に地方独立行政法人に移行し、病院改革を実現したさんむ医療センター、山形県・酒田市病院機構の成功事例、最新のAIやIT技術を活用した経営効率化の事例などを紹介しています。

　また、第3部では、今後の公立病院のあり方や医療政策の方向性について、東京都健康長寿医療センターや厚生労働省のインタビューをもとに解説しています。地方独立行政法人化を検討されている方々にとって、とても参考になる内容だと思います。

　経営が悪化している公立病院を改革するためには、理事長・院長のマネジメント力が重要になります。そして、何よりもそこで働く職員の意識改革が必要です。医療の質も大切なキーワードだと言えるでしょう。

　私は、本書が読者の皆様のお役に立つものと、監修者として自信を持っております。ぜひ、最後までお読みいただければ幸いです。

コロナ後、地方財政は危機的状況へ
夕張市破綻の再来を招いてはいけない

長 隆

監査法人長隆事務所代表社員、公認会計士

　コロナ対応期間中の地方財政は、公立病院等への巨額なカンフル注射により、何とか危機的状況を先送りすることができています。しかし、コロナ後、公立病院を開設している地方自治体では、夕張市破綻の再来もあり得るのではないかと危惧しています。

　北海道夕張市は 2007（平成 19）年 3 月、財政再建団体に指定されたことをきっかけに、事実上、国の管理下に置かれ、2016（平成 28）年 3 月には 10 年の節目を迎えました。

　2006（平成 18）年 9 月に総務大臣に就任した菅義偉氏は、翌年 9 月には同職を退任となりますが、在任中、夕張市再生の陣頭指揮をとり、わずか 1 年で「財政健全化法」を成立させるなど、その超スピードの政治主導が懐かしく思い出されます。

　私は 2006 年 8 月から翌年 3 月まで、菅総務大臣の指示により、夕張市立総合病院の経営アドバイザーを務めました。さらに、同時期に総務省公立病院改革懇談会の座長に任じられ、「公立病院改革ガイドライン」の策定にも関与しました。このガイドラインは、現在も公立病院改革の指針として、重きをなしています。しかしながら、地域医療構想など新しい政策が打ち出されているものの空文化が著しく、残念でなりません。

　2021（令和 3）年 8 月、総務省は準公営企業室長に犬丸淳氏を登用しました。同氏は 2017（平成 29）年発刊の著書『自治体破綻の財政学』（日本経済評論社）において、アメリカ史上最大の自治体破綻という衝撃を与えたデトロイト市を中心に米国自治体の財政破綻から再建までの道筋を詳細に分析しています。そして、夕張市の再建事例と比較しながら日本への教訓を探り、日本でも自治体の財政破綻の再来があり得ると警告しています。

　地方自治体の財政再建団体入りを防ぐためにも、公立病院の経営改革が急がれます。全国の市長と事業管理者に本書が活用されることを期待しています。

●略歴　おさ・たかし

　1941（昭和 16）年生まれ。1964（昭和 39）年、早稲田大学卒業。1967（昭和 42）年、税理士試験合格。1976（昭和 51）年、公認会計士長隆事務所開業。2002（平成 14）年、税理士業務部門を法人化、東日本税理士法人に名称変更、代表社員に就任。その他、総務省地方公営企業経営アドバイザー、総務省公立病院改革懇談会座長、公益社団法人全日本病院協会参与などを歴任。地方独立行政法人の監査実績としては、地方独立行政法人山形県・酒田市病院機構、地方独立行政法人りんくう総合医療センターなどがある。

目次

第1部　公立病院のための 地方独立行政法人設立・運営マニュアル Q&A

第⑧章　監査の知識とオンライン監査の潮流 …………… 207

森本明浩（監査法人長隆事務所、公認会計士）
原田智浩（監査法人長隆事務所、公認会計士）

第⑨章　新たな脅威に備える！　公立病院のための感染症対策 …… 227

賀来満夫（東北医科薬科大学医学部感染症学教室特任教授、東北大学名誉教授）
遠藤史郎（東北医科薬科大学医学部感染症学教室病院教授）
吉田眞紀子（東北医科薬科大学医学部感染症危機管理地域ネットワーク寄附講座准教授）

第1部

公立病院のための
地方独立行政法人
設立・運営マニュアル
Q&A

第1部

第1章

地方独立行政法人の設立・移行準備

• 吉田実貴人 （監査法人長隆事務所、公認会計士）

Q 1 地方独立行政法人とは どのような団体ですか？

A

▶ 地方公共団体が出資・設立した、公的サービスを提供する法人

▶ 民間企業のような分離型経営の地方公共団体版

▶ 「自主性」「目標管理」「透明性」「公共性」といった特徴がある

▶ 総務省「新公立病院改革ガイドライン」で示されている公立病院が選択可能な運営形態の1つ

解説

1 地方独立行政法人とは

1 地方独立行政法人の概要

　地方独立行政法人は、地方独立行政法人法第2条において次のように定義されています。

　「住民の生活、地域社会及び地域経済の安定等の公共上の見地からその地域において確実に実施されることが必要な事務及び事業であって、地方公共団体が自ら主体となって直接に実施する必要のないもののうち、民間の主体にゆだねた場合には必ずしも実施されないおそれがあるものと地方公共団体が認めるものを効率的かつ効果的に行わせることを目的として、この法律の定めるところにより地方公共団体が設立する法人」

　すなわち、地方公共団体が出資して設立する法人で、法律上、公的サービスをきちんと提供する役割が求められています。

　地方独立行政法人制度は、小泉純一郎内閣が掲げた「聖域なき構造改革」の考え方のもと、地方の行政改革に資するため、地方公共団体が機動的・戦略的に対応するためのツールを付与する目的で創設され、2004（平成16）年4月1日から施行されています。制度の仕組みを簡単に説明すると、民間企業のような分離型経営の地方公共団体版にあたります。つまり、首長（市長や都道府県知事）をCEO（Chief Executive Officer：最高経営責任者）とし、地方独立行政法人の長（理事長）にCOO（Chief Operating Officer：最高執行責任者）の役割を持たせ、戦略立案と執行を分離させています。

❷ 地方独立行政法人の特徴

地方独立行政法人には、次に挙げる4つの特徴があります。

①自主性

首長や議会の事前関与・統制を極力廃し、事後チェックに重点を置くなど、理事長の自己責任が徹底されています。首長が任命するのは理事長と監事のみで、副理事長・理事・職員は理事長が任命します。

年度計画（予算）は議会の事前承認ではなく、首長への届出だけに簡素化されています。多くの先例で選択されている「一般地方独立行政法人（非公務員型）」では、職員の身分は非公務員となり、労働三法（「労働基準法」「労働組合法」「労働関係調整法」）が適用されます。給与制度・任用制度も地方公務員法から解き放たれ、一定のルールの範囲内で任意に制度設計できます。これにより人事・採用の機動性・弾力性は格段に向上します。

②目標管理

目標管理は地方独立行政法人制度の根幹をなすシステムです。首長が議会の議決を経て中期目標を設定し、地方独立行政法人に示します。地方独立行政法人はそれを達成するための中期計画を作成して、首長に認可申請し、首長は議決を経たあと、認可します。この目標が達成されたかどうかは、毎年度、地方独立行政法人が提出する自己評価報告書をチェックし、中期目標期間終了後は評価委員会（地方自治体の附属機関）の意見を聴取したうえで、地方独立行政法人の成果を総合評価します。このような PDCA サイクルの制度化（義務化）を通して、効率的な経営と質の高い住民サービスの提供の両方が担保されることになります。

③透明性

中期目標・中期計画・年度計画の公表、発生主義・複式簿記等の企業会計的手法の採用、決算報告書・事業報告書・財務諸表の作成・公表、会計監査人による会計監査等により経営の透明性が確保されています。

④公共性

地方独立行政法人は、親元の地方公共団体とは別個の独立した法人です。大きな自主性が与えられていますが、それでもなお、公共性を維持しています。定款の議会議決、地方自治体の資本金出資、首長による理事長の任命、首長の中期目標の指示、首長による評価・改善勧告、繰入金等の財源措置、解散時残余財産の地方自治体の帰属・負債の地方自治体の負担等のシステムが地方独立行政法人の公共性を担保することになります。

2 公立病院の経営改革と地方独立行政法人化

1 公立病院の使命・行動指針

公益社団法人全国自治体病院協議会の倫理要領では、自治体（公立）病院の使命を次のように示しています。

「都市部からへき地に至るさまざまな地域において、行政機関、医療機関、介護施設等と連携し、地域に必要な医療を公平・公正に提供し、住民の生命と健康を守り、地域の健全な発展に貢献することを使命とする」

自治体（公立）病院は、都道府県におけるセンター的病院として、あるいは広域圏における中核病院として、一般的医療水準の向上に努めるとともに、高度・特殊医療、救急医療、へき地医療の提供、さらには医師・看護師等医療従事者の教育・研修に積極的に取り組んでいます。

また、同協議会の倫理綱領では、自治体（公立）病院の行動指針として、次の5つを挙げています。

① 地域医療の確保
② 質の高い医療の提供
③ 患者中心の医療の推進
④ 医療安全の徹底
⑤ 健全経営の確保

公立病院は、地域の基幹病院として、民間では困難な不採算部門の医療を担うことが求められています。そのため、地域住民が必要とする公共性の高い医療サービスを確保するとともに、合理的かつ効率的な病院経営に努めることによって、健全で自立した経営基盤を構築する必要があります。

2 公立病院の経営改革

病院運営をとりまく厳しい経営環境のなかで、将来にわたり公立病院としての役割を担っていくためには、環境の変化に迅速かつ柔軟に対応できる運営体制を構築する必要があります。しかし、地方公営企業法の全部適用下においては、依然として職員の定数管理による制約があり、独自の給与体系の設定も困難です。また、タイムリーな採用・病院設備の購入等に難があり、公営企業の経済性・自助努力が発揮しにくい実情があります。

総務省「新公立病院改革ガイドライン」では、公立病院の経営改革を考えるうえで想定される経営形態として、「地方公営企業法の全部適用」「地方独立行政法人化（非公務員型）」「指定管理者制度の導入」「民間譲渡」「事業形態の見直し」の5つが示されています。そ

のなかでも公立病院としての役割を引き続き担え、医療環境の変化に迅速かつ柔軟に対応できるのは、地方独立行政法人化です。すでに地方公営企業として運営されている公立病院であれば、公営企業型・移行型地方独立行政法人が想定されます。

3　地方独立行政法人移行後の経営状況

1 病院関連の地方独立行政法人の数

　現在、病院関連の公営企業型地方独立行政法人の数は、全国で61法人（都道府県21、指定都市9、市町村29、一部事務組合・広域連合2）が設立されています（総務省ホームページより、2020［令和2］年4月1日現在）。

　地方独立行政法人は、大きく「一般（非公務員型）」と「特定（公務員型）」に分けられますが、地方独立行政法人化と同時にスタッフの身分が地方自治体の公務員から地方独立行政法人の職員に変わり、公共性と経済性を最大限に発揮できる「一般（非公務員型）」への移行が原則です。「簡素で効率的な政府を実現するための行政改革の推進に関する法律（行政改革推進法）」においても、「一般（非公務員型）」への移行を推進しており、実際に多くの先例で選択されています。

　これまで病院事業について「特定地方独立行政法人（公務員型）」の設立許可が行われたのは、いわゆる「医療観察法（心神喪失等の状態で重大な他害行為を行った者の医療及び観察等に関する法律）」第16条に基づく指定入院医療機関の指定を受ける関係上、必要な場合等に限定されています。本書は、地域医療サービスを提供してきた公立病院が経営の効率化を図るために経営形態を見直すことを目的としているため、「一般地方独立行政法人（非公務員型）」および地方独立行政法人法が規定する「移行型地方独立行政法人（第59条）」「公営企業型地方独立行政法人（第81条）」を前提に解説していきます。

2 公立病院経常収支の状況（黒字・赤字病院の割合）

　公立病院の多くが経常収支ベースで赤字という危機的な状況のなか、国は病院の規模、医療機能、経営面など全般的な改革を検討しています。総務省の調査によれば、2019（令和元）年度における全国の公立病院の経常収支は62.8％が赤字となっています（**図表1-1**）。

　赤字のままでは、医療スタッフの待遇悪化を招き、医療機器の更新や病院自体の建て替えが困難となり、ひいては地域医療サービスの水準にも悪影響を及ぼしかねません。

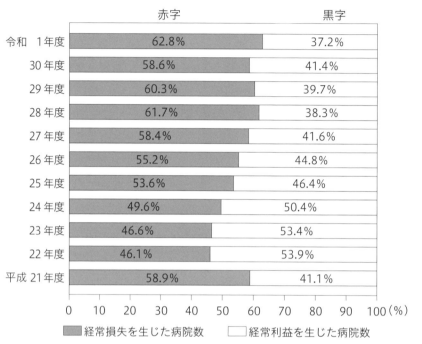

図表1-1 公立病院経常収支の状況（黒字・赤字病院の割合）（地方独立行政法人を含む）

全病院数に占める経常損失・経常利益を生じた病院数の割合

	赤字	黒字
令和　1年度	62.8%	37.2%
30年度	58.6%	41.4%
29年度	60.3%	39.7%
28年度	61.7%	38.3%
27年度	58.4%	41.6%
26年度	55.2%	44.8%
25年度	53.6%	46.4%
24年度	49.6%	50.4%
23年度	46.6%	53.4%
22年度	46.1%	53.9%
平成21年度	58.9%	41.1%

■ 経常損失を生じた病院数　　□ 経常利益を生じた病院数

出典：自治財政局準公営企業室「公立病院の現状について」

3 地方独立行政法人化した公立病院の経営状況

　地方独立行政法人化した病院で構成される全国地方独立行政法人病院協議会という団体があります。設立は2012（平成24）年で、84病院が会員登録しています（2020年3月現在）。年に1度開催する総会ではさまざまな協議等を行い、地方独立行政法人化した病院の経営状況等を公表しています。同会の会員アンケートを基にした決算状況調査をもとに、地方独立行政法人化した公立病院の経営状況を見ていきます。

①独法化後の経常収支比率

　独法化した会員病院の66.2%の病院が経常収支の黒字を達成しています。また、67.1%が「独法化前より経常収支比率が上がった」と回答しています（**図表1-2**）。

②独法化後の医業収支比率と患者単価

　独法化前と2018（平成30）年度を比較すると、医業収支比率、患者単価ともに増加しています（**図表1-3**）。独法化後に医療の質が向上したことから患者単価が向上し、それが医業収支比率の向上につながったと考えられます。

図表 1-2 経常収支比率（独法化前と 2018 年度の比較）

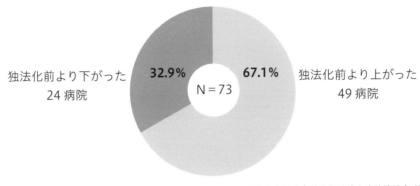

出典：全国地方独立行政法人病院協議会 第 4 回総会資料

図表 1-3 医業収支比率と患者単価の関係（独法化前と 2018 年度の増減比）

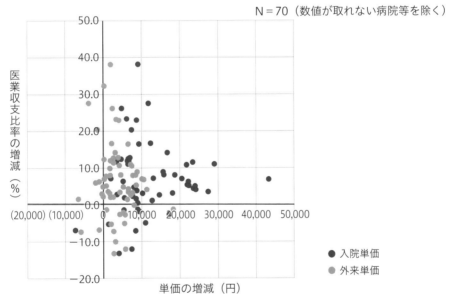

出典：全国地方独立行政法人病院協議会 第 4 回総会資料

③独法化後の医業収支比率と職員数

　独法化前と 2018 年度を比較すると、医業収支比率、職員数ともに増加しています（**図表 1-4**）。独法化によりスタッフの総合的な処遇が改善したことから、新規採用数が増加、離職率が低下し、スタッフのモチベーションに好影響を与え、それが医業収支比率の向上につながったと考えられます。

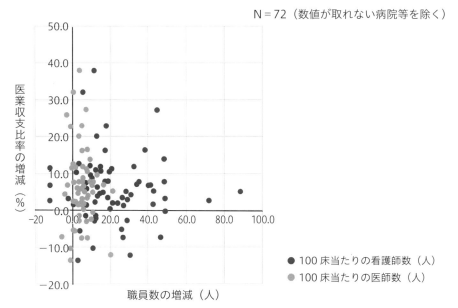

N＝72（数値が取れない病院等を除く）

● 100 床当たりの看護師数（人）
● 100 床当たりの医師数（人）

出典：全国地方独立行政法人病院協議会 第4回総会資料

　医師の地域偏在により、特に地方において医師不足が顕在化していますが、独法化した公立病院における医師数増は1つの光明と言えるかもしれません。

Q 地方独立行政法人化にはどのようなメリットがありますか？

A

▶ 経営責任の明確化や経営の機動性が高まるなど経営効率が上がる

▶ 経営改善により生み出した資源をスタッフの待遇改善や医療サービスの質の向上に振り向けることができる

▶ メリットを享受するためには、病院経営に長けた理事長の人選が重要

解説

1　地方独立行政法人化のメリット

1　地方独立行政法人化の５つのメリット

①経営の責任と権限が明確になり、機動性・弾力性のある法人運営が可能

地方公営企業（全部適用）においては、①病院事業の決算は地方自治体の会計の一部であり、病院事業会計が赤字であっても一般会計からの繰り入れが容易、②病院事業会計の決算は事実上、議会の追認を受けるのみで、病院事業管理者の経営責任があいまい、③地方自治体の予算獲得プロセスや公務員定数ルールに縛られ、医療機器の購入や職員の採用等を機動的・弾力的に行うことが困難——という課題があります。

地方独立行政法人に移行すると、地方自治体の会計から完全に独立した決算となり、法人の財政状態および経営成績が明確になります。法人の理事長は運営に関する権限が与えられ、経営責任を負いますが、地方自治体のルールに縛られることなく、柔軟に法人運営を行うことができるようになります。

② PDCA サイクルの義務化により、法人運営の継続的な改善が可能

地方公営企業（全部適用）においては、決算確定前に翌年度の事業計画や予算策定を済ませておく必要がありますが、決算確定には数か月〜半年の期間を要するため、前年度の経営結果を今年度の予算や運営方針に反映させることが事実上、困難です。

地方独立行政法人に移行すると、PDCA サイクルが機能する目標・評価の仕組みの構築が義務化されます。すなわち、Plan（計画）・Do（実行）・Check（評価）・Action（改善）

を繰り返すことにより、運営管理や品質管理などの管理業務を継続的に改善していくことが求められます。具体的には、中期目標・中期計画・年度計画・事後評価等の新たな手法が導入され、それぞれ形を変えたPDCAサイクルを行うことになります。

③多様な勤務形態の設定、業務量に応じた人員配置が可能

地方公営企業（全部適用）は、原則として地方自治体の人事管理システム下にあり、職種や勤務形態、採用時期等が規定されています。

地方独立行政法人は独立した法人であるため、法人内で独自の規定を策定することができます。法人とスタッフのニーズに応じた多様な職種・勤務形態を設定したり、随時採用活動を行うことが可能です。地方自治体財政部等との事前調整業務が不要となり、人員配置の自由度が高まります。

④年俸制、業績給、資格手当など独自設計の給与制度が可能

地方公営企業（全部適用）の人事管理システム下においては、地方自治体が定める条例をベースに給与制度が規定されており、経営環境の変化に応じて弾力的に規定を改定することは事実上、困難です。

地方独立行政法人は独立した法人であるため、新たに人事規定を策定することで、年俸制、業績給、資格手当など法人独自の給与制度の設計が可能となります。これにより優秀な新規スタッフを採用しやすくなると同時に、既存スタッフの離職を防ぎやすくなります。

⑤中期計画の範囲内で弾力的な予算運用が可能

地方公営企業（全部適用）の１年間の運営予算総額は、前年度の２月に開催される議会で承認され、予算超過は１円たりとも認められません（コロナ禍対応等、緊急性・必要性が明らかに高い内容であっても、原則として再度、追加補正予算の議決が必要）。また、予算総額内であっても、予算科目間の振り替えは認められないのが原則です。その結果、１年間の投資の意思決定は、半年〜１年前に行わざるを得ず、時宜を得た判断が困難となります。予算総額自体も前年度の予算をベースにシーリング（概算要求基準）を加味するような硬直的なものになりがちです。

地方独立行政法人は、事前に定められた中期計画の範囲内であれば、予算科目や年度に縛られない弾力的な予算運用が可能です。

⑥複数年契約など多様な契約手法の活用が可能

地方公営企業（全部適用）の予算は、その年の歳入と歳出を見ながら決めるという「単年度主義」です。契約は年度単位（１年間）が原則であり、複数年契約等は認められていません。年度内にその支出が終わらない見込みのある繰越明許費、債務負担行為等は例外となります。

地方独立行政法人にはこのような縛りがないため、複数年契約など多様な契約手法の活用が可能となります。例としては、高額な医療機器投資に関する複数年度保守契約等が挙

げられます。

①〜⑥以外のメリットとしては、既存スタッフの意識改革が挙げられます。地方独立行政法人化により病院スタッフの身分が非公務員に変わると、これまで公務員的な受身の姿勢で働いていたスタッフが、「患者が喜ぶ病院とはどういうものか」「患者に選ばれる病院になるには何をしなければいけないのか」など、自ら考え、実行するようになることがあります。これは提供する医療サービスにも好影響を与えます。

2 問われる理事長のリーダーシップ

地方独立行政法人化のメリットを享受するためには、経営者たる理事長がリーダーシップを存分に発揮する必要があります。理事長には、企画を実行する遂行能力、関係者の意見をとりまとめていく調整力、そして何よりも病院スタッフからの信頼が求められます。理事長を任命するのは首長ですが、その人選には慎重かつ大胆な判断が不可欠です。

なお、理事長が医師である必要はありませんが、多くの地方独立行政法人の理事長職には病院経営の経験と実績がある医師が就任しています。

3 地方独立行政法人化にはデメリットもある

地方独立行政法人化にはデメリットもあります。具体的には次の5つが挙げられます。

①移行時のイニシャルコスト

移行に際し、制度設計の外部コンサル費用や独自の会計システム等の開発、出資される不動産の不動産鑑定料等が必要となります。

②継続した追加ランニングコスト

自治体のシステムに頼らない、独自システムのメンテナンス費、役員報酬、監査報酬、損害保険料等の新たなランニングコストが発生します。

③新規部局の設定

首長事務部局に評価委員会事務局（担当）など新たな要員が必要となります。

④新たな作業工数の増加

就業規則の作成や、労使協定の締結、また、行政とは別に独自の各種規程を整備しなければいけないことがあります。また毎年度の評価事務に多大な時間と労力を要します。

⑤労働争議のおそれ

病院スタッフの身分が公務員から非公務員へ変わる際に、処遇をめぐり労働組合と摩擦が発生するおそれがあります。また、将来、争議権の行使があった場合に患者・住民に迷惑を及ぼす可能性があります。

2　地方独立行政法人化を選択すべき理由

　不採算医療やへき地医療の提供など、さまざまな役割を期待されている公立病院を運営していくためには、どのような経営形態が望ましいのでしょうか。そして、その運営のためにどれだけの税金の投入が許されるのでしょうか。これについては、総務省「新公立病院改革ガイドライン」が有用な情報を提供しています。すなわち、そこには公的病院の経営形態の見直しにかかわる選択肢として、「地方公営企業法（全部適用）」「地方独立行政法人化（非公務員型）」「指定管理者制度の導入」「民間譲渡」「事業形態の見直し」の5つが示されています。

　図表 1-5 では、「事業形態の見直し」を除く 4 つの経営形態の特徴を比較しています。4 つのうち、効率的かつ効果的な経営を実現し、医療スタッフに報い、かつ政策医療の提供を維持し、さらには公的資金の投入について説明責任を果たせる、最もバランスがとれた経営形態は「地方独立行政法人（非公務員型）」であると考えられます。

3　地方独立行政法人化に関する疑問

1 地方独立行政法人化を選択しない公立病院があるのはなぜ？

　地方独立行政法人化を選択しない理由としては、地方独立行政法人の趣旨・メリットが十分に理解・浸透していないこと、十分な先行事例が蓄積されるまで積極的に動かない自治体の横並び体質があることなどが考えられます。

　また、地方独立行政法人へ移行するには、承継資産の評価、中期計画の作成、規程等の整備、会計関連のシステム開発・整備のほか、評価委員会の設置・開催、議会の議決など、さまざまな移行作業や調整が必要です。自治体職員の定数削減が進められているなか、新たな業務に取り組みにくいという背景があるのではないかと考えられます。

2 不採算部門の切り捨て、公的医療の縮小につながる？

　地方独立行政法人化は、独立採算を強め、採算優先の運営になり、不採算部門の切り捨てにつながり、公的医療の縮小・住民サービスの後退につながると思われる方もいます。

　そもそも地方独立行政法人は、公的なサービスを提供することを目的として地方自治体が出資して設立する法人ですから、地方独立行政法人が運営する病院は、地方自治体の直営病院になります。首長の認可・議会の議決を経た中期目標・中期計画等に基づいて病院が運営されるようになり、事後チェックの仕組みもあります。この中期目標のなかで、住民に提供するサービス、その他の業務の質の向上に関する事項を定めることが義務づけら

れています。民間病院では担うことが困難な採算性が難しい医療のために必要な経費を自治体が負担する運営費負担金（繰出金）という仕組みは、地方独立行政法人法第85条で担保されており、地方独立行政法人化後も変わりません。

したがって、地方独立行政法人化で不採算である救急医療や小児医療、産科医療などがただちに切り捨てられ、住民サービスが後退するようなことはありません。

❸ 議会や住民のチェック機能が失われる？

地方独立行政法人では、目標・計画・実施・評価・業務運営への反映という、いわゆるPDCAサイクルの実施が義務づけられています。

目標については、首長が中期目標を定め、議会の議決を経たうえで定められ、計画は中期計画を法人が作成し、議会の議決を経て首長が認可し、いずれも公表されます。評価については、法人から首長に提出される中期計画の事業報告書により、自治体の付属機関である評価委員会が事業実績を評価し、首長に意見します。それを受けて首長は評価・結果を業務運営に反映させるため、議会に報告したうえで、中期目標期間終了時に法人の組織・業務全般にわたり見直しを行うことになっています。

そのため、地方独立行政法人化に伴い、首長と理事長に権限が集中し、議会や住民のチェック機能がなくなってしまうようなことはありません。

図表1-5　4つの経営形態の比較

経営形態	地方公営企業法 （全部適用）	地方独立行政法人 （非公務員型）
開設者	地方公共団体	地方公共団体
法律	地方公営企業法（第2条）	地方独立行政法人（第2条）
運営責任者	病院事業管理者	理事長
開設者	地方公共団体	地方公共団体
運営管理者	地方公共団体の一部	地方公共団体が設立する独立法人
政策医療	継続して確保	中期目標に基づいて事業実施するため、一定の公共性を確保
一般会計からの繰り出し	地方公営企業法で不採算医療等について、一般会計から負担	地方独立行政法人法に基づき、地方公営企業に準じた取り扱い
職員の採用・任命権者	事業管理者	理事長
職員の定員	条例で、時期や人数等の制限あり	中期計画の範囲内で制限なし
職員の給与・待遇	給与の種類と基準は、条例で規定	法人の規程
予算プロセス	地方自治体の予算全体に対して事前協議が必要	中期計画の範囲内で制限なし（範囲内で理事長が作成）
予算の議会議決	必要	不要
決算プロセス	事業管理者が作成し、首長に提出	理事長が作成し、首長に提出
決算の議会議決	認定要	報告義務
物品購入等の複数年契約	地方自治法の制限	多様な契約形態が可能
長期の資金調達	起債	設立団体からの借入のみ
目標設定・運営計画	なし	中期目標・中期計画を議会の議決
実績評価	なし	第三者機関である評価委員会が実施 ・事業年度ごと ・中期目標の期間終了後
職員の身分	地方公務員	独法法人職員
現職員の継続雇用	現行のまま公務員	自動的に法人職員へ移行（別途辞令がない限り）
ストライキ	争議権なし	労働基本権あり

指定管理者	民間譲渡
地方公共団体	民間法人
地方自治法	なし
指定管理者	民間法人
地方公共団体	民間法人
民間法人	民間法人
協定等を結べば政策医療の実施もあり得る	協議等可能だが、公的関与は薄い
別途、政策医療実施に係る一般会計からの財源措置が必要	別途、政策医療実施に係る一般会計からの財源措置が必要
指定管理者	民間法人の長
制限なし	制限なし
指定管理者の規程	民間法人の規程
指定管理者が作成	民間法人が作成
不要	不要
指定管理者が事業報告書を作成し、首長に提出	提出・報告義務なし
なし	なし
多様な契約形態が可能	多様な契約形態が可能
独自調達	独自調達
なし	なし
なし	なし
民間職員	民間職員
・新規に雇用契約締結必要 ・継続雇用について事前協議必要	・新規に雇用契約締結必要 ・継続雇用について事前協議必要
労働基本権あり	労働基本権あり

図表1-5　4つの経営形態の比較（続き）

経営形態	地方公営企業法 （全部適用）	地方独立行政法人 （非公務員型）
メリット	住民の代表である議会の意向が病院運営に反映	・臨機応変で自立的な運営可能 ・柔軟かつ迅速な組織・人事管理 ・弾力的な予算執行で機動性かつ効率的な事業運営 ・運営実績は外部機関の評価を受けるため、事業の透明性確保
デメリット	病院の状況に対応した機動的・弾力的な運営は行いにくい	・独法化に伴い一時的な経費だけでなく、経常的な経費負担が発生 ・定款や諸規則の策定、労使交渉など、法人設立までに相当の時間と労力が必要

	指定管理者	民間譲渡
	民間事業者の経営ノウハウを生かした病院経営	民間事業者の経営ノウハウを生かした病院経営
	・指定管理者の引受先である民間法人等を見つけることが困難 ・指定期間終了後に、改めて指定管理者を募集しなければならず、事業継続の円滑性に課題 ・運営に関して自治体の関与が薄くなり、自治体の意向を運営に反映させるには協定等の締結が必要 ・現職員はすべて退職となるため、一時的に多額の退職金が発生 ・経済性優先のために、政策医療の水準が低下するおそれ	・譲渡の引受先である民間法人等を見つけることが困難 ・運営に関して自治体の関与が薄くなり、自治体の意向を運営に反映させることが困難 ・発行済みの企業債について繰上償還が必要 ・現職員はすべて退職となるため、一時的に多額の退職金が発生 ・経済性優先のために、政策医療の水準が低下するおそれ

公立病院のための地方独立行政法人設立・運営マニュアル Q&A

Q 独法移行に向けて どのような準備が 必要ですか？

A

▶移行には用意周到な準備、関係者の理解・同意を得る など地道なプロセスを経る必要がある

▶移行の検討から実際の設立までの期間は、1年半〜2 年間程度を要する

解説

▶定款・承継財産・中期目標等、議会の議決が複数回に わたって必要になる

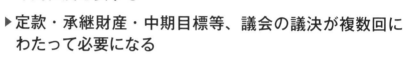

1 独法移行までにクリアする課題

地方独立行政法人の移行に伴い、クリアしなければならない主なハードルとして、次の5つが挙げられます。

1 団体首脳・病院・議会の意思の一致

病院当局はもちろん、首長および議会の過半数会派の理解が必要です。いずれかが反対だと地方独立行政法人化が頓挫してしまいます。

運営者である病院当局、総責任者である首長、住民代表である議員は、それぞれの立場から病院の独法化に対する思惑が異なります。丁寧に説明することはもちろんですが、それぞれの立場の方が同意しやすいように外堀を埋めていくような地道なプロセスが必要になります。

2 承継財産が承継負債を上回ること

プラスの財産（現金や土地建物等の固定資産）がマイナスの財産（借入金や未払金等）を上回る正味財産であることが望ましく、法人が事業に関連する多額の病院事業債の未償還金額（マイナスの財産）の負担を承継する場合は留意が必要です。

承継財産が承継負債を下回る場合、設立団体の出捐金（しゅつえん）等から控除され、設立当初から資本金が小さくなってしまいます。

③ 労働組合との交渉

　地方独立行政法人の移行に伴う職員の身分変更（非公務員）について、病院の労働組合が反対の立場をとるおそれがあります。そのため、労働組合との交渉は細心の注意を払うべきです。

　独法移行に向けた職員説明会は、全職員を対象とし、独法化を決定・公表する前に行います。説明会は単発でなく継続して複数回開催し、丁寧な対応が求められます。首長が独法化の思いを直筆で手紙にしたため、職員それぞれに対して送り、職員の理解を求めた例もあります。

④ 人事・給与システムの構築

　独法化により、これまでは自治体に依存していた人事・給与制度を独自に構築する必要があります。そのためのシステム開発経費、メンテナンス経費が新たに発生します。

⑤ 就業規則の作成、労使協定の締結、各種規定の整備

　就業規則の作成や労使協定の締結など、自治体とは別に独自の各種規程を整備しなければいけません。地方独立行政法人のあるべき会計規程等を検討していくことになりますが、先行地方独立行政法人が定め、運用している規則・規程等が大きな参考になります。公開されている先行事例の規定を入手するか、独法化を支援しているコンサルティング会社に依頼するとよいでしょう。経験と実績のあるコンサルティング会社であれば、規定集とともにその作成ノウハウが蓄積されています。

　歴史ある病院が独法化を機に改めて規定集等を見直すと、これまでの運用が屋上屋を重ねてきたこともあり、整合性がとれない、必ずしも公平でない部分が発見されることがあります。単に先行事例をコピー＆ペーストするのではなく、既存の規定と運用方法を踏まえながら、あるべき規程と運用を議論し決定していくべきです。これはルーチンワークと異なり、非常に骨が折れる作業です。

　規定の整備は人事や給与に直結することなので、病院内部および市執行部だけでは決められない、決まらないこともあります。その際には、積極的に外部コンサルティング会社のアドバイス等を活用するとよいでしょう。

◤ 2 　独法移行に向けたスケジュール ◢

　地方独立行政法人の決算期は、3月31日と定められています。設立日は法令で定められていませんが、4月1日を承認・期初としてスタートしている法人が多いようです。

この承認・期初を目標として、必要なプロセスを逆算してスケジュールに落とし込んでいきます。検討開始から法人設立までには、たくさんの検討事項・議決事項・承認事項があることから、多くの先例ではその準備期間として、1年半～2年間程度を見込んでいま

図表1-6　地方独立行政法人化に向けたスケジュール例（令和5年4月1日を設立目標とした場合）

年	月	首長部局	議会
令和3	秋	独法化方針の三役説明	
		独法化方針を組織決定	
令和4	1	首長：記者会見で独法化公表	独法化を与党議員に説明 →首長記者会見公表後に、野党議員へ説明
	2		
	3		
	4	独法化パブリックコメント募集	
	5		
	6	首長：法人理事長内定	定款議決
	7		
	8		
	9	首長：評価委員の任命	評価委員会条例・職員身分引き継ぎ条例・他関係条例議決
			承継財産の議決
	10		
	11		
	12		
令和5	1		
	2	評価委員会の意見書提出	中期目標、中期計画上程
	3		中期目標、中期計画議決
	4	設立登記、独法スタート	
		中期計画認可	中期計画認可
	5		

　　　重要なイベント

す。

　仮に令和 5 年 4 月 1 日を地方独立行政法人の設立目標とした場合のスケジュール例を**図表 1-6** に示します。

スタッフ・組合交渉	病院
	法人職員の給与体系・退職手当の骨子検討開始
	法人化について幹部職員説明
独法化方針・在職職員の身分勤務条件を組合へ提示、交渉開始	
職場懇談会開催（説明と説得の継続）	法人職員の給与体系・退職手当の骨子立案
	独法化担当スタッフの増員
	人事給与システムの開発開始
	法人職員の勤務条件の本格検討開始
	関係例規、中期目標、中期計画原案の本格検討開始
独法化方針・在職職員の身分勤務条件について組合妥結	
法人職員の勤務条件を組合提示	法人設立準備会議の立ち上げ（理事長予定者参加）
	法人設立準備会議で中期目標、中期計画検討
	法人職員の募集広告
	中期目標、中期計画原案立案
	中期目標、中期計画、評価委員会と調整開始
法人職員の勤務条件組合妥結	法人職員の最終合格発表
	予算案・年度計画原案作成開始
	人事給与システム開発完了
	予算案を理事会で了承
	法人職員の採用辞令
	年度計画を理事会で了承

3 地方独立行政法人の設立に必要な議会決議

1 知事の認可、議会の議決が前提

　まず、地方独立行政法人が成立するためには、設立登記が要件です。その前提として県知事の認可が必要で、さらにその前提として地方独立行政法人化を目指す議会の議決が必要となります。

　一方、地方独立行政法人の設立前に、独法の業務の実績等を評価する第三者機関として評価委員会を設置する必要があります。そのため、設立前に評価委員会条例を制定し、委員選任後、中期目標および中期計画について審議を行い、次の議会で中期目標と中期計画について議会議決を得る必要があります。

　さらに、議会関連としては、①地方独立行政法人が法人化に際して設立団体から承継する財産（土地・建物）を定めるための条例、②病院の職員を地方独立行政法人の職員として引き継ぐための条例、③病院の重要な財産の処分等についての議決、④独法化に伴う関係条例の整備等があります。

2 設立準備室の立ち上げ

　これらの準備については、単なる文書の作成だけでなく、関連部署への事前連絡や調整、法令等に対する理解などが必要です。相当な人的工数がかかるため、首長部局内に独法化の設立準備室等を立ち上げ、複数のスタッフを配置することが多くなっています。

Q4 議会や職員への説明はどう進めるべきですか？

▶ 独法化に向けて議会における各種議決の承認が必要

▶ 各議員に説明・理解していただき、賛同を得る

▶ 職員説明会は、階層を変えて複数回開催するなど、離職を招かないよう丁寧に説明する

解説

1 議会・議員への対応

1 議会・議員への説明

①議会内の会派（派閥）ごとに説明して回る

　地方独立行政法人化に向けて、議会における各種議決の承認が必要になります。各議員に理解していただき、賛成多数で可決されるためには、議会内の会派（派閥）ごとに説明して回るのが一般的です。

　独法化は大きな決断ですし、金額だけでなく住民生活にも大きなインパクトがありますので、丁寧な対応が求められます。議員によっては、病院事業に対する知識・理解のレベルに大きな差がありますので、注意を要します。

②議会内で過半数を確保するために

　全議員の理解・賛同を得られることが望ましいですが、必ずしも全員から賛同が得られるとは限りません。たとえば、当該議員の支援母体が労働組合である場合、立場上、組合職員の処遇変化を好まず、独法化に絶対反対の姿勢を貫く可能性が高いと思われます。また、住民の健康と安全を確保するために、病院は地方自治体が直接経営しなければならないと固く信じている議員も独法化に反対の立場をとるかもしれません。そういった議員らに丁寧な対応をしつつも、議案に賛成の議員を増やし、最終的には議会で多数派を形成して過半数の賛成を得ることになります。そのためには首長の考えに賛同している、首長を応援する議員団、いわゆる与党会派の協力が不可欠です。

　議会内で過半数を確保すれば、独法化関連の議決が本会議で容易となります。野党議員は議案のたびに関連委員会等で徹底抵抗し、議会の一般質問等で独法化に反対の立場から討論をしてくることもありますが、委員会や本会議でしっかりと討論していただいたうえで、本会議の採決で可決していくことになります。

2 議会と地方独立行政法人の関係

　独法化前の病院事業については、地方自治体の直接経営であるため、人事・予算・決算など、すべてが地方自治体のフルコミットであり、同時にそれらに関して議会の議決が必要でした。一方、独法化後の議会は、予算の議決および決算の認定、損害賠償額等については、議決が不要となります。

　また、独法設立時に新たに議決事項となるのが、設立時の定款の議決および解散の議決、中期目標、中期計画の議決、評価委員会設置条例の議決、条例に定める重要な財産の処分の議決などです。

　議会への定期的な報告事項としては、中期目標期間終了後の事業報告、評価委員会への各年度業務実績の実績評価および改善勧告の報告などです。

　上記を雑駁（ざっぱく）にまとめると、独法化前は議会のフルコミットであったものが、独法化後はその縛りが大きく改善され、機動的かつ弾力的な病院経営となる一方、定期的に議会のチェックが入ることで、一定の公共性が担保される仕組みとなっています。

2　職員・労働組合への対応

1 職員への説明

①職員の身分・労働条件の変更

　地方独立行政法人設立と同時に、公立病院の職員の雇用は、別に辞令がない限り、新法人へ引き継がれます。一般地方独立行政法人（非公務員型）の場合、病院職員の身分は原則として公務員から非公務員に変わります。

　独法化前までは自治体の条例がベースとなっていた職員の給与体系・労働条件については、新法人で任意に定めることになりますが、先例では一定期間について現給保証することが多くなっています。職員個人にとっても地方独立行政法人化により病院経営が安定することで、末永く病院職員として雇用が保障されることが見込まれ、よい経営が継続できれば公務員時代よりも好待遇になる可能性があります。

②説明会を開催し、不安を解消する

　このように病院職員の処遇が変更されることから、職員の不安を解消し、離職等につながらないよう、全職員に対して丁寧に説明する必要があります。これは医師、看護師、事務職員など、いずれの職種に対しても同様です。

　一般的には、まず独法化の検討をし、病院トップが意志決定をしたうえで、病院内で複数回行う管理者会議（全職種の所属長、主な医師、管理職員で構成）等で伝達します。そ

の後、首長の記者会見等で、法人化を目指すことを発表します。

そして、病院の職員全員に対する説明会および看護師長、主任看護師、技師長らに個別説明を行います。合わせて、院内広報誌などを通して、職員が十分に理解・納得できるよう、独法化に関する情報等を継続して発信します。給与面の変更は非常にセンシティブな問題なので、離職者を限りなく小さくするためには、個別説明が特に重要です。

なお、例外として公務員の身分のまま、地方自治体から地方独立行政法人へ職員を派遣することも可能です（地方独立行政法人法 124 条）。職員の希望等をじっくり聞いて、望ましい職場環境になるよう慎重に進める必要があります。

② 独法移行後の事務局体制

法人設立前は、規程の作成、システム環境の整備、議会・職員・住民への説明など、独法設立準備チームが事務局として活動します。独法移行後は、それらの業務は終了しますが、新法人移行後も、中期計画や中期目標の達成度の検証、評価委員会の開催など、事務局としての活動は継続して行う必要があります。

③ 医師や看護師等からよくある質問

独法化に伴い、医師や看護師等から、「病院職員をいったん退職し、新法人で採用されることになるのでしょうか」「退職金はどう扱われるのでしょうか」といった質問がたくさん寄せられます。

前述のとおり、病院職員は、別途、地方自治体から辞令が発せられない限り、法人の設立日において新法人の職員となることが定められています。しかし、新法人移行時に退職金の支給が行われるわけではありません。また、退職手当の算定は原則として、自治体職員としての在職期間が通算されることになります。新法人の内規次第ですが、有利不利が発生しないような制度設計は可能です。

④ 労働組合との交渉

病院職員組合が独法化に反対の立場をとることがあります。特に、公務員から非公務員に身分が変わること、労働条件が変わることについての抵抗が予想されます。こうした場合、全職員対象の説明会を複数回開催し、独法化のメリットを丁寧に説明します。納得できる条件を提示し、妥結していくことになります。組合との団体交渉は数か月、回数にして 10 回を超えることもあります。

独立行政法人通則法の一部を改正する法律案に関して、第 186 回国会閣法（内閣提出法律案）第 78 号附帯決議では、「独立行政法人の統廃合等の組織の見直しに当たっては、当該法人職員の雇用の安定に配慮すること。また、独立行政法人の職員の給与等は、自主性

及び自律性の発揮という制度本来の趣旨並びに職員に適用される労働関係法制度に基づき、法人の労使交渉における決定に基づき対応すること」とされています。労働条件の変更について、労働組合等から抗議があることがありますが、説明会の場を複数回設け、誠意を持って説明・交渉していく必要があります。

3　住民から反対運動等があったときの対応

　住民やマスコミ等に動揺を起こさせないために、独法化の内容やメリット等をわかりやすく、繰り返し周知していくことが大切です。

　病院経営の課題解決に向けて、医業収支改善の手法や経営形態の検討等の経営改革アクションプラン等を作成しているのであれば、そのなかで地方独立行政法人制度の活用等が示されていることと思います。このような情報を継続して広報していくことになります。

　独法化のプロセスが最終段階に入った段階では、住民からパブリックコメントを募集することがあります。そこで寄せられた意見に対しては、誠実な回答が求められます。事前に、多方面にわたって想定問答集等を準備しておくことが有用です。

独法移行後の病院経営はどう変わりますか？

▶戦略立案（首長）と病院経営（理事長）が分離され、責任明確化

▶評価委員会を新設、監事・会計監査人を任命

解説

▶中期目標・中期計画・年度計画で政策医療を達成する

▶業績評価で、法人の活動を事後チェックする

1 経営責任の所在と主要機関の役割

1 経営責任の所在

新法人は、設立団体から独立した別法人として適切な独立採算性の運用により、その経営責任を明確にしつつ、目標管理のもとで効率的な病院経営が行われることが期待されます。設立団体の首長が住民に提供する地域医療サービスの道筋を示し、それに基づいて地方独立行政法人がそれを実行していくことになります。

そして、年度ごと、または計画期間終了時点で、達成度合いをチェックし、業務のやり方を適時に見直していきます。地方独立行政法人の運営の巧拙が医療サービスに直結しますので、経営者である理事長の権限は大きく、経営責任も負うことになります。そのため、理事長の選任は、独法移行後の病院経営を左右する重要なカギとなります。

2 主要機関の役割

主要機関としては、地方独立行政法人のほか、首長や議会、評価委員会、監事・会計監査人があります。相互の関係（概略）を**図表 1-7** に示します。このうち、評価委員会と監事・会計監査人の役割について解説します。

①評価委員会の役割

評価委員会は、首長の附属機関として首長が選任します。評価委員は、業務の実績に関する評価を行います。単に経営的視点だけでなく、社会的な評価等を含めて総合的な判断が必要なことから、法人の活動を客観的に評価し、評価報告や改善勧告を出せる人材が求められます。

評価委員会の主な業務は、まず設立時に首長が作成・変更する中期目標について意見を

図表1-7　主要な機関の主な役割と相互の関係（概略）

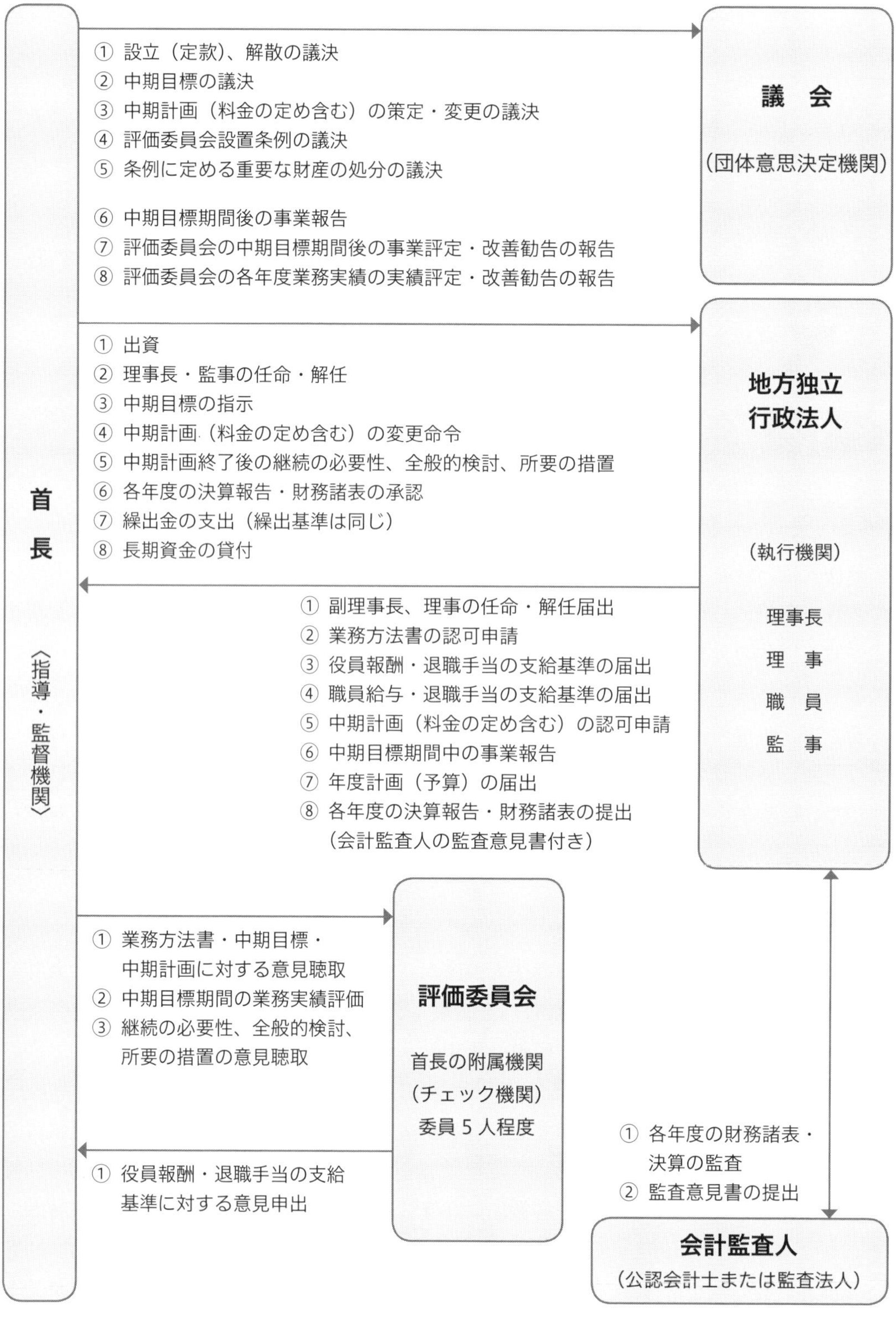

議　会

（団体意思決定機関）

① 設立（定款）、解散の議決
② 中期目標の議決
③ 中期計画（料金の定め含む）の策定・変更の議決
④ 評価委員会設置条例の議決
⑤ 条例に定める重要な財産の処分の議決

⑥ 中期目標期間後の事業報告
⑦ 評価委員会の中期目標期間後の事業評定・改善勧告の報告
⑧ 評価委員会の各年度業務実績の実績評定・改善勧告の報告

**地方独立
行政法人**

（執行機関）

理事長
理　事
職　員
監　事

① 出資
② 理事長・監事の任命・解任
③ 中期目標の指示
④ 中期計画（料金の定め含む）の変更命令
⑤ 中期計画終了後の継続の必要性、全般的検討、所要の措置
⑥ 各年度の決算報告・財務諸表の承認
⑦ 繰出金の支出（繰出基準は同じ）
⑧ 長期資金の貸付

首　長

〈指導・監督機関〉

① 副理事長、理事の任命・解任届出
② 業務方法書の認可申請
③ 役員報酬・退職手当の支給基準の届出
④ 職員給与・退職手当の支給基準の届出
⑤ 中期計画（料金の定め含む）の認可申請
⑥ 中期目標期間中の事業報告
⑦ 年度計画（予算）の届出
⑧ 各年度の決算報告・財務諸表の提出
　（会計監査人の監査意見書付き）

評価委員会

首長の附属機関
（チェック機関）
委員 5 人程度

① 業務方法書・中期目標・
　 中期計画に対する意見聴取
② 中期目標期間の業務実績評価
③ 継続の必要性、全般的検討、
　 所要の措置の意見聴取

① 役員報酬・退職手当の支給
　 基準に対する意見申出

① 各年度の財務諸表・
　 決算の監査
② 監査意見書の提出

会計監査人

（公認会計士または監査法人）

求められます。また、中期目標期間最後の事業年度の直前の事業年度に、中期目標の業務の実績を評価する際に首長の附属機関として首長から地方独立行政法人の業務の継続性、組織の必要性、その他組織全般にわたる検討をする際の意見を求められます。その他、重要な財産の処分や役員の報酬等の支給基準に対する意見も求められます。

②監事・会計監査人の役割

監事は、設立団体の長である首長が任命します。理事長の任期の末日を含む事業年度の財務諸表承認日までが任期です。職務遂行に必要な報告徴収・調査ができる権利を与えられており、地方独立行政法人の業務の適正な執行や透明性・公正性を向上させることを目的に、専門的見地から法人業務の全般的な監査を行います。

監事が会計監査を含む法人業務の全般的な監査を行うのに対し、会計監査人は、会計経理についての監査を行います。すなわち、財務諸表に対する監査報告を行いますが、財務会計にかかわるものに限定されます。これは、会計・経理が複雑かつ専門的なことから、専門家としての公認会計士の関与が求められているためです。会計監査人は、監事と協力して監査のプロセスを進めます。

2 中期目標・中期計画・年度計画

■ 中期目標（地方独立行政法人法第 25 条）の作成

首長が、3〜5年の期間で、地方独立行政法人が達成すべき業務運営に関する目標を定めます。これには次の5つの項目が含まれます。

① 中期目標の期間
② 住民に対して提供するサービスその他の業務の質の向上に関する事項
③ 業務運営の改善及び効率化に関する事項
④ 財務内容の改善に関する事項
⑤ その他業務運営に関する重要事項

地方独立行政法人は、中期目標、中期計画および年度計画に基づいて業務を行いますが、中期目標は中期計画および年度計画の基礎となるもので、直接業務について設立団体の首長から法人に対して指示できる唯一の手段です。地方独立行政法人として、どのような住民サービスを提供するのかという基本指針であることから、中期目標の策定には住民の代表者である議会の議決が必要です。

中期目標の設定においては、定量的な指標を用いながら、その内容が具体的かつ明確なものとなるようにします。

② 中期計画（地方独立行政法人法第 26 条）の作成

首長は、中期目標を地方独立行政法人に指示・公表します。法人はこれを達成するために、次の 8 つの項目を含む中期計画を策定し、首長に申請します。

① 住民に対して提供するサービスその他の業務の質の向上に関する目標を達成するためとるべき措置

② 業務運営の改善及び効率化に関する目標を達成するためとるべき措置

③ 予算（人件費の見積りを含む）、収支計画及び資金計画

④ 短期借入金の限度額

⑤ 出資等に係る不要財産又は出資等に係る不要財産となることが見込まれる財産がある場合には、当該財産の処分に関する計画

⑥ 前号に規定する財産以外の重要な財産を譲渡し、又は担保に供しようとするときは、その計画

⑦ 剰余金の使途

⑧ その他設立団体の規則で定める業務運営に関する事項

首長は、中期目標との整合性を確認したうえで計画を認可します。地方独立行政法人の運営の透明性を高めるため、中期計画は公表されます。

③ 年度計画（地方独立行政法人法第 27 条）の作成

地方独立行政法人は、認可を受けた中期計画に基づき、事業年度 1 年間の業務運営に関する年度計画を定め、首長に届け出て、公表します（**図表 1-8**）。

3　業績評価

地方独立行政法人の運営は、自立性が基本であり、かつ中期的な視点に立つ必要があります。このため、設立団体の首長の関与は、中期目標の設定と事後の実績評価のみです。首長は、地方独立行政法人が行う業務の公共性および透明な業務運営の確保の観点から、各事業年度終了時において、業績等の評価を行い、その結果を公表し、議会に報告します。必要があれば、業務運営の改善、その他の必要な措置を講ずることを命令することができます（**図表 1-9**）。

①毎年度

地方独立行政法人は、事業年度の終了後 3 か月以内に、前年度の業績について自己評価報告書を作成し、首長に提出します。これは、地方独立行政法人の年間活動の説明責任と運営の透明性の観点から求められています。評価は、地方独立行政法人の責務である中期

図表1-8　中期目標・中期計画・年度計画の作成

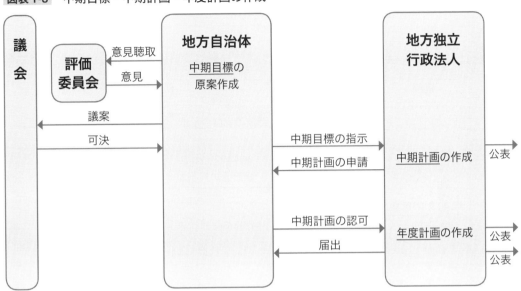

目標を達成するための進行管理という位置づけです。実施状況が思わしくなく、中期目標の達成が危ぶまれるとき、首長は業務運営の改善命令により必要な措置を指示することができます。また、地方独立行政法人から業績等についてヒアリングを行い、実施状況に関する追加資料を提出させることができます。

②中期目標期間最終年度の前年度

　地方独立行政法人は、中期目標の最終年度の前年度が終了した時点で、最終年度の前年度の業績と、中期目標期間終了後に見込まれる業績について、自己評価報告書を作成し、首長に提出します。これは、中期目標期間の最終年度に「見込み」による評価を行うことで、この結果を次期中期目標の策定、法人の組織・業務の見直し、予算策定に反映させ、中期目標管理の実効性を高めるために行うものです。

　首長はこの業績について評価委員会から事前に意見聴取をします。これは中期目標の作成に関与した立場から、客観性・公正性・中立性の視点により、設立団体の長の評価結果が厳正・適正な内容となっているか、いわゆる"お手盛り"評価となっていないかどうかをチェックする役割です。ここでの評価は、政策目標である中期目標の達成状況を点検し、全体を統括する重要な位置づけであることと、その評価結果は法人存廃を含めた法人の業務・組織の全般的見直しの判断材料であり、次期中期目標期間にかかわる目標設定および予算策定に直結する重要な資料となります。

③中期目標期間最終年度

　地方独立行政法人は、中期目標の最終年度が終了した時点で、前年度（最終年度）の業

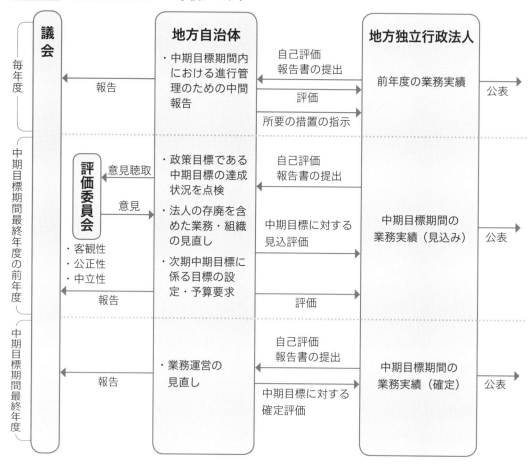

図表1-9 業績評価の流れ——事後チェック

毎年度

議会

地方自治体
・中期目標期間内における進行管理のための中間報告

報告

自己評価報告書の提出

地方独立行政法人

前年度の業務実績

公表

評価

所要の措置の指示

中期目標期間最終年度の前年度

評価委員会
・客観性
・公正性
・中立性

意見聴取

意見

地方自治体
・政策目標である中期目標の達成状況を点検
・法人の存廃を含めた業務・組織の見直し
・次期中期目標に係る目標の設定・予算要求

自己評価報告書の提出

中期目標に対する見込評価

中期目標期間の業務実績（見込み）

公表

報告

評価

中期目標期間最終年度

報告

・業務運営の見直し

自己評価報告書の提出

中期目標に対する確定評価

中期目標期間の業務実績（確定）

公表

績と中期目標期間の業績について、自己評価報告書を作成し、首長に提出します。これは、前年の評価が「見込み」の業績だったのに対し、最終的に「確定」した業績に対する評価が必要なためです。

4 議会・住民の監視、情報公開

地方独立行政法人により、どのような地域医療サービスが提供されるのかは、住民にとって非常に関心がある事項です。したがって、事前に住民の代表である議会において、地方独立行政法人が達成すべき中期目標等の重要な事項が審議されます。

住民に対しては、達成すべき中期目標・中期計画・年度計画はもちろん、年度ごと、および中期目標期間での業務実績等が公表され、達成度合いを確認することができるようになっています。

第1部

第**2**章

病院管理の視点から見た 医療マネジメント

・上塚芳郎 （前東京女子医科大学教授、一般財団法人松本財団顧問）

医師のマネジメントや人事考課はどのように行えばよいですか？

解説

A

▶ 地方独立行政法人化は新しい人事体制を構築するチャンス

▶ 医師に選ばれるような病院になることが肝心

▶ 医師を適切に評価し、モチベーションアップにつながる人事考課を取り入れる

1 病院経営の視点から見た病院長の人事権

1 医局人事の弊害

　人事の問題は難しいものです。公立病院では医師の派遣元は大学医局でした。したがって、公立病院の医師たちは、病院長よりも派遣元の医局の教授のほうを向いており、普通の組織のように組織のトップを見ていないのです。事務職員もしかりで、本庁のほうを向いています。そうなると組織がうまく動きません。これは、人間は人事権のあるところを向くという本能的な習性があるからです。

　事務職も同じです。県立病院の場合を例にとれば、知事部局との人事交流のため、病院で習得した知識を生かすことができなくなっています。現在の病院運営の知識にはかなり専門的な内容があり、2～3年ごとに他部局とローテーションする人事体系ではキャッチアップできなくなってきていると言えます。地方独立行政法人への移行は、この現状を打開するよいチャンスです。大切な点として次の①～⑤が挙げられます。

①病院独自の昇任・昇格基準を設ける

②能力主義を生かすため、人事考課を行う

③医師の採用ルートを大学医局だけに頼らず、公募、民間斡旋業者も活用する

④病院長などの病院幹部には、特定任期付職員制度を用いる

⑤看護職に副院長職を与える

② 医師に来てもらえるような魅力を持つ病院になることが大切

医局人事の弊害は前述したとおりですが、だからといって、医師の紹介を医師斡旋業者に依頼すると、多額の手数料をとられます。応募してきた医師の能力や性格に問題があることも多く、雇ってから後悔することも稀ではありません。

したがって、理想的なのは、自院を基幹型、または協力型の臨床研修指定病院にして、初期研修から自院に入職する医師を募集することです。医師にとって魅力ある病院にして、初期研修医が入るようになれば、後期研修医（専攻医）になる医師も出てくるでしょうし、何より自院に愛着を持ってくれる医師となる可能性が大です。

また、看護師を副院長に任命することにより、看護部の利益代表となりがちな看護部長を客観的な視点から病院を見ることのできる管理者とすることができます。

2　医師の人事考課

① 医師の人事考課の重要性

これからの病院経営においては、医師の人事考課は避けて通れません。しかし、医師不足の病院では、「人事考課を取り入れたら医師が定着しなくなるのでは？」などの不安があると思われます。

また、単に売上げの多寡で人事考課をすると問題が出てきます。手術のある外科系診療科と内科系診療科では、売上げの額が違います。診療報酬は公定価格により決まっているため、診療科によって有利・不利があります。

さて、現在、日本医療機能評価機構のサーベイ（訪問審査）では、第4領域の「理念達成に向けた組織運営」の4.3.2「職員の能力評価・能力開発を適切に行っている」の項目で人事考課を行っているかどうかを評価しており、もし人事考課を行っていないようであれば、評点は低くなります。

事務職員の人事考課は一般企業で行われている手法、すなわちピーター・F・ドラッカーが提唱した目標管理制度（MBO：Management By Objectives）方式で、職員1人ひとりが自身で個人の目標を設定して、それに対する達成度を評価する方式を採用していることが多いと思います。また、評価は直属の上司にあたる一次評価者が行い、二次評価者として、さらに高位の管理者が行うようになっています。

一方、医師の人事考課について、しっかりと行っている病院はまだ少数ですが、多くの病院が取りかかり始めています。いままで横並びであったものが変わるということで難しい点はありますが、「自分はこれだけのことをやった」と思っていることに対し、病院の

評価が明確になるという点で、医師のモチベーションアップだけでなく、能力アップにもつながるでしょう。

2 医師の人事考課の先行事例

参考として、青梅市病院事業企業職員人事評価実施規定にある医師評価項目を**図表2-1**に示します。

また、先行事例として、医療法人社団永生会永生病院の人事考課の仕組みを**図表2-2**に示します。医師は患者に接する職業ですので、能力だけでなく態度にかかわる項目も評価されます。これは当然ながら対患者をはじめ、チーム医療の一員として看護師や他の医療職との関係も含まれます。これからの病院ではコスト意識も大切な評価項目です。

図表 2-1　青梅市病院事業における人事考課の例（医師）
●定期評価の評価者

被評価者	第1次評価者	第2次評価者
院長		管理者
副院長	院長	管理者
診療局長	副院長	院長
診療局部長職	診療局長	院長
救命救急センター部長職	救命救急センター長	院長
診療局副部長職以下	診療局部長職	診療局長
救命救急センター副部長職以下	救命救急センター部長職	救命救急センター長

※評価期間は4月1日から翌年の3月31日までとする（毎年度1回実施）

●能力にかかる評価項目と着眼点①

	1級（経験年数3年以下）	1級
知識・技能 （業務遂行力）	・所属等級としての、業務遂行能力を発揮している。 （※職種別の補助表参照）	・所属等級としての、業務遂行能力を発揮している。 （※職種別の補助表参照）
課題発掘力／ 企画力	【課題発掘力】 ・担当業務の課題について、対策を創意工夫し、提案することができる。 ・広い視野を持ち、他の領域や他の職種の業務に関わることでも、自分の知見を生かした意見を提示できる。 ・常に新しい考え方、方法、技術等に関心を持つとともに、自分の仕事への取り入れ方を創意工夫できる。	【課題発掘力】 ・担当業務の課題について、対策を創意工夫し、現実的な意見を提示し、状況に応じた提案をすることができる。 ・広い視野を持ち、他の領域や他の職種の業務に関わることでも、自分の知見を生かした意見を提示できる。 ・常に新しい考え方、方法、技術等を学び、変革を恐れず、担当業務のレベルアップに向けて提案することができる。

図表 2-2　永生病院における人事考課の例

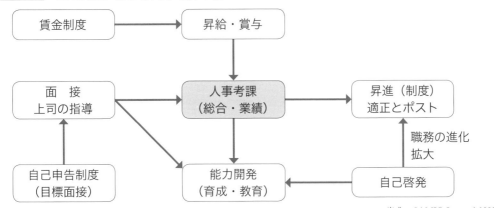

出典：JAMIC Journal 1999.4

	2 級	3 級
	・所属等級としての、業務遂行能力を発揮している。 （※職種別の補助表参照）	・所属等級としての、業務遂行能力を発揮している。 （※職種別の補助表参照）
	【企画力】 ・組織内外に人脈や情報源を持ち、それを生かして業務計画等を企画立案できる。 ・病院の年次的な課題に対して対策を創意工夫し、文書等にまとめあげることができる。	【企画力】 ・病院に内在する問題を自ら発掘し、状況に応じた対策を立案することができる。 ・部門横断的な課題や経営レベルの改善課題について、革新的な発想を提案できる。

●能力にかかる評価項目と着眼点①（続き）

	1級（経験年数3年以下）	1級
理解力／判断力／決断力	【判断力】 ・担当業務の問題に対し、病院の方針を熟慮した上で、臨機応変な判断ができ、冷静沈着に的確な対応ができる。 ・自分で決めるべきこととそうでないことのしゅん別ができ、的確な対応ができる。	【判断力】 ・担当業務の問題に対し、病院の方針を熟慮した上で、臨機応変な判断ができ、冷静沈着に的確な対応ができる。 ・自分で決めるべきこととそうでないことのしゅん別ができ、的確な対応ができる。
実行力／マネジメント力	【実行力】 ・仕事の効率を重視し、さらにはスケジュール管理しながら目標や目的の実現に向けた方策を有効に実行できる。 ・仕事の目的や患者さんの視点から考えて必要と思われることを発見し、他者と相談しながら実行できる。	【実行力】 ・仕事の効率を重視し、さらにはスケジュール管理しながら目標や目的の実現に向けた方策を有効に実行できる。 ・仕事の目的や患者さんの視点から考えて必要と思われることを発見し、他者を巻き込みながら実行できる。
表現力／折衝力／渉外力	【折衝力】 ・上司に対し報告・連絡・相談を緊密に行い、常に組織全体のことを意識して行動している。 ・簡潔で分かりやすい文章や資料を作成している。 ・業務上接する相手に好印象を与える言葉遣いや態度、姿勢（傾聴）をとっている。 ・年齢や序列にとらわれず、公の場でも職務上必要なコミュニケーションがとれる。	【折衝力】 ・上司に対し報告・連絡・相談を緊密に行い、常に組織全体のことを意識して行動している。 ・資料等の要求があった場合には即座に応えられる準備と整理をしている。 ・業務上接する相手に説明するときは、感情をコントロールしながら、相手の理解力に合せた表現による説明をしている。 ・年齢や序列にとらわれず、公の場でも職務上必要なコミュニケーションがとれる。
自己成長力／人材育成力	【自己成長力】 ・業務上必要な研修・講習会等への参加、病院内外の活動発表や資格取得等に対して積極的に行動している。 ・謙虚さを失わず、知識・技術の向上への意欲を持ち続けるとともに、自己分析ができ、行動したことを反省して変えられる。	【自己成長力】 ・業務上必要な研修・講習会等への参加、病院内外の活動発表や資格取得等に対して積極的に行動している。 ・スタッフの指導育成（OJT、部下やパートへの動機付け等）については、同僚や部下を指導できる。 ・謙虚さを失わず、知識・技術の向上への意欲を持ち続けるとともに、自己分析ができ、行動したことを反省して変えられる。
外部とのコミュニケーション	・患者さんからの不満や苦情に対して、忙しくても丁寧にきちんと聴き対応するなど、温かさをもってコミュニケーションをとり、適切な対応を心がけている。 ・相手の立場を理解し、思いやりの気持ちを持ち、気配りを心がけている。 ・地域との交流の機会に積極的に参加したり、交流の企画を行っている。	・患者さんからの不満や苦情に対して、忙しくても丁寧にきちんと聴き対応するなど、温かさをもってコミュニケーションをとり、適切な対応を心がけている。 ・相手の立場を理解し、思いやりの気持ちを持ち、気配りを心がけている。 ・地域との交流の機会に積極的に参加したり、交流の企画を行っている。
コスト意識	・設備、器具、備品等を大切に扱っている。 ・電気、ガス、水道、事務用品等の節約をいつも心がけている。 ・材料等の大まかな価格を知っている。	・設備、器具、備品等を大切に扱っている。 ・電気、ガス、水道、事務用品等の節約をいつも心がけている。 ・材料等の大まかな価格を知っている。

※知識・技能の項目において参照する職種別の補助表については、人事担当課長が別に定めるものとする。

2 級	3 級
【決断力】 ・担当部署全体の問題に対し、病院の方針を熟慮した上で、臨機応変な判断ができ、冷静沈着に的確な対応ができる。 ・自部署で決めるべきこととそうでないことのしゅん別ができ、他部署と連携をとりながら的確な対応ができる。	**【決断力】** ・病院の今後の展開について、経営層に適切な補佐助言・提案が行える洞察力を備えている。 ・物事に対する固定概念や目先の現象にとらわれず、経営的視点に立って決断できる。
【マネジメント力】 ・病院の事業計画にもとづく課の目標の達成に向けた具体的な業務計画を策定し、その実行を管理している。 ・課全体の視点から職員全員が効率的に業務を進められるよう、下位の者の能力に応じて各種の施策の担当業務を割り振ることができている。 ・課横断的な案件に対して、バランス感覚を持って病院全体の視点から、他部署と連携をとりながら推進・貢献することができる。	**【マネジメント力】** ・部門課題の目標達成のための具体的な実施計画を策定し、進捗を管理するだけでなく、必要な支援を実施し、達成に導いている。 ・年度計画の実施に変更が出たときやトラブルの初動対応などが即時かつ的確で、仕事を進める段取りが巧みで安定感がある。 ・物事に対する固定概念や目先の現象にとらわれず、経営感覚を持って判断できる。
【渉外力】 ・上司の指示命令を組織に確実に伝達するとともに、必要な事項の報告・連絡・相談を適宜行っている。 ・職員に対して、積極的に声掛けして、褒めるべきときには褒めている。 ・業務上接する相手から一方的な主張・要求があっても、冷静に状況を受容し、相手の気持ちに寄り添う対応をしている。 ・病院・事業の方針を熟知し、それを内外に説明することができる。	**【渉外力】** ・病院の経営理念・方針等を率先して遵守するとともに、部下を誘導することに努力している。 ・職員に対して、こまめに声掛けして、時には小さな事も褒めている。 ・どんな人も包み込む接遇を基本的にしつつも、一方的な主張・要求に対しては、冷静かつ毅然とした態度で説得的な対応をしている。 ・病院・事業の方針を内外に説明することができる。
【人材育成力】 ・適切に褒める・叱ることができ、スタッフのモチベーションを維持・向上させることができる。 ・管轄部門内のスタッフの能力開発・育成を主導的に行う。 ・評価制度にもとづき、適切に部下を評価している。	**【人材育成力】** ・適切に褒める・叱ることができ、スタッフのモチベーションを維持・向上させることができる。 ・部門内のスタッフの能力開発・育成を主導的に行う。 ・評価制度にもとづき、適切に部下を評価している。
・患者さんからの不満や苦情に対して、忙しくても丁寧にきちんと聴き対応するなど、温かさをもってコミュニケーションをとり、適切な対応を心がけている。 ・相手の立場を理解し、気配りができるとともに、安心感を持たせるコミュニケーションがとれる。 ・地域との交流の機会に積極的に参加したり、交流の企画を行っている。	・患者さんからの不満や苦情に対して、忙しくても丁寧にきちんと聴き対応するなど、温かさをもってコミュニケーションをとり、適切な対応を心がけている。 ・相手の立場を理解し、気配りができるとともに、安心感を持たせるコミュニケーションがとれる。 ・地域との交流の機会に積極的に参加したり、交流の企画を行っている。
・設備、器具、備品等を大切に扱っている。 ・電気、ガス、水道、事務用品等の節約をいつも心がけている。 ・材料等の大まかな価格を知っている。	・設備、器具、備品等を大切に扱っている。 ・電気、ガス、水道、事務用品等の節約をいつも心がけている。 ・材料等の大まかな価格を知っている。

※職務の級ごとの評価項目と着眼点および人事評価基準にもとづき 5 段階で絶対評価する。

●能力にかかる評価項目と着眼点②

	1級（経験年数3年以下）	1級
規律性	・法令を遵守している。 ・職場規律を遵守し、自ら模範となって行動している。	・法令を遵守している。 ・職場規律を遵守し、自ら模範となって行動している。
責任性	・自分の仕事や引き受けた仕事を責任感を持って取り組んでいる。 ・自分の失敗を他人に転嫁したり、責任を回避していない。	・自分の仕事や引き受けた仕事を責任感を持って取り組んでいる。 ・自分の失敗を他人に転嫁したり、責任を回避していない。
積極性	・担当セクションの課題解決や目標達成に、自ら意欲的に取り組んでいる。 ・上司に対して、積極的に提言を行っている。 ・担当業務や関連業務の新しい知識や技術の習得に意欲的に取り組んでいる。	・担当セクションの課題解決や目標達成に、自ら意欲的に取り組んでいる。 ・上司に対して、積極的に提言を行っている。 ・新しい知識や技術の習得に意欲的に取り組んでいる。
協調性	・他者への協力や協働を惜しまない。 ・異なる意見を取り入れながら、状況に応じてリーダーシップを発揮し、他部署、他職種等との協力・連携を図っている。	・他者への協力や協働を惜しまない。 ・異なる意見を取り入れながらリーダーシップを発揮し、他部署、他職種等との協力・連携を図っている。

※職務の級ごとの評価項目と着眼点および人事評価基準にもとづき5段階で絶対評価する。

●人事評価基準

採点	採点イメージ	態度
5	優れている	評価項目を著しく上回るレベルで仕事に取り組み、常に業務において他職員の見本となっている。
4	やや優れている	評価項目を上回るレベルで仕事に取り組んでいる。
3	普通	評価項目レベルで仕事に取り組んでいる。
2	やや下回る	評価項目のレベルにはやや及ばない仕事ぶりである。
1	下回る	評価項目のレベルには及ばない仕事ぶりである。

	2 級	3 級
	・法令を遵守している。 ・職場規律を遵守し、自ら模範となって行動している。	・法令を遵守している。 ・職場規律を遵守し、自ら模範となって行動している。
	・仕事の成果を継続的に高めている。 ・部下の失敗に対して、自分の責任として解決に当たっている。	・仕事の成果を継続的に高めている。 ・部下の失敗に対して、自分の責任として解決に当たっている。
	・高い目標を掲げ、部門や課が一丸となって取り組むよう努めている。 ・上司に対して、積極的に提言を行っている。 ・病院として必要な新しい知識や技術の導入に意欲的に取り組んでいる。	・高い目標を掲げ、部門が一丸となって取り組むよう努めている。 ・病院として必要な新しい知識や技術の導入に意欲的に取り組んでいる。
	・積極的にリーダーシップを発揮して、部門や科を越えて病院全体の協力・連携を図っている。 ・相談しやすく、他の人や部署の立場を考え、調整を実施している。	・積極的にリーダーシップを発揮して、部門や科を越えて病院全体の協力・連携を図っている。 ・相談しやすく、他の人や部署の立場を考え、調整を実施している。

能力	業績
評価細目のレベルを著しく上回り、常に余裕を持って職務を遂行できている。	成果目標を著しく上回り期待以上であった。 （120％〜）
評価細目のレベルを満たし、余裕を持って職務を遂行できている。	成果目標を上回り期待以上であった。 （105％〜120％未満）
評価細目のレベルを満たし、職務の遂行には支障がない。	成果目標を達成できた。 （95％〜105％未満）
評価細目のレベルに達していない部分があり、職務の遂行に支障を来すことがある。	成果目標には及ばなかった。 （70％〜95％未満）
評価細目のレベルに達していない部分が多く、職務の遂行に支障がある。	応援・援助が必要であった。 （成果目標には著しく及ばなかった。）（70％未満）

出典：「青梅市病院事業企業職員人事評価実施規程」をもとに作成

医療の質を高める方法を教えてください

解説

- ▶チーム医療を推進し、多職種連携を図る
- ▶医療職をまとめる医師のリーダーシップが重要
- ▶日本医療機能評価機構などの第三者評価を活用する

1 チーム医療の実践

1 チーム医療とは何か

　チーム医療とは、「1人の患者に複数のメディカルスタッフ（医療専門職）が連携して、治療やケアに当たること」です（チーム医療推進協議会ホームページより）。異なる専門職が連携・協働し、それぞれの専門スキルを発揮することで、入院中や外来通院中の患者の生活の質（QOL）の維持・向上、患者の人生観を尊重した療養の実現をサポートしています。

2 チーム医療の具体例

　心筋梗塞の治療を考えてみましょう（**図表 2-3**）。心筋梗塞は、強烈な胸の痛みと冷や汗を伴った重症の状態で発症します。家族が救急車を呼べば、消防局の救急隊の救急救命士がやってきます。救急救命士は、病院の医師と無線で連絡をとり、医師の指示を受ければ、点滴確保などの医療行為が可能です。

　さて、救急車はそのまま病院に向かい、救急外来に到着します。看護師が患者搬入を手伝い、バイタルをとったあと、臨床工学技士が心電図をとります。続いて医師が患者を診察します。血中のトロポニン T が陽性で心電図所見に ST 上昇があれば急性心筋梗塞ですから、心臓カテーテル室に向かいます。そこでは臨床工学技士や放射線技師が待機しており、造影検査を行う準備が整っています。

　医師がカテーテルを心臓に向かって進めていくとき、放射線技師は心臓カテーテル装置を操作します。心臓カテーテル中に患者が不安に思わないように、看護師は患者に語りかけて不安を和らげるようにしてくれます。心臓カテーテルが終われば、患者は CCU（Cardiac Care Unit：心臓病専門集中治療室）に収容され、24 時間心電図モニターがなさ

図表 2-3 急性心筋梗塞におけるチーム医療の模式図

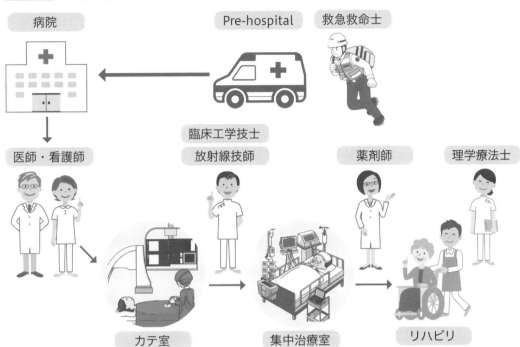

出典：上塚芳郎『医療経営士が知っておきたい医学の基礎知識』（日本医療企画）

れます。状態がよければ、翌日から理学療法士が CCU でリハビリを始めます。

　数日後、容態が安定したら、心筋梗塞が再発しないように、管理栄養士による健康的な食事指導が行われます。リハビリも進み歩く距離も増えれば、やがて退院となりますが、入院費用のことなどで心配があれば、ソーシャルワーカーが相談にのってくれます。

　このように、入院から退院まで多職種が関与するのが、現代の医療の特徴です。医療の高度化に伴い、昔のように医師と看護師だけで患者を診る時代ではなくなったのです。その結果、多職種の間のスムーズなコミュニケーションやリーダーシップが大切となってきました。

2　医師に求められるリーダーシップ

1 職人気質の医療職を統率する

　医療職には、医師、看護師、薬剤師、診療放射線技師、検査技師、理学療法士、管理栄養士など数多くの職種があり、国家資格が多いのが特徴です。病院のなかで国家資格が不

要なのは事務職ぐらいになります。

　国家資格者には職人気質の人が多く、彼らを統率するのはかなりの困難が伴います。そこで、チームリーダーが必要となります。リーダーは医師である必要はありませんが、医師がなることが多いと思います。

　臨床の現場、たとえば、急病人の蘇生現場における役割分担は、その現場のチームリーダーが割り振ります。患者の蘇生措置をばらばらに始めたのでは混乱してしまいます。「○○さんは電話で救急車を呼ぶ係」「××さんは心臓マッサージをやってください」「△△さんは AED を持ってきて」など、誰かが現場を仕切らないといけません。

❷ 病院管理では病院長のリーダーシップが不可欠

　一方、臨床の現場を離れて、病院管理の立場から見ると、一般企業と同様、病院の理念、長期計画、人事、財務、医療の質などに目配せできるリーダーの存在が不可欠です。実際の事務管理は事務長に任せるとしても、職員の多くは病院長の一挙一動を見ています。病院全体を管理できる病院長のリーダーシップはとても大切です。

3　第三者機関による医療の質の評価

❶ 第三者評価の活用

　公益財団法人日本医療機能評価機構は、医療機関を医療の質の面から評価する目的として 1995（平成 7）年に設立された第三者機関です。米国の JCAHO（Joint Commission on Accreditation of Health Organization）に倣ってつくられました。それまでは、病院の評価といっても個々の医師の名声や病床数、建物の外観などから病院を品定めしていました。しかし、病院で行われている医療の中身・医療の質を評価することが一番大切です。そこで、医療機関を実際に訪問し、準備された書面をもとに面談をし、当該病院の医療の中身を評価する機構が生まれたのです。

❷ ドナベディアンによる医療の質評価

　医療の質を評価する場合、その段階を 3 つに分けて考えます（Avedis Donabedian）[1]。**図表 2-4** にあるように、第一段階では、医療機関に勤めている医療者の数や設備などの構造的なもの（ストラクチャー）、第二段階では、診断や手術のレベルが高いか低いかという点（プロセス）、第三段階では、医療行為の結果や患者満足度など（アウトカム）です。

　究極的には、アウトカムこそが問題となります。そのため、日本医療機能評価機構でも初期のサーベイでは、第一段階のストラクチャーの評価から入りましたが、現在のバージョ

図表 2-4　医療の質に関するドナベディアンのモデル

STRUCTURE	PROCESS	OUTCOME
・医療スタッフの人数 ・医療機器 ・医療施設の設備の質・量	・診療の妥当性 ・診断・治療技術のレベル	・健康上の結果 ・患者満足度

ンでは、プロセスおよびアウトカムが評価の対象になっています。

3 第三者評価の重点評価項目

　日本医療機能評価機構では、医療法第 25 条に基づく立ち入り検査のような医療監視ではなく、中立的な立場で医療機関の機能をよりよくするために助言することをモットーにしています。病院の規模に応じ、数名の診療管理・看護管理・事務管理からなるサーベイヤー（評価調査者）を派遣します。

　最近は、インバウンドの外国人患者の診療を受け入れる病院が増えてきています。そのため、国際的に認知されている JCI（Joint Commission International）の認証を受ける病院も徐々に増加しています。日本医療機能評価機構、JCI ともに、外部の視点から病院を評価してもらうことで、院内の改革が進みやすくなる点も評価されています。JCI の問題点は、費用が継続的にかさむことです。

　第三者評価で最も重要視されることは、院長のリーダーシップ、チーム医療ができているか、そして医療安全です。これらの点については繰り返し院内での徹底を図る必要があります。

▌参考文献

1）Donabedian, A. (1966). Evaluating the quality of medical care. Milbank Mem Fund Q, 44(3), Suppl:166-206.

Q8 医師の働き方改革は病院管理にどのような影響を与えますか？

A

解説

▶ 休日・夜間に救急患者を診る医師・病院が減少

▶ 医師の地域偏在、診療科偏在に拍車がかかる可能性がある

▶ 医師の採用・定着に向けて、医師が働きたいと思える病院にすることが重要

1 働き方改革を見据えた病院管理

1 医師 10 万人を対象にした大規模調査

　2016（平成 28）年に医師 10 万人を対象に行われた厚生労働科学特別研究「医師の勤務実態及び働き方の意向等に関する調査」によれば、病院勤務医の 3 割が週 60 時間を超えて働き、1 割は週 75 時間以上働いているとのことです（**図表 2-5**）[1]。週 75 時間を超えて働いている医師のいる病院となると、大学病院あるいは救急救命センターを要する病院の大半が当てはまります。

2 医師の時間外労働規制の影響

　働き方改革が実際に勤務医に適応されるようになれば、長時間労働を放置した病院の管理者は労働基準法違反により罰せられます（**図表 2-6**）[2]。このようなことを避けるためには、土曜の外来を中止したり、夜間の配置医師数を減じたりすることです。私の勤めていた大学病院でも、以前は血液内科、呼吸器内科、消化器内科、脳神経内科、腎臓内科、膠原病内科など、それぞれの内科の夜間当直が配置されていましたが、働き方改革に対応するために、内科系で数名、外科系で数名とし、かなりの夜間当直者数を縮小しました。

3 ワークライフバランスに関する意識の変化

　一方で、2004（平成 16）年に卒後臨床研修の必修化が始まって以降、医師のワークライフバランスに関する考え方は、それまでの世代と大きく変わっています。すなわち、昔

図表 2-5　勤務医の長時間勤務について

勤務医　勤務形態別「診療」+「診療外」時間分布

○　男性の常勤勤務医のうち、勤務時間（「診療」+「診療外」）が週60時間以上は27.7%。
　　女性については、17.3%。

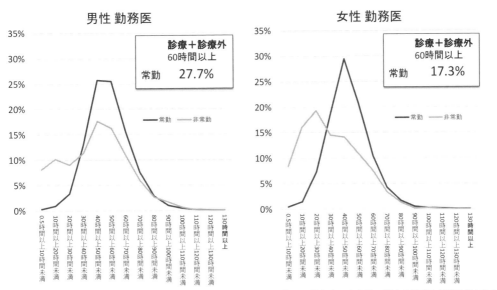

出典：厚生労働科学特別研究「医師の勤務実態及び働き方の意向等に関する調査」（2017 年 4 月 6 日）

図表 2-6　医師の時間外労働規制について

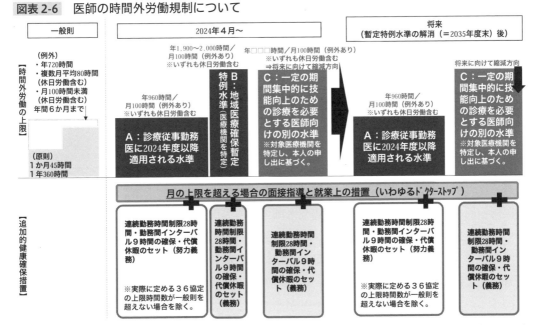

出典：厚生労働省「第 18 回医師の働き方改革に関する検討会」資料（2019 年 2 月 6 日）

の医師は仕事人間で、週75時間以上働くのが当たり前の世界、若い世代の医師は趣味や生活をエンジョイしたいと考え、救急や外科系で働くことは避けようと考えています。もちろん、夜間に呼び出されるような職場は敬遠されます。

そうなると、休日・夜間に救急患者を診る医師は減少し、働き方改革の実施で救急を診る病院自体の数が減少します。結論から言えば、そのような状況下で公立病院が機能しなければ、この国の医療はカバーしきれなくなるでしょう。

4 働き方改革時代における独法化病院の役割

地方独立行政法人化された公立病院は、地域の最後の砦としての役目を果たす必要があります。それには、医師が集まる魅力ある病院、すなわちマグネットホスピタルになることが重要です。2030（令和12）年には働き方改革によって、全国的に救急診療や外科治療の集約化は避けられず、独法化病院はその受け皿にならなければなりません。

しかし、もし自院が、救急や外科系の中心的な役割を果たせないとしたら、病院の機能を変える必要があります。手術件数が少なく、外科系医師も少ない、救急を受けようにも人員が足りなくなることが予測されるならば、救急機能や手術の機能を思い切って他の基幹病院に譲ることも必要でしょう。その解決法の1つは地域医療連携推進法人です。本書第2部事例2ではその先駆けとなった日本海ヘルスケアネットを取り上げていますので参考にしてください。

2　医師が集まるマグネットホスピタル

1 医師の地域偏在、診療科ごとの偏在

病院の魅力を高めるためには、よい医師を集める必要があります。医師が定着しなくては診療ができません。そこで、多くの病院が医師を獲得しようと競争していますが、医師の地域偏在や診療科ごとの偏在によって、簡単には医師は充足しません。

しかし、医師もやりがいのある仕事に就きたいという意識は強く持っているものです。それには、医師が集まる魅力的な病院に変革していくことが大切です。

医師の偏在については、厚生労働省「医師・歯科医師・薬剤師調査」でも明らかになっています。**図表 2-7** に示すように、医師は大都市医療圏では増加していますが、過疎地域医療圏では減少が目立ちます。しかし、全体の医師数で見ると、産婦人科、外科を含めても増加に転じています（**図表 2-8**）。これらの事実から、医師数は増加し続けていますが、その多くが大都市圏に偏在していることがわかります。また、地域の二次医療圏のなかでも、医師の偏在があります（**図表 2-9**）。

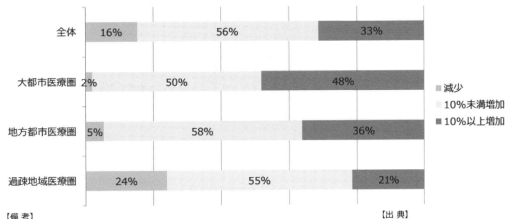

図表 2-7 二次医療圏ごとに見た人口 10 万人対医療施設従事医師数の増減

○ 2008年から2014年にかけて、我が国全体の人口10万人対医療施設従事医師数は10%増加している（212.32人→233.56人）が、人口等で2次医療圏を分類すると、その増減に大きく違いが生じている。
○ 特に、過疎地域医療圏においては、24%が減少しているのに対し、21%の医療圏でしか全国平均以上に増加していない。

【備 考】
大都市医療圏（52圏域）：人口100万人以上又は人口密度2,000人／km²以上
地方都市医療圏（171圏域）：人口20万人以上又は人口10〜20万人かつ人口密度200人／km²以上
過疎地域医療圏（121圏域）：大都市医療圏にも地方都市医療圏にも属さない医療圏
※2次医療圏については、2014年時点のもの（全344圏域）

【出典】
医師数：医師・歯科医師・薬剤師調査
人口、人口密度：国勢調査

出典：厚生労働省「医師偏在対策について」（2018年2月9日）

　医師が偏在している理由にはさまざまな要因があると思います。子供の教育に関して、あるいは専門医になるための基盤が地方の病院で整っていないなど、さまざまな問題が背景にあります（**図表 2-10**）。

② 医師には優れた技能を身につけたいという欲求がある

　ワークライフバランスの観点から見てみましょう。**図表 2-8** で示したように、精神科の医師数が増えている理由は、「夜勤がない」「時間を自分で管理できる」などのライフスタイルを考えてのことだと思います。これは、時代の変遷とともにそのように考える医師が増加してきたためでしょう。私が医師になった頃は、テレビドラマの影響もあって、脳外科や心臓外科のような診療科が花形でしたが、現在はまったく様相が異なってきています。

　医師の労働時間についても、国が規制しています。これは、何も医師に限らず、働き方改革という大きなテーマのなかで検討されていることですが、要するに人間らしい生活ができるように世の中を変えるということです。働き方改革は行政の決定もあり、待ったなしですので、当然病院として対応が必要となります。

図表 2-8　診療科別医師数の推移（平成 6 年を 1.0 とした場合）

○　多くの診療科で医師は増加傾向にある。
○　減少傾向にあった産婦人科・外科においても、増加傾向に転じている。

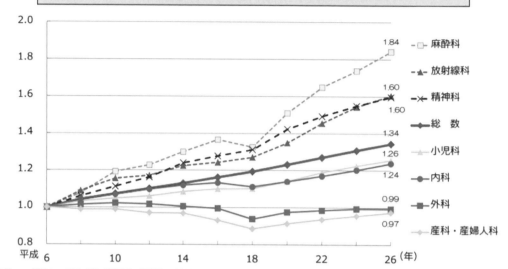

※内科‥（平成 8 〜18 年）内科、呼吸器科、循環器科、消化器科（胃腸科）、神経内科、アレルギー科、リウマチ科、心療内科
　　　　　（平成 20〜26 年）内科、呼吸器、循環器、消化器、腎臓、糖尿病、血液、感染症、アレルギー、リウマチ、心療内科、神経内科
※外科‥（平成 6 〜18 年）外科、呼吸器外科、心臓血管外科、気管食道科、こう門科、小児外科
　　　　　（平成 20〜26 年）外科、呼吸器外科、心臓血管外科、乳腺外科、気管食道外科、消化器外科、肛門外科、小児外科
※平成 18 年調査から「研修医」という項目が新設された

出典：厚生労働省「医師偏在対策について」（2018 年 2 月 9 日）

図表 2-9　人口 10 万人当たり医師数が最大・最小の二次医療圏の比較

○人口 10 万人当たり医師数が最大・最小の二次医療圏を都道府県別に比較した場合、医師が比較的多い西日本を含め、全国的に地域間の偏在があることがわかる。

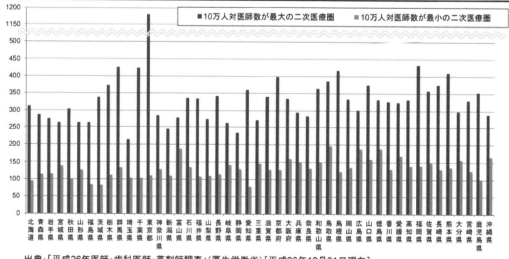

出典：「平成 26 年医師・歯科医師・薬剤師調査」（厚生労働省）[平成 26 年 12 月 31 日現在]
備考：医師数は、医療施設に従事している医師数
　　　市町村別の人口は、便宜上、「平成 27 年 1 月 1 日住民基本台帳」を用いた。

出典：厚生労働省「医師偏在対策について」（2018 年 2 月 9 日）

図表 2-10 地方で勤務する意思がない理由

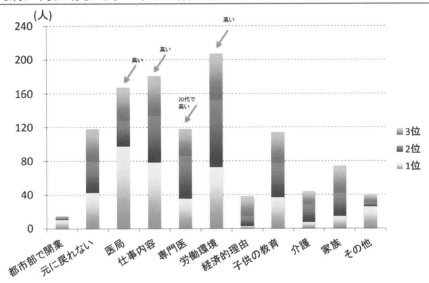

地方で勤務する意思がない理由（20代）

○ 20代医師で地方で勤務する意思がない理由の上位は、労働環境への不安、希望する内容の仕事ができないこと、医局の人事のため選択の余地がないこと。また、専門医の取得に不安があることもこの世代に特徴的な上位の理由。

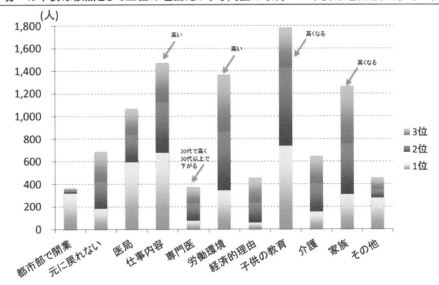

地方で勤務する意思がない理由（30・40代）

○ 30・40代医師で地方で勤務する意思がない理由の上位は、子供の教育環境が整っていないことや家族の理解が得られないこと。また、希望する内容の仕事ができないこと、労働環境への不安は依然として上位の理由だが、専門医の取得への不安は理由として少ない。

出典：厚生労働科学特別研究「医師の勤務実態及び働き方の意向等に関する調査」（2017 年 4 月 6 日）

しかし、昔から、医師は優れた技量を身につけたい、そして優れた指導者のもとで研鑽したいという欲求を持っています。それには、病院が特色のある診療科を立ち上げ、それを売りにすることが大切です。あるいは、その病院に特色ある研修制度がある、教育に熱心であるなどの評判が立てば、若い医師は全国から訪れます。魅力のある病院というのは、昔も今もその概念は変わらないものです。

院長の仕事の大半は医師集めだとおっしゃる院長もいます。マグネットホスピタルにしなければなりません。

３ ポストコロナ時代を見据えた病院管理

新型コロナウイルス感染症の出現後の医療は、元と同じには戻らないでしょう。毎月のように外来を受診していた高齢者が、新型コロナの出現とともに、ぱたっと外来を受診しなくなってしまったことがよく知られています。また、ちょっとしたことでは入院したくないという心理も働いていると思われます。したがって、将来的には地域医療計画の必要病床数を下方修正するなど、病床が余る可能性があります。

日本の将来人口を考えても明らかですが、今後人口は３割減少します。そうなると高齢者の絶対数は増えなくても、生産年齢人口が大きく減り、高齢化率は高まります。特に地方は急激に人口が減少し、入院需要が低下します。

一方、新型コロナをはじめとする新興感染症の患者を受け入れることができる病院には、手厚い補助が与えられる可能性があります。いざというときに、感染症病床に転用できる体制の整備、そして、感染症に対応できる医師・看護師の確保が必要となってくるでしょう。

▌参考文献
　1）厚生労働科学特別研究「医師の勤務実態及び働き方の意向等に関する調査」（2017 年 4 月 6 日）
　2）厚生労働省「医師の働き方改革に関する検討会報告書」（平成 31 年 3 月 28 日）

Q9 近年新しく求められる医療安全管理体制について教えてください

A

▶ 高度医療を提供する病院では、医療安全管理体制が特に重要となる

▶ 一般病院においても特定機能病院に準じたチェック体制が求められる

▶ 高難度新規医療技術や未承認新規医薬品を患者に用いる場合は適切なプロセスを経る

解説

1 医療法施行規則改正から見る医療安全管理

① 医療安全管理に関する審査体制の整備

　2016（平成28）年6月の医療法施行規則の改正により、高難度の新規医療技術を用いた医療を実施する際に、当該医療の実施の適否について診療科の長以外の者が確認するプロセス等が明瞭になっていること、また、未承認新規医薬品を患者に用いる場合は、未承認新規医薬品等評価委員会にて、その実施の適否について検討するプロセスを経ることなどが、特定機能病院の承認要件として義務づけられました。未承認新規医薬品等には禁忌薬も含まれます（**図表2-11 ～ 12**）。

　こうした医療安全管理に関する審査体制が求められるようになったのは、近年大学病院で生じた医療事故が原因です。群馬大学旧第二外科では、腹腔鏡下肝切除術において8事例が術後に死亡の転帰をたどり、倫理審査体制が不十分で、臨床研究にかかわる手続きをチェックする体制が存在しなかった点などが問題視されました。東京女子医科大学病院では、小児の集中治療における人工呼吸中の鎮静には禁忌とされている「プロポフォール」を現場の判断だけで人工呼吸中の男児に使用し、薬剤と関連のあると思われる急性循環不全により尊い命が失われました。

② 一般病院においても特定機能病院に準じた体制が必要

　従来、特定機能病院と言えば、大学病院本院を指していたように、敷居が高いものであ

図表 2-11　高難度新規医療技術および未承認新規医薬品についての審査体制

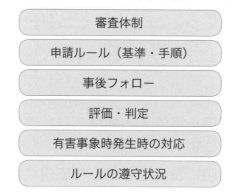

- 審査体制
- 申請ルール（基準・手順）
- 事後フォロー
- 評価・判定
- 有害事象時発生時の対応
- ルールの遵守状況

図表 2-12　未承認薬などの取り扱い

分類	該当する医薬品	
未承認薬	①国内国外未承認薬 ②国内未承認薬、輸入医薬品 ③院内製剤 　（クラスⅠ、クラスⅡ、クラスⅢ）	これらのうち当院において初めて使用するものは未承認新規医薬品として取り扱う
禁忌薬	添付文書上で禁忌に該当する医薬品の使用 ①禁忌病名に対する医薬品の使用 ②併用禁忌薬の使用	
医薬品の適応外使用	①添付文書上に記載のない適応症に対する医薬品の使用 ②添付文書上に記載のない用法用量での医薬品の使用 ③院内製剤（クラスⅠ、クラスⅡ、クラスⅢ）	

出典：富山大学附属病院臨床倫理委員会ホームページより引用
http://www.hosp.u-toyama.ac.jp › research › ecut2 （2021年9月7日アクセス）

【適用外使用と禁忌薬について】

　適応外使用とは、すでに国内で承認されている医薬品を、承認内容の範囲外、すなわち添付文書に記載されている効能・効果、用法・用量の範囲外で使用することを指します。特に小児疾患などでは、承認がとれている医薬品の数が少なく、やむを得ず適応外使用しなければ命が救えない場合などがあります。製薬会社が医薬品の承認をとるには、臨床試験を組むことが原則ですが、小児や希少疾患では臨床試験自体が困難なことが背景にあります。

　禁忌薬は、どうしてもそれを使用しなければならない特段の事情がある場合、禁忌薬であることを患者やその家族等に説明したうえで、医師の裁量で使用することは可能です。

　しかし、現代の医療倫理の観点からは、適応外使用や禁忌薬の使用の可否を医師個人だけで判断するのではなく、病院として委員会で審議することが求められています。

りました。しかし、現在は聖路加国際病院などの民間病院、静岡県立静岡がんセンター等の公立病院も要件を満たせば特定機能病院に認定されるようになっています。

したがって、前述の承認要件は、特定機能病院以外の病院においては努力義務とされていますが、特定機能病院を目指すような病院では、これらの審査体制が必須です。また、特に特定機能病院を目指さない病院でも、それに準じたチェック体制は必要となってきます。

2　高難度新規医療技術を用いる場合の注意点

では、ご参考までに、高難度の新規医療技術を患者に用いる場合に必要な担当部門の設置、申請書などの注意点を紹介します。

1 高難度新規医療技術評価部（担当部門）の設置

前述の医療法施行規則の改正では、高難度新規医療技術評価部（担当部門）を新設する形になっています。新設は理想ですが、法令等に基づく構成要件を満たしていれば、既存の病院組織（医療安全部、臨床研究センター等）の業務として追加する、または内部に担当部門を設置する形でも差し支えありません。

2 高難度新規医療技術を実施する際の申請書

高難度新規医療技術は、「当該病院で実施したことのない医療技術（軽微な術式の変更等を除く。）であってその実施により患者の死亡その他の重大な影響が想定されるものをいう」とされています。実施する際に必要な申請書は1例ごとに提出する必要はなく、最初の症例を実施する際に提出することで差し支えありません。

3 高難度新規医療技術の審査

高難度新規医療技術を1例目から臨床研究として行う場合、高難度新規医療技術評価委員会と倫理審査委員会の両方で審査を受けなければなりません。それぞれで審査している観点が異なるからです。一方、双方の要件を満たす委員会であれば、同時に審査を行うことが可能です。

▮参考文献
1) 厚生労働省「高難度新規医療技術・未承認新規医療品等による医療について」
　https://www.mhlw.go.jp/stf/seisakunitsuite/bunya/0000145803.html（2021年9月2日アクセス）

公立病院のための地方独立行政法人設立・運営マニュアルＱ＆Ａ

患者の権利や医療倫理について教えてください

▶「リスボン宣言」の精神のもと、患者の権利を遵守する

▶国が策定した医学系研究に関する倫理指針は、文科省のものと厚労省のものが統合され、2021年に新倫理指針となった

解説

▶近年、臨床研究の論文不正事件が相次ぎ、臨床研究法が制定された

1 患者の権利と医学研究の倫理指針

1 リスボン宣言における患者の権利

　1981（昭和56）年にポルトガルのリスボンで開催された第34回WMA（世界医師会）総会において、「患者の権利に関するWMAリスボン宣言」が採択されました。そのなかでは次の①〜⑪の原則が掲げられています。

①良質の医療を受ける権利

②選択の自由の権利

③自己決定の権利

④意識のない患者に関する代理人の役割

⑤法的無能力の患者に関する代理人の役割

⑥患者の意思に反する処置

⑦情報に対する権利

⑧守秘義務に対する権利

⑨健康教育を受ける権利

⑩尊厳に対する権利

⑪宗教的支援に対する権利

　リスボン宣言では、現在の医療では当たり前になっている患者の権利について提唱されています。たとえば、②選択の自由の権利はセカンドオピニオン、③自己決定の権利はイ

ンフォームド・コンセントや ACP（Advance Care Planning：人生会議）にかかわってきます。⑦情報に対する権利はカルテ開示、そして、⑧守秘義務に対する権利は、文字通り守秘義務に関係します。

　また、公益財団法人日本医療機能評価機構による病院機能評価事業では、評価項目の第一領域に、患者の権利に関する事柄について多くの小項目が割り当てられており、そこにはカルテ開示、守秘義務、セカンドオピニオン、そしてインフォームド・コンセントが含まれています。病院は、患者からカルテ開示やセカンドオピニオンを求められた場合、原則的にすべて認める必要があります。自院において、それらが可能である旨を患者の目に触れる外来受診用・入院用パンフレット、院内掲示板などで公開したり、ホームページなどに記載しておかなければなりません。

2 国が策定した医学系研究に関する倫理指針

　国が策定した医学系研究に関する倫理指針は、かつて「疫学研究に関する倫理指針（疫学指針）」（文部科学省・厚生労働省）と「臨床研究に関する倫理指針（臨床指針）」（厚生労働省）の 2 つに分かれていましたが、近年、その境界がオーバーラップし、また臨床研究における論文不正などの問題が生じて 2 つを整理する必要性が出てきたため、2014（平成 26）年に「人を対象とする医学系研究に関する倫理指針（医学系指針）」に統合されました（**図 2-13**）。しかしながら、この医学系指針には、「ヒトゲノム・遺伝子解析研究に関する倫理指針（ゲノム指針）」で規定された研究は含まれておらず、医学系指針とゲノム指針は若干の相違点があることから、研究実施の手続きに際して混乱を生じる可能性がありました。

　そこで、2 つの指針の内容を統合した新たな倫理指針が策定されることになり、2021（令和 3）年に「人を対象とする生命科学・医学系研究に関する倫理指針（新倫理指針）」（文部科学省・厚生労働省）ができました。とはいえ、まったく新しい指針ができたわけではなく、基本は変わっていません。あくまで 2014 年の「人を対象とする医学系研究に関する倫理指針（医学系指針）」の修正版と言ってよいでしょう。

3 介入を伴う臨床研究開始時には登録義務

　研究不正を防止する意味もかねて、介入研究であって侵襲性を有する研究はその実施前に、実施計画を大学病院医療情報ネットワークセンター（UMIN）、一般財団法人日本医薬情報センター（JAPIC）、公益社団法人日本医師会治験促進センター（JMACCT）のいずれかに登録することが義務づけられています。

　医学研究に携わる者の倫理指針を示すヘルシンキ宣言に、ポジティブな結果、ネガティブな結果とも広く利用可能な方法で公表しなければならないという条文があります。臨床

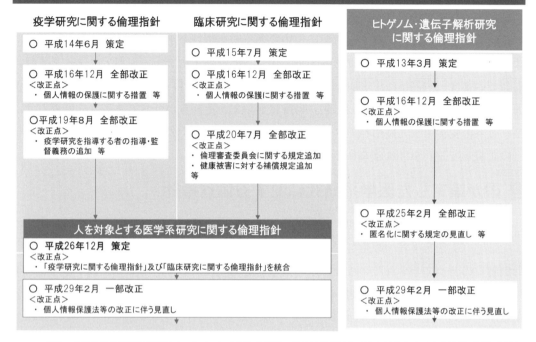

図表2-13　医学系研究に関する倫理指針の変遷

人を対象とする医学系研究に関する倫理指針／ヒトゲノム・遺伝子解析研究に関する倫理指針の策定経緯等について

疫学研究に関する倫理指針

○ 平成14年6月 策定

○ 平成16年12月 全部改正
＜改正点＞
・ 個人情報の保護に関する措置　等

○平成19年8月 全部改正
＜改正点＞
・ 疫学研究を指導する者の指導・監督義務の追加　等

臨床研究に関する倫理指針

○ 平成15年7月 策定

○ 平成16年12月 全部改正
＜改正点＞
・ 個人情報の保護に関する措置　等

○ 平成20年7月 全部改正
＜改正点＞
・ 倫理審査委員会に関する規定追加
・ 健康被害に対する補償規定追加
等

人を対象とする医学系研究に関する倫理指針

○ 平成26年12月 策定
＜改正点＞
・ 「疫学研究に関する倫理指針」及び「臨床研究に関する倫理指針」を統合

○ 平成29年2月 一部改正
＜改正点＞
・ 個人情報保護法等の改正に伴う見直し

ヒトゲノム・遺伝子解析研究に関する倫理指針

○ 平成13年3月 策定

○ 平成16年12月 全部改正
＜改正点＞
・ 個人情報の保護に関する措置　等

○ 平成25年2月 全部改正
＜改正点＞
・ 匿名化に関する規定の見直し　等

○ 平成29年2月 一部改正
＜改正点＞
・ 個人情報保護法等の改正に伴う見直し

出典：文部科学省研究振興局ライフサイエンス課生命倫理・安全対策室ほか「人を対象とする生命科学・医学系研究に関する倫理指針について（策定経緯及び医学系指針及びゲノム指針からの主な変更点）」（令和3年4月）

試験の結果が世の中に還元され、活用されることを願っている試験参加者への配慮からも、たとえ成果が出なかったとしても、結果を公正に公開することが求められているからです。そうすることによって、実施する意義のない試験を繰り返すことを防ぎ、試験参加者に不利益をもたらすことを予防します。このようなことから、透明性を確保するために、介入研究であれば登録するという方針がとられているのです。

　登録の義務化は、サイエンスの観点からも必要です。新しい治療法や手法が従前のものに比して優れていることを示す結果（ポジティブな結果）が得られた場合と、ネガティブな結果が得られた場合とでは、ポジティブな結果のほうがより公表されやすいことが知られており、それを「出版バイアス」と言います。ネガティブな結果の論文は雑誌に載らなくなり、文献検索を解析しようとしても解析にかからず、当該治療法の有効性が過大評価されてしまうことにつながります。そのため、登録が大切なのです。

4 倫理審査委員会の役割

　倫理審査委員会の要件としては、医学薬学の専門家、自然科学の有識者、法律家・倫理などの人文科学の有識者からなる最低5名で構成する必要であり、院内の委員だけではなく外部委員も必要です。会議は全会一致を基本とし、全会一致をみないときは多数の意見で決めることもできます。

　審査方法としては、他の研究との協同研究であり、基となる研究の審査がすでに終了している研究、侵襲を伴わず介入を行わない研究である場合などは、指名された審査者による迅速審査でもよいとされています。

2　臨床研究に関する規定の整備

　臨床研究の実施に関する手続などを定めた法律として、「臨床研究法」があります（**図表 2-14**）。2018（平成 30）年に施行された同法は、相次いで生じた研究不正事件（高血圧治療薬ディオバン［一般名：バルサルタン］にかかわる5つの臨床研究論文不正事件など）を踏まえ、特定臨床研究の実施に法的規制を課すことで研究不正を防止し、研究対象者をはじめとする国民の臨床研究に対する信頼を確保することを目的にしています。特定臨床研究とは、製薬企業等から研究資金等の提供を受け、医薬品等を用いる臨床研究のことを指します。主に大学病院などにかかわってくるものですが、大規模な一般病院にも関係がある法律です。

　前述した「人を対象とする生命科学・医学系研究に関する倫理指針」は、人を対象とする臨床研究等の倫理にかかわってくる指針ですので、2つは性格の異なるものです（**図表 2-15**）。

図表2-14 臨床研究法の概要

臨床研究法（平成29年法律第16号）の概要

臨床研究の実施の手続、認定臨床研究審査委員会による審査意見業務の適切な実施のための措置、臨床研究に関する資金等の提供に関する情報の公表の制度等を定めることにより、臨床研究の対象者をはじめとする国民の臨床研究に対する信頼の確保を図ることを通じてその実施を推進し、もって保健衛生の向上に寄与することを目的とする。

法律の内容

１．臨床研究の実施に関する手続
（１）特定臨床研究（※）の実施に係る措置
　① 以下の特定臨床研究を実施する者に対して、モニタリング・監査の実施、利益相反の管理等の実施基準の遵守及びインフォームド・コンセントの取得、個人情報の保護、記録の保存等を義務付け。
　　※ 特定臨床研究とは
　　　・薬機法における未承認・適応外の医薬品等の臨床研究
　　　・製薬企業等から資金提供を受けて実施される当該製薬企業等の医薬品等の臨床研究
　② 特定臨床研究を実施する者に対して、実施計画による実施の適否等について、厚生労働大臣の認定を受けた認定臨床研究審査委員会の意見を聴いた上で、厚生労働大臣に提出することを義務付け。
　③ 特定臨床研究以外の臨床研究を実施する者に対して、①の実施基準等の遵守及び②の認定臨床研究審査委員会への意見聴取に努めることを義務付け。

（２）重篤な疾病等が発生した場合の報告
　　特定臨床研究を実施する者に対して、特定臨床研究に起因すると疑われる疾病等が発生した場合、認定臨床研究審査委員会に報告して意見を聴くとともに、厚生労働大臣にも報告することを義務付け。

（３）実施基準違反に対する指導・監督
　① 厚生労働大臣は改善命令を行い、これに従わない場合には特定臨床研究の停止を命じることができる。
　② 厚生労働大臣は、保健衛生上の危害の発生・拡大防止のために必要な場合には、改善命令を経ることなく特定臨床研究の停止等を命じることができる。

２．製薬企業等の講ずべき措置
　① 製薬企業等に対して、当該製薬企業等の医薬品等の臨床研究に対して資金を提供する際の契約の締結を義務付け。
　② 製薬企業等に対して、当該製薬企業等の医薬品等の臨床研究に関する資金提供の情報等（※詳細は厚生労働省令で規定）の公表を義務付け。

施行期日

公布の日（平成29年4月14日）から起算して1年を超えない範囲内において政令で定める日

出典：厚生労働省ホームページ「臨床研究法について」

図表2-15 臨床研究における規制の区分

	医薬品等の臨床研究				
治験 （承認申請目的の医薬品等の臨床試験）	**特定臨床研究**			手術・手技の臨床研究	観察研究
	未承認・適応外の医薬品等の臨床研究	製薬企業等から資金提供を受けた医薬品等の臨床研究			
医薬品 医療機器等法 （GCP省令）	**臨床研究法**		実施基準遵守義務 （努力義務）	**人を対象とする医学系研究に関する倫理指針**	
	実施基準遵守義務				
J-GCP （省令GCP）	臨床研究法 （ICH-GCP）		臨床研究法に準じる （ICH-GCP）		

出典：厚生労働省「臨床研究における規制の区分について」

第1部

第**3**章

施設基準の正しい理解と
適時調査への対応

- 竹田和行（株式会社施設基準総合研究所代表取締役）

独法移行に伴う
開設者変更の注意点を
教えてください

▶ 移行前の病院は「廃止」、移行後の病院は「新規開設」
となる

▶ 施設基準の届出や保険外併用療養費の報告を再提出す
る必要がある

解説

▶ 保険診療の空白期間が生じないように、「遡及」の手続
きをする

1　地方独立行政法人移行に伴う開設者変更届

1 開設者変更とは

①開設者

　開設者とは、保険医療機関（病院や診療所）の責任主体であり、法人開設の場合は法人
組織、個人開設の場合は個人が開設者になります。都道府県が運営する病院では都道府県
が開設者になり、その代表者は都道府県知事、地方独立行政法人が運営する病院では地方
独立行政法人が開設者になり、その代表者は法人の理事長になります。

②開設者の変更

　都道府県や市町村から地方独立行政法人に経営が移行されると、開設者の変更に関する
手続きが必要となります。この場合の手続きは、単なる変更ではなく、移行前の病院は「廃
止」、移行後の病院は「新規開設」の手続きが必要となります。そのため、手続き上はまっ
たく別の病院に生まれ変わることとなります。

　なお、開設者変更の手続きは厚生局が窓口となりますが、その前に保健所（地域によっ
ては都道府県）が担当する医療法に関する廃止と開設の手続きが必要となります。

2 保険医療機関における指定の届出

①廃止と開設による保険医療機関の指定日

　同一の所在地には同時に１つの病院しか開設ができないため、廃止日以後に開設の手続

きを行わなければなりません。しかし、開設に伴う保険医療機関の指定の事務処理は、厚生局が月単位で行い、毎月の締切日までに提出された届出書類は、翌月の1日以後に処理されることとなります。このため、通常の廃止と指定の届出を行えば、最低でも1か月以上の空白期間が発生してしまい、その間は保険診療ができなくなってしまいます。そこで「遡及」による指定の届出が必要になります。

②遡及による指定の届出

保険医療機関の開設者が変更になった場合で、前の開設者の変更と同時に引き続いて開設され、患者が引き続き診療を受けている場合には、病院機能としては連続して診療行為を行っているものとみなされます。そのため、開設による指定の届出を提出する際に「遡及」の手続きを行うことによって、新規の指定日を旧病院の廃止日に遡って指定してもらえます。当然ですが、地方独立行政法人への移行もこれに該当しますので、遡及の手続きを行うことにより、空白期間が発生することなく保険診療を継続することができます。

③手続き前の事前相談

遡及の手続きには、通常の届出に加えて提出する書類があります。そのため、管轄の厚生局に事前に相談して、手続きが円滑に進められるようにしておくことが大切です。

なお、医療法に関する手続きについても同様となることが多いので、先に保健所（地域によっては都道府県）へ相談するとよいでしょう。相談時期は遅くても3か月前くらいまでには終える必要があります。

3 手続きの書類

保険医療機関としての廃止と指定に関して、厚生局に提出する書類としては次のようなものがあります。なお、届出書や申請書の様式は各厚生局のホームページに掲載してあります。

・公立の保険医療機関を廃止するとき

　保険医療機関・保険薬局の廃止・休止・再開届

・独法の保険医療機関を開設するとき

　保険医療機関・保険薬局の指定申請書

2　開設者変更に伴う施設基準の届出

1 施設基準の届出

施設基準とは、医師、看護師などをはじめとする医療関係職の配置、医療機関の機能や設備、安全面、サービス面等を評価するための基準です。その実行状態が厚生労働大臣の

定める基準を満たす場合、厚生局長に届出をすることによって、通常より上乗せで診療報酬を算定することができます。届出書は基本診療料と特掲診療料の2つに区分されており、その他、「入院時食事療養費に関する基準」が別に定められています。

施設基準の届出は、保険医療機関の指定申請とは別に手続きが必要です。保険医療機関の指定申請が遡及扱いで受付されれば、施設基準の届出も旧病院と同じ内容で、遡及扱いで受理されます。遡及扱いの場合、提出期日や提出方法などが通常の届出とは異なるため、指定申請と合わせて厚生局に事前に相談しておくとよいでしょう。

なお、すべての施設基準について再届出が必要となり、添付資料なども膨大になることから、早めに準備をしておく必要があります。

▌2 施設基準の届出に関する注意

施設基準は1994（平成6）年の規制緩和により承認制から届出制に移行し、上乗せでの算定がしやすくなった一方、施設基準のルールを知らなければ届出ができない仕組みとなりました（**図表 3-1**）。施設基準のルールを理解せずに届出された場合、診療報酬の過請求が指摘され、返還が求められることがあります。過去には、入院基本料等などで1億円を超える極めて高額な診療報酬の返還が指摘された例もあります。

開設者の変更に伴い、施設基準の届出漏れが発生すると、高額な診療報酬が請求できなくなることもあるので、注意が必要です。

▌3 手続きの書類

保険医療機関としての施設基準に関して、厚生局に提出する書類としては次のようなものがあります。なお、届出書の様式は各厚生局のホームページに掲載してあります。
・基本診療料の施設基準等に係る届出書
・特掲診療料の施設基準等に係る届出書
・入院時食事療養・入院時生活療養等届出書

◤ 3 開設者変更に伴う保険外併用療養費の報告 ◢

▌1 保険外併用療養費の報告

保険診療は、その医療の内容について細かくルールが規定されており、規定されていない医療行為やサービスを受けることはできません。また、ルール上の医療サービスとルール外の医療サービスを同時並行で受ける「混合診療」は、一部の例外を除き認められていません。例外的に保険診療との併用が認められたものは、「保険外併用療養費」として区

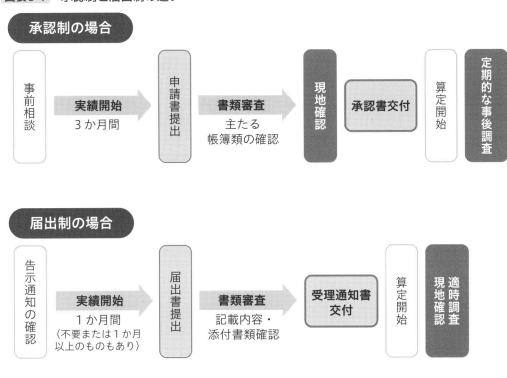

図表 3-1　承認制と届出制の違い

承認制の場合

事前相談 → **実績開始** 3 か月間 → 申請書提出 → **書類審査** 主たる帳簿類の確認 → 現地確認 → 承認書交付 → 算定開始 → 定期的な事後調査

届出制の場合

告示通知の確認 → **実績開始** 1 か月間 （不要または 1 か月以上のものもあり） → 届出書提出 → **書類審査** 記載内容・添付書類確認 → 受理通知書交付 → 算定開始 → 適時調査現地確認

分されており、①評価療養、②選定療養、③患者申出療養の 3 種類があります（**図表 3-2**）。

　保険外併用療養費の報告は、保険医療機関の指定申請とは別に手続きが必要です。保険医療機関の指定申請が遡及されれば、保険外併用療養費の報告も旧病院と同じ内容で、遡及扱いで受理されます。遡及扱いの場合、提出期日や提出方法などが通常の届出とは異なりますので、指定申請と合わせて厚生局に事前に相談しておくとよいでしょう。また、新しく保険外併用療養費の対象を増やす場合には、別に報告が必要になります。

2 評価療養、選定療養および患者申出療養の基準等

　評価療養、選定療養および患者申出療養に関しては、具体的な基準が定められています。それぞれの基準を十分に理解したうえで、実施する必要があります。また、実施に伴う特別な料金については、その徴収の対象となる療養に要するものとして、社会的に見て妥当適切な範囲の額とすることとされています。

❶ 評価療養 保険導入のための 評価を行うもの	・先進医療 ・医薬品、医療機器、再生医療等製品の治験に係る診療 ・医薬品医療機器等法承認後で保険収載前の医薬品、医療機器、再生 医療等製品の使用 ・薬価基準収載医薬品の適応外使用 （用法・用量・効能・効果の一部変更の承認申請がなされたもの） ・保険適用医療機器、再生医療等製品の適応外使用 （使用目的・効能・効果等の一部変更の承認申請がなされたもの）
❷ 選定療養 保険導入を 前提としないもの	・特別の療養環境の提供（差額ベッド） ・歯科の金合金等 ・予約診療 ・時間外診療 ・金属床総義歯 ・小児う蝕の指導管理 ・200床以上の病院の初診、再診 ・制限回数を超える医療行為 ・180日以上の入院 ・多焦点眼内レンズの支給
❸ 患者申出療養 保険導入のための 評価を行うもの （患者の申出を起点とする）	患者申出療養は、困難な病気と闘う患者の思いに応えるため、先進 的な医療について、患者の申出を起点とし、安全性・有効性等を確認 しつつ、身近な医療機関で迅速に受けられるよう、2016（平成28）年 度に制度化されました。 　この制度は、国において安全性・有効性等を確認すること、保険収 載に向けた実施計画の作成を臨床研究中核病院に求め国において確認 すること、および実施状況等の報告を臨床研究中核病院に求めていま す。

厚生労働省ホームページ「先進医療の概要について」および「患者申出療養制度」などをもとに作成

3 評価療養および選定療養の報告に関する注意点

　評価療養および選定療養の実施について、特別な料金等の内容を定め、または変更しよ うとする場合は、管轄する厚生局長にその都度、所定の様式により報告しなければいけま せん。また、毎年の定例報告の際に、実施状況について報告が必要なものもありますので、 報告を漏らさないよう、十分に注意する必要があります。

４ 「特別の療養環境の提供（差額ベッド）」のベッド数割合

　開設者の形態により、「特別の療養環境の提供（差額ベッド）」の割合が規定されています。

①国が開設するもの………………………病床数の２割まで

②地方公共団体が開設するもの……病床数の３割まで

③それ以外のもの……………………病床数の５割まで

　地方独立行政法人の移行により、開設者の区別が②から③に変更となれば、変更後のベッド数は、３割から５割に緩和されます。新たに当該病床を増やす場合は、新規で報告か必要となります。

５ 手続きの書類

　保険外併用療養費の報告に関して、厚生局に提出する書類としては次のようなものがあります。なお、報告書の様式は各厚生局のホームページに掲載してあります。

・「特別の療養環境の提供の実施（変更）報告書（入院医療に係るもの）」別紙様式１から別紙様式18まで

Q 12 施設基準の重要ポイントを教えてください

解説

A
▶ 医療資格の定義と区別を知り、正確に取り扱う
▶ 「様式9」の記載ルール、看護必要度などを正確に理解しておく
▶ 病院新築・改築の際は、特にルールをよく確認する

1 施設基準における医療資格者の取り扱い

1 医療資格の定義

　看護師や薬剤師等の医療資格については、診療報酬および施設基準において厳格に区別されています。そのため、医療資格の定義や区別については、誤りのないように認識し、正確に取り扱わなければなりません（**図表3-3 ～ 5**）。

　「看護師」と記載のある施設基準において「准看護師」も含まれると錯覚したことにより、施設基準の要件を満たさず、高額な診療報酬の過請求を指摘された事例もあります。

2 資格者となる日

　医療資格については、法令により認定された国家試験などに合格しなければ資格が得られません。一方、試験に合格しただけで医療従事者としての資格が与えられるわけではなく、試験合格後に合格した者が管轄の保健所などに資格者としての「登録」の申請手続きを行って、実際に名簿等に登録された時点で初めて資格が得られます。

　登録が済めば「免許証」が交付されますが、発行まで時間がかかることもあり、免許証に代わるものとして、「登録済証明書」などが交付されます。免許証が交付されなくても登録済証明書に記載のある「登録日」から医療従事者としての公的資格を得たことになります。

図表 3-3　看護師と類似する名称①

図表 3-4　看護師と類似する名称②

名　称	定　義
看護師	保健師助産師看護師法第５条により、厚生労働大臣が認定する国家資格。
准看護師	保健師助産師看護師法第６条により、都道府県知事が認定する免許資格。仕事の範囲は看護師と変わらないが、医師や看護師の指示を受けて業務に当たらなければならない。自らの判断で業務を行ったり、看護師に指示を出したりすることはできない。
看護補助者	看護師長および看護職員の指導の下、療養生活の世話を行う免許資格のない者。「看護助手」と呼称することもある。
看護職員	患者の看護等を行う看護師および准看護師の総称。
看護要員	患者の看護や介護を行う職員で、看護職員である看護師および准看護師の他に、免許資格のない看護補助者も含まれる。

図表 3-5　その他の医療資格者

名　称	定　義
薬剤師	薬剤師法により、厚生労働大臣の免許を有する者。
診療放射線技師	診療放射線技師法により、厚生労働大臣の免許を有する者。
理学療法士	理学療法士及び作業療法士法により、厚生労働大臣の免許を有する者。「PT」と呼称することもある。
作業療法士	理学療法士及び作業療法士法により、厚生労働大臣の免許を有する者。「OT」と呼称することもある。
言語聴覚士	言語聴覚士法により、厚生労働大臣の免許を有する者。「ST」と呼称することもある。
管理栄養士	栄養士法により、厚生労働大臣の免許を有する者。
栄養士	栄養士法により、都道府県知事の免許を有する者。
臨床工学技師	臨床工学技師法等に関する法律により、厚生労働大臣の免許を有する者。「ME」と呼称することもある。
公認心理師	公認心理師法により、試験に合格して文部科学省または厚生労働省の名簿に登録された者。
社会福祉士	社会福祉士及び介護福祉士法により、試験に合格して厚生労働省の名簿に登録された者。医療に特化した者を「MSW（メディカルソーシャルワーカー）」と呼ぶこともある。
精神保健福祉士	精神保健福祉士法等に関する法律により、試験に合格して厚生労働省の名簿に登録された者。

2 様式9とは

1 入院基本料において一番重要な書類

入院基本料等を請求していない病院はまずないものと思います。入院基本料等は基本的に看護師等の数などによって点数（診療報酬額）が決まる仕組みになっています。

様式9とは、入院基本料において看護要員数、看護師割合、月平均夜勤時間数を算出するための表です。病棟の看護師等の日々の勤務時間数を記載するだけの単純なものですが、数字の評価（記載すべき数字と記載してはいけない数字）に細かいルールがあります。このルールを正しく理解していないと正確な記載ができません。基本的なルールは次のとおりです。

①「病棟日勤」時間数と「病棟夜勤」時間数

各病院で16時間の夜勤枠を設定します。この16時間の枠内を「夜勤時間帯」、枠外の8時間を「日勤帯」として区別します。病棟勤務した看護師等が日勤帯に勤務した時間数を1段目の「病棟日勤」に、夜勤時間帯に勤務した時間数を2段目の「病棟夜勤」に24時（0時）を境として前日と翌日に時間数を分けて記載します。

②「総夜勤」の時間数

3段目の「総夜勤」には、設定した夜勤時間帯のなかで病院内において勤務した時間数を記載します。夜勤の時間数を記載する欄が2段もあることに疑問を感じられると思いますが、一般的な入院基本料には看護師等の1人当たり1か月間の平均夜勤時間数が72時間以内と決められていて、この計算のために病棟内で勤務した夜勤の時間数と病院全体で勤務した夜勤の時間数を比較するルールになっているため、これらの時間数を別々に把握しなければならないことから2段存在します。

通常は、病棟の勤務しかしない看護師等においては2段目の「病棟夜勤」と3段目の「総夜勤」は同じ数字になります。病棟勤務の看護師等が病棟以外の場所で勤務している場合、たとえば、外来やオペ室勤務を兼務する場合などで、兼務先での勤務時間が設定の16時間の夜勤枠に入り込んでいる場合には、その時間数をここに記載しなければなりません。例としては、夜勤時間帯を17時から翌朝9時までに設定した場合で、日勤の看護師等が8時30分から12時までを外来勤務、12時から17時30分までを病棟勤務した場合には、2段目の「病棟夜勤」は0.5となり、3段目の「総夜勤」は1となります。

③遅刻・早退の時間数

数字は日勤や夜勤の決められた勤務時間枠のなかで実際に勤務した実時間数を記載します。遅刻、早退があった場合には、該当した日において、その都度、該当する時間数を除算した数字を記載する必要があります。

④出張などにより病棟にいなかった時間数

出張など病棟から外出していた時間は除算対象となります。いわゆる"中抜け"はタイムレコーダーに記載がされないため、見落としてしまうケースが多くなっています。出張記録などを確認して把握しなければなりません。

⑤夜勤時間帯において、救急などの対応をした時間数

夜間の外来患者の対応のために、病棟勤務を中断して外来勤務をしていたものは除算しなければなりません。外来日誌などを点検して兼務先の時間数を把握しなければ正確に作成できません。なお、16時間の夜勤時間の枠内に外来に行っていた時間は病院内の夜勤時間数になりますから、「総時間」の欄には減算せずに記載する必要があります。

⑥安全・感染・褥瘡以外の委員会の出席時間

医療安全管理体制、感染防止対策、褥瘡対策における委員会を除き、院内の委員会に出席した時間数は除算対象となります。感染防止対策加算の感染対策チーム（ICT：Infection Control Team）の一員として院内巡視していた時間数などは委員会の時間とは違いますから、除算しなければなりません。感染防止対策委員会は減算する必要がないことを錯覚して拡大解釈している場合が見受けられますので注意しましょう。

⑦申し送り時間

勤務交代する際に勤務時間を重ねて（実際に業務を中断して）、ナースステーション内で申し送りをしている場合には、除算してもしなくてもどちらでも差し支えありません。2018（平成30）年にルールが変わり「含めない（除算しなくてはならない）」から「除いて差し支えない（除算しても、しなくてもどちらでもよい）」に変更になりました。しかし、いまだにこの変更に気がつかず、「除算しなければならない」と理解している方がいるようですので、注意が必要です。

仮に除算する場合には、勤務時間が重なった部分で、実際に申し送りに必要とされる時間数で、申し送りする者（先に勤務している方）が勤務している時間数だけを除算します。例としては、日勤者から夜勤者に勤務交代する場合には、実際に申し送りした時間数を日勤者の勤務時間数から除算します。

⑧申し送りの有無による減算時間の相違

同じ勤務帯の勤務であっても看護要員の担当業務により申し送りをする場合としない場合があることから、申し送りをしない場合には除算となりません。このように、除算する看護要員としない看護要員が混在すると、数値の計上が煩雑になりますので、除算しない方法に統一したほうが望ましい事例があります。

⑨会議出席（病棟不在時）時間の把握

毎月定例に実施されている会議は時間が決められていることがありますが、除算する時間数は実際に病棟を不在にしていた時間数になります。会議時間はその時々で変動するこ

とが一般的であることから、会議録を確認するなどして正確な時間数を除算しなければなりません。

⑩勤務形態ごとの時間数の記載

早出や遅出の勤務者は日勤の勤務者と同じように見えますが、実際の勤務時間の始まりと終わりは通常の日勤者とは相違していることから、当然ですが、「病棟日勤」時間数と「病棟夜勤」時間数に違いが発生します。

2 専用のソフトやシステムに依存する方法

最近では、専用のソフトやシステムを活用して「様式9」を作成している病院が多いようです。代表的なものとしては、医療関係団体がホームページ上で公開しているエクセルシート（自動計算）があります。これは、指定された欄に時間数を手作業で入力するだけのごく単純なもので、入院基本料の届出種類を選択し、看護師、准看護師、看護補助者別に「病棟日勤」時間数、「病棟夜勤」時間数、病院内の「総夜勤」時間数を入力すれば、人員数や看護師比率、月平均夜勤時間数などを自動的に計算してくれます。一見、シンプルで使いやすいように思えますが、すべて手作業で数値を入力しなければならないため、看護要員数が多いと相当な業務量になってしまいます。

この他にも、さまざまな企業が専用のソフトやシステムを開発・販売しており、多くの病院が活用しています。これらのシステムには若干の差はありますが、共通する方法としては「勤務表を作成して記号を入力する」ことにより、自動的に「様式9」を作成してくれるという大変便利なものです。会議等の減算については、記号を変えるか、該当者のデータを別シートに入力することにより反映する仕組みになっているものが多いようですが（一部のシステムでは、「様式9」の数字を直接手作業で減算しなければならないものもある）、「病棟日勤」と「病棟夜勤」の時間数の配分も16時間の時間枠の設定を変更するだけで自動的に修正してくれるものもあり、この仕組みは先に紹介したエクセルシートよりもかなり使いやすくなっているようです。また、これとは別に病院で採用している勤退管理システムのデータを「様式9」のエクセルデータに転写できるようにして使用しているところもあるようです。

どのシステムを採用するかは病院の選択によりますが、どのような便利なシステムを利用しても所詮は人が管理するものです。そのため、ルールを正しく理解しなければ、正しい計算結果を導き出すことはできません。

実際に販売されているあるシステムでは、勤務パターンごとの記号、勤務開始と勤務終了の時刻、申し送りによる減算対象時間、16時間の夜勤時間枠などを設定してシートなどに入力することにより、システムが日勤帯と夜勤時間帯の時間数を自動的に振り分け、「様式9」に反映しますので、手作業の煩雑さを考えればかなりの負担軽減となっている

ようです。しかし、「病棟日勤」の時間数と「病棟夜勤」の時間数の配分が自動計算されず、別のシートに個別に時間数の配分を設定しなければならないようなシステムもあります。記号ごとに、「病棟日勤」と「病棟夜勤」の時間数を決められたシートにセットしなければならないため、「様式９」に関するルールを細かく理解しないと、正しい数値の振り分けができません。

　この数値の振り分けが正しく設定されていなかったために、過去何年分も間違った数字を算出してしまい、誰も計算誤りに気がついていなかったというような病院が数多く見られました。病院側は「システムが自動計算してくれる」と安心しきってしまい、時間数の初期設定に誤りがあったことに気がつく人は誰もいなかったそうです。「様式９」は担当者の正しい知識により正確な計算ができるものであることを再度ご認識いただきたいと思います。

公立病院のための地方独立行政法人設立・運営マニュアルＱ＆Ａ

3　急性期一般入院料とは

■１ 2018 年度診療報酬改定における見直し

　2018（平成30）年度診療報酬改定では、入院医療評価体系が見直され、入院医療の基本的な診療に係る評価（基本部分）と、診療実績に応じた段階的な評価（実績部分）との２つの評価を組み合わせた新たな評価体系に再編・統合されました。新たな評価体系となる入院料は、急性期医療、急性期医療～長期療養、長期療養の機能に大別されます。主な見直しの内容は次のとおりです。

①一般病棟入院基本料

　従前の一般病棟入院基本料（７対１、10対１、13対１、15対１）を再編・統合して、新たに急性期一般入院基本料（７対１、10対１）、地域一般入院基本料（13対１、15対１）となりました。急性期一般入院基本料については、看護職員の割合、看護職員のうちの看護師の割合、「重症度、医療・看護必要度」のⅠまたはⅡの患者割合、平均在院日数、在宅復帰・病床機能連携率、その他の実績に応じ（データ提出加算は必須要件）、１～７に区分され、点数が定められています。

②地域包括ケア病棟入院料

　基本的な評価部分と在宅医療の提供等の診療実績に係る実績部分とを組み合わせた体系に見直すとともに、在宅医療や介護サービスの提供等の地域で求められる多様な役割・機能を果たしている医療機関を評価します。

③回復期リハビリテーション病棟入院料

　回復期リハビリテーション病棟入院料の評価体系にリハビリテーションの実績指数を組

み込みました。実績指数とは、回復期リハビリテーション病棟における1日当たりのFIM（Functional Independence Measure：機能的自立度評価表）得点の改善度を患者の入棟時の状態を踏まえて指数化したものになります。

④療養病棟入院基本料

20対1看護職員配置を要件とする療養病棟入院料に一本化することとして、医療区分2・3の該当患者割合に応じた2段階の評価に見直しました。従来の療養病棟入院基本料2（25対1看護職員配置）については、医療療養病床に係る医療法上の人員配置標準の経過措置の見直し方針を踏まえ、療養病棟入院料の注11と注12の経過措置と位置づけ、最終的な経過措置の終了時期は次回改定時に改めて検討することとして、経過措置期間をまずは2年間に設定しました。

その後、2020（令和2）年度改定により、注12の経過措置は予定どおり廃止され、注11の経過措置のみ点数が100分の90から100分の85に減点され、2022（令和4）年3月31日までさらに2年間延長されました。

② 2020年度診療報酬改定における見直し

2020年度診療報酬改定では、医療機能や入院患者の状態に応じて適切な医療が提供されるよう、入院医療の評価について、次のとおり見直しが行われています。

①急性期一般入院基本料

一般病棟用の重症度、医療・看護必要度について、急性期の入院医療の必要性に応じた評価になるよう、評価項目や判定基準を見直しました。また、該当患者割合に係る施設基準について、実態を踏まえた見直しも行われています。

②地域包括ケア病棟入院料

地域包括ケア病棟における3つの主な機能をバランスよく発揮することができるよう、地域包括ケアに係る実績や入退院支援等に係る施設基準を見直しました。また、同一医療機関内で転棟した場合の算定方法を見直しました。

③回復期リハビリテーション病棟入院料

リハビリテーションの実績を適切な評価に反映する観点から、実績指数等に係る要件を見直すとともに、日常活動の評価に関する取り扱いを見直しました。

④療養病棟入院基本料

医療療養病床に係る医療法上の経過措置の見直し方針や届出状況を踏まえ、療養病棟入院基本料の経過措置の扱いを見直しました。また、中心静脈カテーテル等の適切な管理を推進する観点から、施設基準や医療区分の要件を見直しました。

⑤急性期入院医療の適切な評価の推進

急性期入院医療の適切な評価の推進として、入院の必要性に応じた重症度、医療・看護

必要度の見直しが行われています。

【評価項目・判定基準】

・ 判定基準から、「B14 又は B15 に該当、かつ、A 得点 1 点以上かつ B 得点 3 点以上」の基準を削除

・ A 項目の「免疫抑制剤の管理」を注射剤に限る

・ C 項目に、入院での実施割合が 9 割以上の手術及び検査を追加

・ C 項目の評価対象日数を変更

・ 救急患者の評価を充実

・ 必要度Ⅰの「救急搬送後の入院の評価」を 5 日間に延長

・ 必要度Ⅱに、「救急医療管理加算又は夜間休日救急搬送医学管理料を算定した患者」を新たに評価

【該当患者割合の施設基準】

　急性期一般入院料 1 ～ 6 について、「重症度、医療・看護必要度」の該当患者割合の施設基準を見直しています（**図表 3-6**）。

4 　月平均夜勤時間数とは

1 　月平均夜勤時間数の基本

　月平均夜勤時間数とは、入院基本料において、看護職員が 1 か月間で行った夜勤時間数の 1 人当たりの平均値です。一般的な入院基本料では、看護師等について 1 人当たりの 1 か月間の平均夜勤時間数が 72 時間以内と決められています。

　月平均夜勤時間数は、同一の入院基本料を算定する病棟全体（同一の入院基本料を算定する複数の病棟［看護単位］を持つ病院にあっては、当該複数の病棟を合わせた全体) で届出します。具体的には、1 か月または 4 週間の夜勤時間帯に従事する看護職員の延べ夜勤時間数を夜勤時間帯に従事した実人員数で除して得た数とし、当該月当たりの平均夜勤時間数の直近 1 か月または直近 4 週間（毎月 1 日から 28 日のことではありません）の実績の平均値により、72 時間以下であることとされています（療養病棟入院基本料、特定入院料、特別入院基本料、月平均夜勤時間帯超過減算、夜勤時間特別入院基本料の入院基本料を算定する場合を除く）。同一の入院基本料を算定する病棟全体で計算するものであり、病棟（看護単位）ごとに計算するものではないため、病棟（看護単位）ごとに月平均夜勤時間数が 72 時間以下である必要はありません。

　また、新規届出直後においては、当該病棟の直近 3 か月間または 12 週間の実績の平均値が要件を満たしていれば差し支えありません。

図表 3-6　「重症度、医療・看護必要度」の該当患者割合

	一般病棟用の重症度、医療・看護必要度	
	Ⅰの割合	Ⅱの割合
急性期一般入院料 1	3 割 1 分	2 割 9 分
急性期一般入院料 2	2 割 8 分	2 割 6 分
急性期一般入院料 3	2 割 5 分	2 割 3 分
急性期一般入院料 4	2 割 2 分	2 割
急性期一般入院料 5	2 割	1 割 8 分
急性期一般入院料 6	1 割 8 分	1 割 5 分
急性期一般入院料 7	※上記の割合の設定はない	

出典：厚生労働省「基本診療料の施設基準等及びその届出に関する手続きの取扱いについて」
（令和 2 年 3 月 5 日保医発 0305 第 2 号）をもとに作成

2 実人員数および延べ夜勤時間数

　月平均夜勤時間数の計算に含まれる実人員数および延べ夜勤時間数についての留意点は次のとおりです。

・専ら夜勤時間帯に従事する者（夜勤専従者）は、実人員数および延べ夜勤時間数に含まない

・夜勤時間帯に看護職員が病棟勤務と外来勤務等を兼務する場合は、当該看護職員が夜勤時間帯に当該病棟で勤務した月当たりの延べ時間を、当該看護職員の月当たりの延べ夜勤時間（病棟と病棟以外の勤務時間を含む）で除して得た数を、夜勤時間帯に従事した実人員数として算入する

・急性期一般入院基本料、7 対 1 入院基本料および 10 対 1 入院基本料の病棟の実人員数および延べ夜勤時間数には、月当たりの夜勤時間数が 16 時間未満の者は含まない（ただし、短時間正職員制度を導入している保険医療機関の短時間正職員については、月当たりの夜勤時間数が 12 時間以上の者を含む）

・地域一般入院基本料、13 対 1 以下の入院基本料の病棟の実人員数および延べ夜勤時間数には、月当たりの夜勤時間数が 8 時間未満の者は含まない

・夜勤時間帯のなかで申し送りに要した時間は、申し送った看護職員の夜勤時間から除いて差し支えない（ただし、当該申し送りに要した時間の除外の有無については、原則として、同一の入院基本料を算定する病棟全体において、月単位で選択する）

③ 所定労働時間

週当たりの所定労働時間は、40 時間以内であることとされています。

④ 夜勤専従者に対する配慮

専ら夜勤時間帯に従事する者、いわゆる「夜勤専従者」の夜勤時間については、夜勤による勤務負担が過重とならないよう十分配慮することとされています。以前は、夜勤専従者の夜勤時間については 144 時間以内とされていましたが、現在は時間数における制約がない代わりに配慮が必要とされています。

5 施設基準における常勤とは

① 常勤の定義

公立病院等では、正規職員を常勤、非正規職員を非常勤として扱うところがありますが、診療報酬や施設基準においては、そのような区別はありません。

施設基準における常勤とは、病院が常勤として定める所定労働時間を満たして勤務することです。よって、雇用契約の形態がパート勤務であっても、実際の雇用時間数と勤務時間数が、勤務先における規定などによる常勤としての勤務時間数を満たせば、施設基準においては「常勤」の取り扱いになります。

なお、施設基準では、常勤を要件とするものや専従または専任などを要件とするものがあり、その違いを理解して配置や管理を行う必要があります。

② 常勤の医師の数の算出

急性期一般入院料 1 および 7 対 1 入院基本料（特定機能病院入院基本料および障害者施設等入院基本料を除く）に係る医師の数の算出では、常勤は原則として、週 4 日以上常態として勤務しており、かつ、所定労働時間が週 32 時間以上であることとされています。

なお、常勤の医師のほか、非常勤医師の実労働時間数を常勤換算し算入することができるとされています。

③ 常勤の勤務時間の計算対象

施設基準における常勤は、該当する病院における勤務時間数の総数で判断されます。勤務先を統括する法人全体での勤務時間数ではありません。よって、雇用されている法人の複数の施設にまたがって勤務する医師などの場合には、それぞれの施設において勤務した

時間数で個別に判断されます。法人全体で40時間の勤務時間があり、A病院24時間勤務、B病院16時間勤務のような場合には、ABどちらの病院においても常勤の扱いにはなりません。

4 専従とは

専従とは、その業務のみに常態として携わっている者となります。施設基準において特に定めがある場合を除き、他の業務を兼務させることはできません。

以前は、その業務に9割程度従事すれば、1割程度は他の業務を兼務できるような話があったようですが、現在は10対0の考え方となり、たとえ1分間でも他の業務を兼務していれば専従にはなりません。

5 専任とは

専任とは、その業務を専ら担当する者となります。他の業務を兼務させることができます。ただし、一部、兼務に関しての制限が加えられている施設基準があることから、注意が必要です。

以前は、その業務に5割程度従事すれば、残りは他の業務を兼務できるような話があったようですが、現在は勤務時間数や兼務割合の規定はなく、該当する施設基準の業務遂行に影響が出るような兼務のさせ方は認められていません。もし、適時調査においてそのような不適切事例が発見されると、厳しく指摘されますので、専任者の業務遂行を妨げるような業務を別に兼務させることは厳禁です。

6 病棟の看護職員の夜勤とは

前述したように、入院基本料等における夜勤については病棟の看護職員の日々の勤務時間のうち各病院で16時間の夜勤枠を設定します。

入院基本料では、看護職員の月平均夜勤時間数を72時間以内にしなければなりません（療養病棟入院基本料、特定入院料、特別入院基本料、月平均夜勤時間帯超過減算、夜勤時間特別入院基本料の入院基本料を算定する場合を除く）。看護職員の夜勤に関する具体的な取り扱い等は次のとおりです。

1 夜勤枠の設定

夜勤の16時間の枠は、22時から翌日の5時までの時間を含んでいれば、どの時間から始めるのかを自由に選べます。ただし、設定した夜勤枠の時間帯が実際の日勤帯に重なる部分を2分1以下にしなければなりません。この16時間の枠内を「夜勤時間帯」、枠外の

8時間を「日勤帯」として区別します。

なお、夜勤枠の16時間については、病院内において別々の入院基本料を届け出ている病棟が存在する場合には、それぞれ別々の夜勤枠を設定しても差し支えありません。たとえば、一般病棟入院基本料を17時から翌朝9時まで、精神病棟入院基本料を18時から翌朝10時までのように、別の夜勤帯を設定することも可能です。

2 夜勤時間の算出

病棟勤務した看護職員について、たとえば、夜勤時間帯を17時から翌朝9時までに設定した場合で、通常の日勤の看護職員の勤務開始が8時30分、勤務終了が17時30分とした場合には、「病棟日勤」が8時間、「病棟夜勤」が1時間となります。

日勤者なのに「病棟夜勤」が1時間あることを不思議に思うかもしれませんが、8時30分から17時30分まではトータルで9時間ありますから、夜勤時間帯に1時間の勤務が発生します。この事例では8時30分から9時までと17時から17時30分までの合計1時間が夜勤時間帯の勤務時間数になります。

同様に、早出や遅出の勤務帯が存在する場合には、夜勤帯の16時間枠に入り込む時間数が発生しますので、その時間数を夜勤時間として計上する必要があります。

3 夜勤時間の管理

「病棟夜勤」は、24時（0時）を境として前日と翌日に時間数を分けて管理します。例として、夜勤時間帯を17時から翌朝9時までに設定した場合で、17時30分から翌朝の8時30分までの通し夜勤を勤務した場合には、夜勤入りした日の「病棟夜勤」は6時間30分となり、夜勤明けした日は8時間30分となります。

4 延べ夜勤時間数

夜勤に従事する看護職員の月当たり延べ夜勤時間数は、1か月または4週間（毎月1日から28日のことではありません）の当該夜勤時間帯に従事した時間数を言います。

なお、急性期一般入院基本料、7対1入院基本料および10対1入院基本料の病棟の実人員数および延べ夜勤時間数には、月当たりの夜勤時間数が16時間未満の者は含まないこととされています（ただし、短時間正職員制度を導入している保険医療機関の短時間正職員については、月当たりの夜勤時間数が12時間以上のものを含む）。地域一般入院基本料、13対1以下の入院基本料の病棟の実人員数および延べ夜勤時間数には、月当たりの夜勤時間数が8時間未満の者は含まないこととされています。

また、同様に夜勤専従者が勤務した時間数も延べ夜勤時間数から除く必要があります。

5 夜勤従事者数

　夜勤専従者は、夜勤従事者数に含まないこととされています。夜勤時間帯に看護職員が病棟勤務と外来勤務等を兼務する場合は、当該看護職員が夜勤時間帯に当該病棟で勤務した月当たりの延べ時間を、当該看護職員の月当たりの延べ夜勤時間（病院内で夜勤時間帯に勤務した時間数の合計）で除して得た数を、夜勤時間帯に従事した実人員数として算入することとされています。

　なお、急性期一般入院基本料、7対1入院基本料および10対1入院基本料の病棟では、月当たりの夜勤時間数が16時間未満の者は夜勤従事者数に含まないこととされています（ただし、短時間正職員制度を導入している保険医療機関の短時間正職員については、月当たりの夜勤時間数が12時間以上のものを夜勤従事者数に含む）。地域一般入院基本料、13対1以下の入院基本料の病棟の実人員数および延べ夜勤時間数には、月当たりの夜勤時間数が8時間未満の者は夜勤従事者数に含まないこととされています。

6 夜勤専従者に対する配慮

　夜勤専従者の夜勤時間については、夜勤による勤務負担が過重とならないよう十分配慮することとされています。以前は、夜勤専従者の夜勤時間については144時間以内とされていましたが、現在は時間数における制約がない代わりに、配慮が必要とされています。

7　病院における管理栄養士

1 入院基本料の施設基準の要件

　保険診療を行う病院においては常勤の管理栄養士の配置が必須です。入院時食事療養の要件の一部にも常勤の栄養士や管理栄養士の配置がルール化されています。回復期リハビリテーション病棟入院料1においては、各病棟に専任の管理栄養士の配置が必要です。

　施設基準においては、管理栄養士の配置が要件とされているものが数多く存在します。入院基本料等の基準として定められている基本の5基準である「入院診療計画」「院内感染防止対策」「医療安全管理体制」「褥瘡対策」「栄養管理体制」のうち、「栄養管理体制」においては、当該病院である保険医療機関（特別入院基本料等を算定する病棟のみを有するものを除く）内に、常勤の管理栄養士が1名以上配置されていることが必須の要件とされています。

①栄養管理手順の作成

　栄養管理体制の基準では、管理栄養士をはじめとして、医師、看護師、その他医療従事

者が共同して栄養管理を行う体制を整備し、あらかじめ栄養管理手順（栄養スクリーニングを含む栄養状態の評価、栄養管理計画、定期的な評価等）を作成することとされています。

②入院診療計画への記載

入院診療計画の基準では、入院時に患者の栄養状態を医師、看護職員、管理栄養士が共同して確認し、「特別な栄養管理の必要の有無」について入院診療計画書に記載していることとされています。当然ですが、入院患者の栄養状態の確認は「医師、看護職員、管理栄養士が共同して」とされておりますので、この３職種の誰が欠けても確認行為をすることはできません。管理栄養士は夜間や休日に不在となることが多いと思われますので、管理栄養士不在の時間帯に入院診療計画書を作成することはできません。夜間や休日の入院であっても管理栄養士が出勤するまでの間は「特別な栄養管理の必要の有無」を判断することがないようにしなければなりません。

③栄養管理計画の作成

入院診療計画において、特別な栄養管理が必要と医学的に判断される患者については、栄養状態の評価を行い、医師、管理栄養士、看護師その他の医療従事者が共同して、当該患者ごとの栄養状態、摂食機能および食形態を考慮した栄養管理計画（通知により示されている別紙23に準じた様式）を作成していることとされています。

なお、救急患者や休日に入院した患者など、入院日に策定できない場合の栄養管理計画は、入院後７日以内に策定することとされています。

④栄養管理計画の内容

栄養管理計画には、栄養補給に関する事項（栄養補給量、補給方法、特別食の有無等）、栄養食事相談に関する事項（入院時栄養食事指導、退院時の指導の計画等）、その他栄養管理上の課題に関する事項、栄養状態の評価の間隔等を記載することとされています。また、当該計画書またはその写しを診療録等に添付することとされています。

⑤栄養管理計画の実行

当該患者について、栄養管理計画に基づいた栄養管理を行うとともに、当該患者の栄養状態を定期的に評価し、必要に応じて栄養管理計画を見直していることとされています。

② 特別入院基本料を算定する場合

特別入院基本料等を算定する場合は、常勤の管理栄養士が１名以上配置されていること、および上記①から⑤までの体制を満たしていることが望ましいとされています。"望ましい"であるため、常勤の管理栄養士が長期間不在の場合でも、特別入院基本料等を算定することは可能です。

3 離職または長期欠勤

　管理栄養士は１か月以内の欠勤について、欠勤期間中も常勤配置の管理栄養士に算入できるとされています。なお、管理栄養士が欠勤している間も栄養管理のための適切な体制を確保していることとされています。

　管理栄養士の離職または長期欠勤のため、「常勤の管理栄養士が１名以上配置」の基準が満たせなくなった場合、厚生局長に届け出た場合に限り、当該届出を行った月の属する月を含む３か月間は、従前の入院基本料等を算定できるとされています。なお、この期間を経過した場合は入院基本料が減額となります。

4 管理栄養士の確保

　小規模の病院においては、常勤の管理栄養士は１名しか配置されていないところが多いようですが、急な離職があった場合にはすぐに後任の常勤管理栄養士を採用できるようにする必要があります。

　また、回復期リハビリテーション病棟入院料１のように、病棟ごとに管理栄養士の配置が求められる施設基準もありますので、管理栄養士の配置は多少の余裕を持った形での配置が望ましいと考えられます。

8 看護必要度とは

　病棟における入院患者の医療の必要性に応じた評価として、「重症度、医療・看護必要度」を用いて評価を行います。

1 評価票

　一般病棟にあっては、「一般病棟用の重症度、医療・看護必要度」ⅠおよびⅡに係る評価票が示されています（**図表 3 -7 ～ 8**）。

2 評価の手引き

　「一般病棟用の重症度、医療・看護必要度」ⅠおよびⅡに係る評価票に関する評価の手引きは、**図表 3 -9 ～ 10** のとおりです。

図表 3-7　一般病棟用の重症度、医療・看護必要度 I に係る評価票

別紙 7

一般病棟用の重症度、医療・看護必要度 I に係る評価票

（配点）

A	モニタリング及び処置等	0点	1点	2点
1	創傷処置 （①創傷の処置（褥瘡の処置を除く）、 　②褥瘡の処置）	なし	あり	
2	呼吸ケア（喀痰吸引のみの場合を除く）	なし	あり	
3	点滴ライン同時3本以上の管理	なし	あり	
4	心電図モニターの管理	なし	あり	
5	シリンジポンプの管理	なし	あり	
6	輸血や血液製剤の管理	なし	あり	
7	専門的な治療・処置 （① 抗悪性腫瘍剤の使用（注射剤のみ）、 ② 抗悪性腫瘍剤の内服の管理、 ③ 麻薬の使用（注射剤のみ）、 ④ 麻薬の内服、貼付、坐剤の管理、 ⑤ 放射線治療、 ⑥ 免疫抑制剤の管理（注射剤のみ）、 ⑦ 昇圧剤の使用（注射剤のみ）、 ⑧ 抗不整脈剤の使用（注射剤のみ）、 ⑨ 抗血栓塞栓薬の持続点滴の使用、 ⑩ ドレナージの管理、 ⑪ 無菌治療室での治療）	なし		あり
8	救急搬送後の入院（5日間）	なし		あり

A得点

B	患者の状況等	患者の状態			介助の実施		評価
		0点	1点	2点	0	1	
9	寝返り	できる	何かにつかまればできる	できない			点
10	移乗	自立	一部介助	全介助	実施なし	実施あり	点
11	口腔清潔	自立	要介助		実施なし	実施あり	点
12	食事摂取	自立	一部介助	全介助	実施なし	実施あり	点
13	衣服の着脱	自立	一部介助	全介助	実施なし	実施あり	点
14	診療・療養上の指示が通じる	はい	いいえ				点
15	危険行動	ない		ある			点

×　=

B得点

C	手術等の医学的状況	0点	1点
16	開頭手術（13日間）	なし	あり
17	開胸手術（12日間）	なし	あり
18	開腹手術（7日間）	なし	あり
19	骨の手術（11日間）	なし	あり
20	胸腔鏡・腹腔鏡手術（5日間）	なし	あり
21	全身麻酔・脊椎麻酔の手術（5日間）	なし	あり
22	救命等に係る内科的治療（5日間） （①経皮的血管内治療、 ②経皮的心筋焼灼術等の治療、 ③侵襲的な消化器治療）	なし	あり
23	別に定める検査（2日間）	なし	あり
24	別に定める手術（6日間）	なし	あり

C得点

注）　一般病棟用の重症度、医療・看護必要度 I に係る評価にあたっては、「一般病棟用の重症度、医療・看護必要度に係る評価票　評価の手引き」に基づき、
以下のとおり記載した点数について、A～Cそれぞれ合計する。
・A（A7①から④まで及び⑥から⑨までを除く。）については、評価日において実施されたモニタリング及び処置等の点数を記載する。
・A（A7①から④まで及び⑥から⑨までに限る。）及びCについては、評価日において、別紙1に規定するレセプト電算処理システム用コードのうち、
A又はC項目に該当する項目の点数をそれぞれ記載する。
・Bについては、評価日の「患者の状態」及び「介助の実施」に基づき判断した患者の状況等の点数を記載する。

出典：厚生労働省「基本診療料の施設基準等及びその届出に関する手続きの取扱いについて」
（令和2年3月5日保医発0305第2号）

図表 3-8　一般病棟用の重症度、医療・看護必要度Ⅱに係る評価票

一般病棟用の重症度、医療・看護必要度Ⅱに係る評価票

（配点）

A	モニタリング及び処置等	0点	1点	2点
1	創傷処置 （①創傷の処置（褥瘡の処置を除く）、 ②褥瘡の処置）	なし	あり	
2	呼吸ケア（喀痰吸引のみの場合を除く）	なし	あり	
3	点滴ライン同時3本以上の管理	なし	あり	
4	心電図モニターの管理	なし	あり	
5	シリンジポンプの管理	なし	あり	
6	輸血や血液製剤の管理	なし	あり	
7	専門的な治療・処置 （① 抗悪性腫瘍剤の使用（注射剤のみ）、 ② 抗悪性腫瘍剤の内服の管理、 ③ 麻薬の使用（注射剤のみ）、 ④ 麻薬の内服、貼付、坐剤の管理、 ⑤ 放射線治療、 ⑥ 免疫抑制剤の管理（注射剤のみ）、 ⑦ 昇圧剤の使用（注射剤のみ）、 ⑧ 抗不整脈剤の使用（注射剤のみ）、 ⑨ 抗血栓塞栓薬の持続点滴の使用、 ⑩ ドレナージの管理、 ⑪ 無菌治療室での治療）	なし		あり
8	緊急に入院を必要とする状態（5日間）	なし		あり

A得点

B	患者の状況等	患者の状態			介助の実施		評価
		0点	1点	2点	0	1	
9	寝返り	できる	何かにつかまればできる	できない			点
10	移乗	自立	一部介助	全介助	実施なし	実施あり	点
11	口腔清潔	自立	要介助		実施なし	実施あり	点
12	食事摂取	自立	一部介助	全介助	実施なし	実施あり	点
13	衣服の着脱	自立	一部介助	全介助	実施なし	実施あり	点
14	診療・療養上の指示が通じる	はい	いいえ				点
15	危険行動	ない		ある			点

× 　 =

B得点

C	手術等の医学的状況	0点	1点
16	開頭手術（13日間）	なし	あり
17	開胸手術（12日間）	なし	あり
18	開腹手術（7日間）	なし	あり
19	骨の手術（11日間）	なし	あり
20	胸腔鏡・腹腔鏡手術（5日間）	なし	あり
21	全身麻酔・脊椎麻酔の手術（5日間）	なし	あり
22	救命等に係る内科的治療（5日間） （①経皮的血管内治療、 ②経皮的心筋焼灼術等の治療、 ③侵襲的な消化器治療）	なし	あり
23	別に定める検査（2日間）	なし	あり
24	別に定める手術（6日間）	なし	あり

C得点

注）　一般病棟用の重症度、医療・看護必要度Ⅱに係る評価にあたっては、「一般病棟用の重症度、医療・看護必要度に係る評価票　評価の手引き」に基づき、
　　　以下のとおり記載した点数について、A～Cそれぞれ合計する。
　　　・A及びCについては、評価日において、別表1に規定するレセプト電算処理システム用コードのうち、
　　　　A又はC項目に該当する項目の合計点数をそれぞれ記載する。
　　　・Bについては、評価日の「患者の状態」及び「介助の実施」に基づき判断した患者の状況等の点数を記載する。

出典：厚生労働省「基本診療料の施設基準等及びその届出に関する手続きの取扱いについて」
（令和2年3月5日保医発0305第2号）

図表3-9　一般病棟用の重症度、医療・看護必要度Ⅰに係る評価票　評価の手引き

＜一般病棟用の重症度、医療・看護必要度Ⅰ＞

アセスメント共通事項

１．評価の対象
　　評価の対象は、急性期一般入院基本料（許可病床数400床以上の保険医療機関であって急性期一般入院基本料（急性期一般入院料７を除く。）の届出を行っている場合を除く。）、７対１入院基本料（結核病棟入院基本料、特定機能病院入院基本料（結核病棟に限る。）及び専門病院入院基本料）、10 対１入院基本料（特定機能病院入院基本料（一般病棟に限る。）及び専門病院入院基本料）、地域一般入院料１、総合入院体制加算（一般病棟入院基本料、特定一般病棟入院料）、看護補助加算１（地域一般入院基本料、13対１入院基本料）、一般病棟看護必要度評価加算（専門病院入院基本料、特定一般病棟入院料）、脳卒中ケアユニット入院医療管理料並びに地域包括ケア病棟入院料（地域包括ケア入院医療管理料及び特定一般病棟入院料（地域包括ケア入院医療管理が行われる場合）を算定する場合も含む。以下「地域包括ケア病棟入院料等」という。）を届け出ている病棟に入院している患者であり、産科患者、15歳未満の小児患者、短期滞在手術等基本料を算定する患者及びＤＰＣ対象病院において短期滞在手術等基本料２又は３の対象となる手術、検査又は放射線治療を行った患者（基本診療料の施設基準等第十の三（３）及び四に係る要件以外の短期滞在手術等基本料に係る要件を満たす場合に限る。）は評価の対象としない。

２．評価日及び評価項目
　　評価は、患者に行われたモニタリング及び処置等（Ａ項目）、患者の状況等（Ｂ項目）並びに手術等の医学的状況（Ｃ項目）について、毎日評価を行うこと。
　　ただし、地域包括ケア病棟入院料等については、Ａ項目及びＣ項目のみの評価とし、毎日評価を行うこと。

３．評価対象時間
　　評価対象時間は、０時から24時の24時間であり、重複や空白時間を生じさせないこと。
　　外出・外泊や検査・手術等の理由により、全ての評価対象時間の観察を行うことができない患者の場合であっても、当該病棟に在棟していた時間があった場合は、評価の対象とすること。ただし、評価対象日の０時から24時の間、外泊している患者は、当該外泊日については、評価対象とならない。
　　退院日は、当日の０時から退院時までを評価対象時間とする。退院日の評価は行うが、基準を満たす患者の算出にあたり延べ患者数には含めない。ただし、入院した日に退院（死亡退院を含む）した患者は、延べ患者数に含めるものとする。

４．評価対象場所
　　原則として、当該病棟内を評価の対象場所とし、当該病棟以外で実施された治療、処置、看護及び観察については、評価の対象場所に含めない。ただし、Ａ項目の専門的な治療・処置のうち、放射線治療及びＣ項目の手術等の医学的状況については、当該医療機関内における治療を評価の対象場所とする。

5．評価対象の処置・介助等

当該病棟で実施しなければならない処置・介助等の実施者、又は医師の補助の実施者は、当該病棟に所属する看護職員でなければならない。ただし、一部の評価項目において、薬剤師、理学療法士等が当該病棟内において実施することを評価する場合は、病棟所属の有無は問わない。

なお、A項目の評価において、医師が単独で処置等を行った後に、当該病棟の看護職員が当該処置等を確認し、実施記録を残す場合も評価に含めるものとする。

A項目の処置の評価においては、訓練や退院指導等の目的で実施する行為は評価の対象に含めないが、B項目の評価においては、患者の訓練を目的とした行為であっても評価の対象に含めるものとする。

A項目の薬剤の評価については、臨床試験であっても評価の対象に含めるものとする。

6．評価者

評価は、院内研修を受けた者が行うこと。医師、薬剤師、理学療法士等が一部の項目の評価を行う場合も院内研修を受けること。

ただし、A項目及びC項目のうち、別表1に規定する「一般病棟用の重症度、医療・看護必要度A・C項目に係るレセプト電算処理システム用コード一覧」（以下、コード一覧という。）を用いて評価を行う項目については、当該評価者により各選択肢の判断を行う必要はない。

7．評価の判断

評価の判断は、アセスメント共通事項、B項目共通事項及び項目ごとの選択肢の判断基準等に従って実施すること。独自に定めた判断基準により評価してはならない。

8．評価の根拠

評価は、観察と記録に基づいて行い、推測は行わないこと。当日の実施記録が無い場合は評価できないため、A項目では「なし」、B項目では自立度の一番高い評価とする。A項目（A7「専門的な治療・処置等」の①から④まで及び⑥から⑨までを除く。）の評価においては、後日、第三者が確認を行う際に、記録から同一の評価を導く根拠となる記録を残しておく必要があるが、項目ごとの記録を残す必要はない。

記録は、媒体の如何を問わず、当該医療機関において正式に承認を得て保管されているものであること。また、原則として医師及び当該病棟の看護職員による記録が評価の対象となるが、評価項目によっては、医師及び病棟の看護職員以外の職種の記録も評価の根拠となり得るため、記録方法について院内規定を設ける等、工夫すること。

なお、B項目については、「患者の状態」が評価の根拠となることから、重複する記録を残す必要はない。

出典：厚生労働省「基本診療料の施設基準等及びその届出に関する手続きの取扱いについて」
（令和2年3月5日保医発0305第2号）

図表3-10　一般病棟用の重症度、医療・看護必要度Ⅱに係る評価票　評価の手引き

<＜一般病棟用の重症度、医療・看護必要度Ⅱ＞

アセスメント共通事項

1．評価の対象
　　評価の対象は、急性期一般入院基本料、7対1入院基本料（結核病棟入院基本料、特定機能病院入院基本料（一般病棟、結核病棟に限る。）及び専門病院入院基本料）、10対1入院基本料（特定機能病院入院基本料（一般病棟に限る。）及び専門病院入院基本料）、地域一般入院料1、総合入院体制加算（一般病棟入院基本料、特定一般病棟入院料）、看護補助加算1（地域一般入院基本料、13対1入院基本料）、一般病棟看護必要度評価加算（専門病院入院基本料、特定一般病棟入院料）、脳卒中ケアユニット入院医療管理料並びに地域包括ケア病棟入院料（地域包括ケア入院医療管理料及び特定一般病棟入院料（地域包括ケア入院医療管理が行われる場合）を算定する場合も含む。以下「地域包括ケア病棟入院料等」という。）を届け出ている病棟に入院している患者であり、産科患者、15歳未満の小児患者、短期滞在手術等基本料を算定する患者及びＤＰＣ対象病院において短期滞在手術等基本料2又は3の対象となる手術、検査又は放射線治療を行った患者（基本診療料の施設基準等第十の三（3）及び四に係る要件以外の短期滞在手術等基本料に係る要件を満たす場合に限る。）は評価の対象としない。また、歯科の入院患者（同一入院中に医科の診療も行う期間については除く。）についても評価の対象としない。

2．評価日及び評価項目
　　一般病棟用の重症度、医療・看護必要度Ⅰ（以下「必要度Ⅰ」という。）における記載内容を参照のこと。

3．評価対象時間
　　必要度Ⅰにおける記載内容を参照のこと。

4．評価対象場所
　　必要度Ⅰにおける記載内容を参照のこと。

5．評価者
　　Ｂ項目の評価は、院内研修を受けた者が行うこと。医師、薬剤師、理学療法士等が一部の項目の評価を行う場合も院内研修を受けること。

6．評価の判断
　　評価の判断は、アセスメント共通事項、Ａ・Ｂ・Ｃの各項目の共通事項及び項目ごとの選択肢の判断基準等に従って実施すること。独自に定めた判断基準により評価してはならない。>

出典：厚生労働省「基本診療料の施設基準等及びその届出に関する手続きの取扱いについて」
（令和2年3月5日保医発0305第2号）

公立病院のための地方独立行政法人設立・運営マニュアルＱ＆Ａ

9 平均在院日数とは

1 平均在院日数が要件とされるもの

平均在院日数については、一般病棟入院基本料、精神病棟入院基本料、専門病院入院基本料、特定機能病院入院基本料において必要な数値がルール化されています。

入院基本料等の施設基準に係る平均在院日数は、当該病棟における当該3か月間の新入棟患者数に当該病棟における当該3か月間の新退棟患者数を加え2で除して、さらに当該病棟における直近3か月間の在院患者延べ日数で除して算定します。なお、小数点以下は切り上げます。計算対象となる患者は保険診療の患者のみです（別表第二の患者を除く）。

①在院患者

在院患者とは、毎日24時現在で当該病棟に在院中の患者のことで、当該病棟に入院してその日のうちに退院または死亡した者を含みます。なお、患者が当該病棟から他の病棟へ移動したときは、当該移動した日は当該病棟における入院日として在院患者延べ日数に含めます。

②新入棟患者数

新入棟患者数とは、当該3か月間に新たに当該病棟に入院した患者数（以下「新入院患者」）および他の病棟から当該病棟に移動した患者数の合計のことで、当該入院における1回目の当該病棟への入棟のみを数え、再入棟は数えません。また、病棟種別の異なる病棟が2つ以上ある場合において、当該2以上の病棟間を同一の患者が移動した場合は、1回目の入棟のみを新入棟患者として数えます。

当該3か月以前から当該病棟に入院していた患者は、新入棟患者数には算入しません。当該病院を退院後、当該病棟に再入院した患者は、新入院患者として取り扱います。

③新退棟患者数

新退棟患者数とは、当該3か月間に当該病棟から退棟（死亡を含む）した患者数（以下「新退棟患者」）および当該病棟から他の病棟に移動した患者数の合計のことです。ただし、当該入院における1回目の当該病棟から退棟のみを数え、再退棟は数えないこととします。

病棟種別の異なる病棟が2つ以上ある場合において、当該2以上の病棟間を同一の患者が移動した場合は、1回目の退棟のみを新退棟患者として数えます。

④算出から除外する入院患者

「基本診療料の施設基準等」の別表第二に規定する入院患者は、平均在院日数の算出から除外されるので注意が必要です。

2 平均在院日数の計算対象としない患者

保険診療以外の患者は計算対象から除きます。また、保険診療の患者であっても告示の別表第二に掲載されている患者は計算対象から除きます（**図表 3-11**）。

10 病棟とは

1 病棟の概念

保険医療機関（病院）の各病棟における看護体制の 1 単位をもって病棟として取り扱うものとされています。

①高層建築等の場合

高層建築等の場合であって、複数階（原則として 2 つの階）を 1 病棟として認めることは差し支えありませんが、3 つ以上の階を 1 病棟とすることは、いわゆるサブナース・ステーションの設置や看護要員の配置を工夫することなどの要件を満たしている場合に限り、特例として認められるとされています。

②感染症病床が別棟にある場合

感染症病床が別棟にある場合は、隣接して看護が円滑に実施できる一般病棟に含めて 1 病棟とすることができます。ただし、いわゆるサブナース・ステーションの設置や看護要員の配置を工夫することなどの要件を満たす必要があるとされています。

③ 1 病棟当たりの病床数に係る取り扱い

1 病棟当たりの病床数に係る取り扱いは、別に規定のある場合を除き、「効率的な看護管理」「夜間における適正な看護の確保」「当該病棟に係る建物等の構造の観点」から、総合的に判断したうえで決定されるものであり、原則として 60 床以下を標準とするとされています。ただし、精神病棟については、70 床まではやむを得ないものとされています。

2 1 病棟の病床数が標準を上回っている場合

1 病棟当たりの病床数が標準（60 床）を上回っている場合については、「2 以上の病棟に分割した場合には、片方について 1 病棟として成り立たない」「建物構造上の事情で標準を満たすことが困難である」「近く建物の改築が成されることが確実である等、やむを得ない理由がある場合」に限り、認められるとされています。

複数階で 1 病棟を構成する場合または別棟にある感染症病床を含めて 1 病棟を構成する場合についても上記の「1 病棟当たりの病床数の標準」および「病床数の標準を上回っている場合」と同様とされています。

図表 3-11　別表第二　平均在院日数の計算対象としない患者

一　精神科身体合併症管理加算を算定する患者

二　救命救急入院料（広範囲熱傷特定集中治療管理料に限る。）を算定する患者

三　特定集中治療室管理料（広範囲熱傷特定集中治療管理料に限る。）を算定する患者

四　小児特定集中治療室管理料を算定する患者

五　新生児特定集中治療室管理料を算定する患者

六　総合周産期特定集中治療室管理料を算定する患者

七　新生児治療回復室入院医療管理料を算定する患者

八　一類感染症患者入院医療管理料を算定する患者

九　特殊疾患入院医療管理料を算定する患者

十　回復期リハビリテーション病棟入院料を算定する患者

十一　地域包括ケケ病棟入院料を算定する患者

十二　特殊疾患病棟入院料を算定する患者

十三　緩和ケア病棟入院料を算定する患者

十四　精神科救急入院料を算定する患者

十五　精神科救急・合併症入院料を算定する患者

十六　精神科急性期治療病棟入院料を算定する患者

十七　児童・思春期精神科入院医療管理料を算定する患者

十八　精神療養病棟入院料を算定する患者

十八の二　地域移行機能強化病棟入院料を算定する患者

十九　一般病棟（一般病棟入院基本料、特定機能病院入院基本料（一般病棟に限る。）又は専門病院入院基本料を算定する病棟を除く。）に入院した日から起算して九十日を超えて入院している患者であって、医科点数表第一章第二部第一節障害者施設等入院基本料の注5に規定する厚生労働大臣の定める状態等にあるもの

二十　一般病棟に入院した日から起算して九十日を超えて入院している患者であって、医科点数表第1章第2部第1節一般病棟入院基本料の注、特定機能病院入院基本料の注9又は専門病院入院基本料の注8の規定により療養病棟入院基本料1の例により算定している患者

二十一　認知症治療病棟入院料を算定している患者

二十二　短期滞在手術等基本料1及び3（入院した日から起算して5日までの期間に限る。）を算定している患者

二十三　診療報酬の算定方法第一号ただし書に規定する別に厚生労働大臣が指定する病院の病棟を有する病院において、別表第十一の二に規定する手術を行った患者（入院した日の翌日までに退院した患者に限る。）又は別表第十一の三に規定する手術、検査又は放射線治療を行った患者（入院した日から起算して五日までに退院した患者に限る。）

出典：厚生労働省「基本診療料の施設基準等」（平成 20 年 3 月 5 日厚生労働省告示第 62 号）

❸ 結核病棟がある場合

　平均入院患者数が概ね 30 名程度以下の小規模な結核病棟を有する保険医療機関については、一般病棟（一般病棟入院基本料、特定機能病院入院基本料［一般病棟に限る］、専門病院入院基本料または障害者施設等入院基本料を算定する病棟）と結核病棟を併せて 1 看護単位とすることはできますが、看護配置基準が同じ入院基本料を算定する場合に限ります。

　ただし、結核病床を構造上区分することにより医療法で規定する構造設備の基準は遵守されるものとし、平均在院日数の計算にあたっては、一般病棟のみにより計算するものされ、一般病棟が急性期一般入院基本料、7 対 1 入院基本料または 10 対 1 入院基本料の届出を行う病棟である場合および結核病棟が 7 対 1 入院基本料または 10 対 1 入院基本料の届出を行う病棟である場合には、原則として一般病棟および結核病棟で別々に重症度、医療・看護必要度ⅠまたはⅡの評価を行うものとしますが、7 対 1 入院基本料の結核病棟のみで重症度、医療・看護必要度ⅠまたはⅡの基準を満たせない場合に限り、両病棟全体で重症度、医療・看護必要度ⅠまたはⅡの評価を行い、重症度、医療・看護必要度ⅠまたはⅡの基準を満たすことで差し支えないとされています。

❹ 施設基準の取り扱い

　施設基準においては、1 病棟当たりの医療従事者の配置などが細かく規定されているものが数多くあります。たとえば、急性期一般入院料や地域一般入院料などでは、病棟ごとに夜勤帯の看護師を 2 名以上配置する必要があります。40 床の病棟が 3 つで合計 120 床の病院では、夜勤帯の看護職員を 6 名配置しなければなりませんが、60 床病棟が 2 つで 120 床の場合には、夜勤帯の看護職員は 4 名配置で済むことになります。

　このようなことから、新しく病院を建設したり、改築するような場合には、施設基準におけるルールをよく確認し、人員配置が無駄なくできるような構造にすることを考慮すべきと考えます。なお、施設基準では、病棟の面積や廊下幅、1 室当たりの病床数などが規定されているものも多いことから、どの施設基準を届け出るのかをよく検討し、複数の施設基準が候補になる場合には、そのすべてにおいて要件を満たすような総合的な構造を求められることもあります。病棟を 1 度つくってしまうと、あとからレイアウトを変更するのは不可能な場合も多く、仮に変更が可能な構造であってもかなりの困難を伴います。最初からよく考えて図面を引くようにすることが望ましいと考えます。

適時調査はどのように
対応すればよいですか？

- ▶調査対象は施設基準を届け出た保険医療機関
- ▶都道府県内の病院数により1～3年間隔で実施される
- ▶届け出た施設基準の内容は、調査前に十分に理解しておく
- ▶調査の結果、診療報酬の過請求が指摘されると多額の返還金が求められることがある

解説

1 適時調査

1 適時調査の目的

　適時調査は、施設基準などを届け出た保険医療機関に対して、その実施状況などの適否を確認するために、厚生局の担当官が保険医療機関に立ち入るなどして行うものです。

　届出された内容や現況が基準を満たすかどうかについて、人員、施設、設備、各種帳簿類などの状況を確認します。届出の内容と異なる事情等がある場合には、届出の受理の変更を行うなど運用の適正を期するものとされています。なお、その実施方法などについては厚生労働省が公開している「適時調査実施要領」などに示されております。

2 適時調査の実施方法

　適時調査の具体的な実施方法等に関しては、2016（平成28）年度から全国標準処理とされ、事前提出書類、当日準備書類、施設基準の調査書、調査手順などが統一されました。実施時間は3時間程度、調査を行う担当者数は3名が標準とされています。

　適時調査の実施頻度は、原則として年1回、都道府県内の施設（病院）数が150以上300未満の場合は2年に1巡、300以上の場合は3年に1巡を目途とされています。

　新型コロナウイルス感染症の影響により、2020（令和2）年度の適時調査は見送りになりました。また、翌2021（令和3）年度は、立ち入りによる適時調査は原則として実施されず、病院側の自己点検による「自己点検結果報告書」の提出により、適時調査が実施されたと見なされました。

　適時調査の提出書類、調査手順は次のとおりです。

①事前提出書類

　保険医療機関に対して、調査日の1か月前に実施通知書が送付されます。適時調査の事前提出書類は次のとおりとされており、調査日の10日前までに提出を求められます。

・保険医療機関の現況

・入院基本料等の施設基準に係る届出書添付書類（様式9）および勤務実績表等の看護要員の病棟配置状況等が確認できる書類

・別途定める事前提出書類

・その他必要に応じた書類

　なお、事前提出書類の様式については、厚生局のホームページに掲載されており、提出日の前月の状況により作成することとされています。

②適時調査の当日準備書類

　適時調査の当日準備書類は次のとおりとされており、それぞれ具体的な書類が定められています。

・入院基本料の施設基準に関する書類一式

・入院時食事療養の施設基準に関する書類一式

・基本診療料及び特掲診療料の施設基準等の届出要件に記載された関係書類一式

・調査日現在有効な施設基準の届出（控）一式

・保険外併用療養費及び保険外負担に関する書類一式

・その他一般的事項に関する書類一式

・研修要件のある施設基準に係る研修の修了証の写し

・入院案内（入院のしおり）

　なお、当日準備書類の一覧については、厚生局のホームページに掲載されています。

③施設基準の調査書

　施設基準については、入院基本料等の「重点施設基準」と「その他施設基準」に区分されて適否を記載する調査書が定められています。調査書は、必ず確認する「重点確認事項」と必要に応じて確認する「重点確認事項以外の確認事項」に区分されています。

④当日の調査手順

　適時調査の全体の調査手順として、事前、当日、事後に関して全国統一の適時調査実施要領が定められており、当日の手順は**図表3-12**のとおりとされています。

❸ その他

　適時調査において、施設基準以外の内容のうち、特にその場で助言を行ったほうが効果的に適正化や資質向上が図られると考えられる場合は、調査時間の範囲内において、保険医療機関の関係者に対し助言を行うことができるとされています。しかし、あくまでも例

図表3-12　適時調査当日の調査手順

調査の目的・調査の手順の説明	院内視察や書類による確認調査を行う。また、調査終了後、調査結果をとりまとめ、講評を行います。
院内視察	届出されている施設基準に基づき、玄関、受付、病棟、機能訓練室等について、必要に応じて視察を行い、運用の実態を確認します。
関係書類に基づく調査	関係書類を閲覧し、面談懇談方式により調査を実施します。入院基本料等の「重点施設基準」等について調査書に基づき行うこととして、調査範囲としては、施設基準に係る告示および通知に定める内容を確認します。調査においては、施設基準に関する届書（添付書類を含む）や過去の報告、関係書類等に矛盾がないか十分に確認します。
調査書の運用等	「重点確認事項」は必ず確認します。また、「重点確認事項以外の確認事項」については、必要に応じて確認します。
調査結果のとりまとめ	調査担当者において調査確認事項等を整理し、とりまとめます。
調査結果の伝達（講評）	調査結果について口頭で説明を行います。確認事項のうち、調査日以降に確認を要するものが生じた場合等については、その旨を保険医療機関側に説明します。調査日以降の確認に基づく調査結果については、口頭で説明を行います。

出典：厚生労働省「適時調査実施要領」をもとに作成

外的な取り扱いです。

　施設基準のことをきちんと理解せずに、最初から助言を期待するような姿勢は絶対にしてはいけません。現在の施設基準は届出制となっており、そのルールは病院側が責任を持って学ぶべきものです。適時調査はルールを教えてもらう場ではありません。「ルールを教えてもらう」といった姿勢は、そのルールを理解していないことを証明したようなもので、厚生局側から見れば「ルールを理解する意識なし」と判断されます。指摘も厳しくなり、診療報酬の返還を余儀なくされることにもなり兼ねません。

　施設基準は、ルールを100%理解できていない場合は届出できないことになっています。適時調査前には届出した施設基準のルールを100%理解しておく必要があります。

2　適時調査と個別指導との違い

　個別指導は、すべての保険医療機関、保険薬局、保険医、保険薬剤師が対象に行われるものです。指導は、集団で実施されるものと個別に実施されるものがあり、個別に実施さ

れるものが「個別指導」になります。

1 指導形態

指導形態は、次のとおりとされています。

①集団指導

集団指導は、指導対象となる保険医療機関等または保険医等を一定の場所に集めて講習等の方式により行われます。新規指定の保険医療機関等、臨床研修指定病院等、診療報酬の改定時、保険医療機関等の指定更新時、保険医等の新規登録時などに行われます。

②集団的個別指導

集団的個別指導は、指導対象となる保険医療機関等を一定の場所に集めて個別に簡便な面接懇談方式で行われます（現状は、集団指導方式で実施されています）。

③個別指導

個別指導は、指導対象となる保険医療機関等を一定の場所に集めて、または当該保険医療機関等において個別に面接懇談方式により行われます。

2 個別指導の方針

指導は、保険医療機関等および保険医等に対し、省令や告示等に定める保険診療の取り扱い、診療報酬の請求等に関する事項について周知徹底させることを主眼とし、懇切丁寧に行うこととされています。原則としてすべての保険医療機関等および保険医等を対象とされます。

3 選定基準

①集団的個別指導

保険医療機関等の機能、診療科等を考慮したうえで診療報酬明細書の１件当たりの平均点数が高い保険医療機関等について、１件当たりの平均点数が高い順に選定を行います。

集団的個別指導または個別指導を受けた保険医療機関等については、翌年度および翌々年度は集団的個別指導の対象から除かれます。

②個別指導

新規指定の保険医療機関等について、概ね１年以内にすべてを対象として新規指導を実施します。これ以外の一般的な個別指導の選定基準は次のとおりとされています。

・診療内容または診療報酬の請求に関する情報の提供があり、指導が必要と認められた保険医療機関等

・個別指導の結果、「再指導」であった保険医療機関等または「経過観察」であって改善が認められない保険医療機関等

・監査の結果、戒告または注意を受けた保険医療機関等
・集団的個別指導を受けた保険医療機関等のうち、翌年度の実績においても、なお高点数
　保険医療機関等に該当するもの
・正当な理由なく集団的個別指導を拒否した保険医療機関等　など

③個別指導の対象時期

　指導は原則として、指導月以前の連続した2か月分の診療報酬明細書に基づき、関係書類等を閲覧し、面接懇談方式により行います。

４ 個別指導後の措置

　個別指導においては、算定要件を満たさない請求が確認された場合には、新規指導において確認された事例そのものについて、それ以外の指導においては過去1年間の同様事例について、過請求された診療報酬の自主返還が求められます。正当な理由なくして個別指導を受けなかった場合、度重なる個別指導によって改善が見られないときには、監査対象に選別されます。

　個別指導後の措置は、**図表 3-13** のとおりです。診療内容および診療報酬の請求の妥当性等により措置されます。

３ 監査との違い

　監査は、不正請求や著しい不当請求が疑われる保険医療機関、保険薬局と保険医、保険薬剤師を対象に行われるものです。

　明らかに「やってしまいました」もしくは「やってますよね」のような場合が該当します。

１ 監査方針

　監査は、保険医療機関等の診療内容等または診療報酬の請求について、不正または著しい不当が疑われる場合等において、的確に事実関係を把握し、公正かつ適切な措置を採ることを主眼としています。

①選定基準

　監査は、次のいずれかに該当する場合に行われます。

・診療内容に不正または著しい不当があったことを疑うに足りる理由があるとき
・診療報酬の請求に不正または著しい不当があったことを疑うに足りる理由があるとき
・度重なる個別指導によっても診療内容または診療報酬の請求に改善がみられないとき
・正当な理由がなく個別指導を拒否したとき

図表3-13　個別指導後の措置の内容

概ね妥当	診療内容および診療報酬の請求に関し、概ね妥当適切である場合。
経過観察	診療内容および診療報酬の請求に関し、適正を欠く部分が認められるものの、その程度が軽微で診療担当者等の理解も十分得られており、かつ改善が期待できる場合。なお、経過観察の結果、改善が認められないときは、当該保険医療機関等に対して再指導を行う。
再指導	診療内容および診療報酬の請求に関し、適正を欠く部分が認められ、再指導を行わなければ改善状況が判断できない場合。なお、不正または不当が疑われ、患者から受療状況等の聴取が必要と考えられる場合は、速やかに患者調査を行い、その結果を基に当該保険医療機関等の再指導を行う。患者調査の結果、不正または著しい不当が明らかとなった場合は、再指導を行うことなく当該保険医療機関等に対して監査を行う。
要監査	指導の結果、監査要件に該当すると判断した場合。この場合には、後日速やかに監査を行う。なお、指導中に診療内容または診療報酬の請求について、明らかに不正または著しい不当が疑われる場合にあっては、指導を中止し、ただちに監査を行うこともあります。

出典：厚生労働省「保険医療機関等及び保険医等の指導及び監査について」（平成7年12月22日保発第117号）をもとに作成

②監査の方法等

・事前調査

　監査担当者は、原則として監査を実施する前に診療報酬明細書による書面調査を行うとともに、必要と認められる場合には、患者等に対する実地調査を行います。

・出席者

　監査にあたっては、監査対象となる保険医療機関等の開設者および管理者の出席を求めるほか、必要に応じて保険医等、診療報酬請求事務担当者、看護担当者その他の従事者または関係者の出席を求めます。

・監査調書の作成

　監査担当者は、監査後、監査調書を作成します。

② 監査後の行政上の措置

　不正請求や不当請求が確認された場合には、程度に応じ、指定や登録の取り消し、戒告、注意のいずれかの処分等を受け、取り消しを受けた場合には原則として5年間は再指定と再登録ができなくなります。

　算定要件を満たさない請求が確認された場合には、過去5年間にさかのぼって、過請求

された診療報酬の返還が指示されます。返還金額は、過請求額に対して4割増しの額となります。正当な理由なくして監査を拒んだ場合には、指定や登録の取り消し処分となります。

　行政上の措置は、保険医療機関等および保険医等に対する取消処分、並びに保険医療機関等および保険医等に対する戒告および注意とし、不正または不当の事実の内容により、次の基準によって行われます。

①取消処分

　次のいずれか1つに該当するときには、取消処分が行われます。

・故意に不正または不当な診療を行ったもの

・故意に不正または不当な診療報酬の請求を行ったもの

・重大な過失により、不正または不当な診療をしばしば行ったもの

・重大な過失により、不正または不当な診療報酬の請求をしばしば行ったもの

②戒告

　次のいずれか1つに該当するときには、戒告が行われます。

・重大な過失により、不正または不当な診療を行ったもの

・重大な過失により、不正または不当な診療報酬の請求を行ったもの

・軽微な過失により、不正または不当な診療をしばしば行ったもの

・軽微な過失により、不正または不当な診療報酬の請求をしばしば行ったもの

③注意

　次のいずれか1つに該当するときには、注意が行われます

・軽微な過失により、不正または不当な診療を行ったもの

・軽微な過失により、不正または不当な診療報酬の請求を行ったもの

３ 監査後の経済上の措置

　監査の結果、診療内容または診療報酬の請求に関して不正または不当の事実が認められ、これに係る返還金が生じた場合には、該当する保険者と返還調整することとなりますが、返還金額は、過請求額に対して4割加算された額となります。

　なお、返還の対象となった診療報酬に係る被保険者等が支払った一部負担金等に過払いが生じている場合には、当該一部負担金等を当該被保険者等に返還するよう求められます。

　また、監査の結果、診療内容または診療報酬の請求に関して不正または不当の事実が認められた場合における当該事項に係る返還期間は、原則として5年間となります。

４ 行政上の措置の公表等

　監査の結果、取消処分を行ったときは、速やかにその旨が公表されます。戒告または注

意を行ったときは、関係団体等に対し、その旨が連絡されます。戒告または注意を受けた保険医療機関等に対しては、一定期間内に個別指導が実施されます。

5 再指定

　保険医療機関等が取消処分を受け、5年を経過しない場合等においては、その指定を拒むことができるとされています。

　ただし、取消処分を受けた医療機関の機能、事実の内容等を総合的に勘案し、地域医療の確保を図るために特に必要と認められる場合であって、診療内容または診療報酬の請求に係る不正または著しい不当にかかわった診療科が、相当の期間保険診療を行わない場合については、取消処分と同時に、または一定期間経過後に当該医療機関を保険医療機関として指定することができるとされています。

4 返還金

　適時調査、個別指導、監査の結果、診療報酬の過請求が指摘され、多額の返還金が求められることがあります。

1 適時調査の返還金

　適時調査の結果、明らかな人員不足、設備の欠落、面積不足などにより施設基準を満たしていない期間があったことが判明した場合は返還金が求められています。

　なお、厚生労働省がホームページで公開している「適時調査実施要領」では、調査項目に1か所でも不適切な事例として「否」と判断されるような場合には、当該施設基準に対して返還を求めるようになっていますので、上記以外の不適切事項でも返還が求められる可能性は大いにあります。

①求められる期間

　前回の適時調査時まで遡って、過請求した診療報酬の自主返還が求められます。なお、遡りは最長5年間とされていますので、前回の適時調査との間隔が長い場合には1年以上の長期間の返還金が求められることもあります。

②返還指示を受けている事例

　告示、通知に記載されている要件を満たしていなければ、確実に指摘となり、同時に返還指示がされるリスクが高くなります。主な事例は次のとおりです。

・看護職員数が足らない
・看護師割合が足らない
・看護補助者数が足らない

・月平均夜勤時間数が超過している

・夜勤帯の看護職員数が足らない

・医師数が足らない

・専任常勤医師がいない

・医師が常時配置されていない

・理学療法士等の有資格者の常勤者数が足らない

・専従者になっていない

・面積が足らない

・定められた備品類がない

・定められた様式がない

・定められた様式が期日までに作成されていない　など

③返還の実態

　施設基準を満たしていないことが判明し、届出の変更または辞退を求められる場合は、前回の適時調査以降分（最長で5年間を限度として）を対象として、施設基準を満たさなくなった日の属する月の翌月から現時点までの返還が求められます。2017（平成29）〜2019（令和元）年度における返還の指摘状況は**図表 3-14** のとおりです。

図表 3-14　返還の実態

	適時調査による返還金	個別指導による返還金
2017（平成 29）年度	約 36 億 8,000 万円	約 31 億 3,000 万円
2018（平成 30）年度	約 49 億 3,000 万円	約 32 億 8,000 万円
2019（令和元）年度	約 50 億 5,000 万円	約 34 億 2,000 万円

出典：厚生労働省「令和元年度における保険医療機関等の指導・監査等の実施状況」をもとに作成

特別療養環境室や保険外負担の仕組みを教えてください

A

▶ 特別療養環境室（差額ベッド）の割合は開設者により異なる

▶ 特別療養環境室の提供には、院内掲示や患者の同意などが必要となる

▶ 保険外負担は患者に負担を求められるものと求められないものを十分に理解する

解説

1 特別療養環境室（差額ベッド）

1 特別療養環境室の仕組み

特別療養環境室とは、いわゆる「差額ベッド」を意味します。病院の開設者の形態によって、病床数の2割から5割までとされています。

保険診療との併用が認められている療養は自由料金として患者から料金を徴収し、それ以外は保険外併用療養費として医療保険で給付されます。

保険診療との併用が認められている療養は評価療養、選定療養、患者申出療養の3つに区分されていますが、保険導入を前提としない選定療養の1つとして特別の療養環境の提供、いわゆる特別療養環境室（差額ベッド）があります。

2 特別の療養環境の提供に関する基準

特別の療養環境の提供に関する基準として、病床数（ベッド数）が定められています。

①病室の病床数

特別の療養環境に係る一の病室の病床数は、4床以下でなければなりません。

②一般的な病床数の定め

特別の療養環境に係る病床数は、原則として、当該保険医療機関の有する病床の数の5割以下でなければならないとされています。なお、特定法人の病院については、特定法人におけるルールにより3割までとされています。

113

③病床数の特例

厚生労働大臣が掲げる要件を満たすものとして承認した保険医療機関にあっては、当該承認に係る病床割合以下とされています（承認は規定の割合を上回るものなので、5割を超えることもある）。

④国または地方公共団体が開設する場合の病床数の定め

医療法第4条の2第1項に規定する特定機能病院以外の保険医療機関であって国が開設するものについては当該保険医療機関の有する病床数の2割以下とし、地方公共団体が開設するものについては当該保険医療機関の有する病床数の3割以下とされています。

なお、独法化された場合は、当該保険医療機関の有する病床数の5割以下となります。

⑤特別の療養環境の要件

療養環境については、患者が特別の負担をするうえでふさわしい療養環境である必要があり、次の要件を充足するものでなければならないとされています。

・病室の病床数

特別の療養環境に係る一の病室の病床数は4床以下であることが必要です。

・病室の面積

病室の面積は1人当たり6.4平方メートル以上であることが必要です。

・プライバシー確保の設備

病床ごとのプライバシーの確保を図るための設備を備える必要があります。

・その他の設備

特別の療養環境として適切な整備を有する必要があります。

従来、「ア個人用の私物の収納設備　イ個人用の照明　ウ小机等及び椅子」が必須とされていましたが、2018（平成30）年度診療報酬改定で見直しが行われて、これらは必要な設備からは除外されています。

具体的にどのような設備を設置しなければならないかは定められていないので、病院側の判断で常識的な考え方のなかで設定された料金に見合うものを設置することになります。

上記のような設備は、特別料金の支払いを求めるのであれば、備えられていて当然のような感じになっているようです。

❸ 患者の同意等

特別の療養環境の提供は、患者への十分な情報提供を行い、患者の自由な選択と同意に基づいて行われる必要があり、患者の意に反して特別療養環境室に入院させられることのないようにしなければなりません。

①履行すべき事項

特別療養環境室へ入院させた場合においては、次の事項を履行する必要があります。

・掲示

保険医療機関内の見やすい場所、たとえば、受付窓口、待合室等に特別療養環境室のそれぞれについてそのベッド数、特別療養環境室の場所および料金を患者にとってわかりやすく掲示しておく必要があります。

・患者側の同意

特別療養環境室への入院を希望する患者に対しては、特別療養環境室の設備構造、料金等について明確かつ懇切丁寧に説明し、患者側の同意を確認のうえ入院させる必要があります。

・同意の確認

患者側の同意の確認は、料金等を明示した文書に患者側の署名を受けることにより行うものです。なお、この文書は、当該保険医療機関が保存し、必要に応じ提示できるようにしておく必要があります。

４ 患者に特別療養環境室に係る特別の料金を求めてはならない場合

患者に特別療養環境室に係る特別の料金を求めてはならない場合は、次のとおりとされています。

・同意書による同意の確認を行っていない場合（当該同意書が室料の記載がない、患者側の署名がないなど内容が不十分である場合を含みます）

・患者本人の「治療上の必要」により特別療養環境室へ入院させる場合

・病棟管理の必要性等から特別療養環境室に入院させた場合であって、実質的に患者の選択によらない場合

５ 厚生労働大臣が定める掲示事項違反

施設基準の告示には、届出する場合として次のように規定されています。

> 地方厚生局長等に対して当該届出を行う前六月間において療担規則及び薬担規則並びに療担基準に基づき厚生労働大臣が定める掲示事項等（平成十八年厚生労働省告示第百七号）第三に規定する基準に違反したことがなく、かつ現に違反していないこと。

また、施設基準の通知には、届出できない場合として次のように規定されています。

施設基準の届出を行う前6か月間において「療担規則及び薬担規則並びに療担基準に基づき厚生労働大臣が定める掲示事項等（平成 18 年厚生労働省告示第 107 号）に違反したことがある場合。

これらの要件をクリアできないと、施設基準の届出はできないこととなります。

なお、「療担規則及び薬担規則並びに療担基準に基づき厚生労働大臣が定める掲示事項等（平成十八年厚生労働省告示第百七号）第三」には次のように規定されております。

※抜粋
第三　療担規則第五条の四第一項及び療担基準第五条の四第一項の選定療養に関して支払を受けようとする場合の厚生労働大臣の定める基準
一　（省略）
二　特別の療養環境の提供に関する基準
（一）　特別の療養環境に係る一の病室の病床数は、四床以下でなければならないものとする。
（二）　（省略）
（三）　（二）の規定にかかわらず、特別の療養環境に係る病床数は、医療法第四条の二第一項に規定する特定機能病院以外の保険医療機関であって国が開設するものについては当該保険医療機関の有する病床数の二割以下とし、地方公共団体が開設するものについては当該保険医療機関の有する病床数の三割以下とする。
……以下（省略）

一部分の抜粋ですが、5人室以上で差額ベッド代を請求したり、民間法人の病院でベッド数の5割を超えて差額ベッド代を請求すると、違反となり施設基準の届出ができないことになります。

なお、省略された部分にも、他の保険外併用療養費の取り扱いが明示されておりますので、それに違反すれば同様に届出ができないこととなります。

2　保険外負担

1 保険外負担の仕組み

保険医療機関において保険診療を行うにあたり、治療（看護）とは直接関連のない「サービス」または「物」については、患者側からその費用を保険外負担として料金を徴収することとされています。

療養の給付と直接関係ないサービス等については、その提供および提供に係る費用の徴収に当たって、患者の選択に資するよう留意する必要があります。保険医療機関内の見や

すい場所、たとえば、受付窓口、待合室等に費用徴収に係るサービス等の内容および料金について患者にとってわかりやすく掲示しておきます。

　患者から費用徴収が必要となる場合には、患者に対し、徴収に係るサービスの内容や料金等について明確かつ懇切に説明し、同意書による同意のうえ、徴収します。徴収する費用については、社会的に見て妥当適切なものとします。患者から費用徴収した場合は、他の費用と区別した内容のわかる領収書を発行します。

2 負担を求められるもの

　療養の給付と直接関係ないサービス等を対象とすることができます。なお、療養の給付と直接関係ないサービス等の具体例は、**図表 3-15** に示します。

3 負担を求められないもの

　療養の給付と直接関係ないサービス等とは言えないものは負担を求めることができません。なお、療養の給付と直接関係ないサービス等とは言えないものの具体例は、**図表 3-16** に示します。

3　混合診療

1 保険診療と保険外診療の併用

　混合診療とは、保険診療である保険で認められている治療法と保険外診療である保険で認められていない治療法を併用することです。

　保険診療と保険外診療の併用は原則として禁止されており、全体について、自由診療として整理されます。

2 混合診療の問題点

　混合診療を無制限に導入した場合、次の 2 つの問題が考えられ、一定のルールの設定が不可欠とされています。

　1 つは、本来、保険診療により一定の自己負担額において必要な医療が提供されるにもかかわらず、患者に対して保険外の負担を求めることが一般化して、患者の負担が不当に拡大するおそれがあることです。もう 1 つは、安全性、有効性等が確認されていない医療が保険診療と併せて実施されてしまい、科学的根拠のない特殊な医療の実施を助長するおそれがあることです。

図表3-15　保険外負担を求められるもの

日常生活のサービスに係る費用	おむつ代、尿とりパット代、腹帯代、T字帯代、病衣貸与代（手術、検査等を行う場合の病衣貸与を除く）、テレビ代、理髪代、クリーニング代、ゲーム機・パソコン（インターネットの利用等）の貸出し、MD・CD・DVD各プレイヤー等の貸出しおよびそのソフトの貸出し、患者図書館の利用料　など
公的保険給付とは関係のない文書の発行に係る費用	証明書代、診療録の開示手数料（閲覧、写しの交付等に係る手数料）、外国人患者が自国の保険請求等に必要な診断書等の翻訳料　など
診療報酬点数表上実費徴収が可能なものとして明記されている費用	在宅医療に係る交通費、薬剤の容器代（ただし、原則として保険医療機関から患者へ貸与するものとする）　など
医療行為ではあるが治療中の疾病または負傷に対するものではないものに係る費用	インフルエンザ等の予防接種・感染症の予防に適応を持つ医薬品の投与、美容形成（しみとり等）、禁煙補助剤の処方（ニコチン依存症管理料の算定対象となるニコチン依存症［以下「ニコチン依存症」という］以外の疾病について保険診療により治療中の患者に対し、スクリーニングテストを実施し、ニコチン依存症と診断されなかった場合であって、禁煙補助剤を処方する場合に限る）、治療中の疾病または負傷に対する医療行為とは別に実施する検診（治療の実施上必要と判断し検査等を行う場合は除く）　など
その他	保険薬局における患家等への薬剤の持参料および郵送代、保険医療機関における患家等への処方箋および薬剤の郵送代、日本語を理解できない患者に対する通訳料、他院より借りたフィルムの返却時の郵送代、院内併設プールで行うマタニティースイミングに係る費用、患者都合による検査のキャンセルに伴い使用することのできなくなった当該検査に使用する薬剤等の費用（現に生じた物品等に係る損害の範囲内に限る。なお、検査の予約等に当たり、患者都合によるキャンセルの場合には費用徴収がある旨を事前に説明し、同意を得る）、院内託児所・託児サービス等の利用料、手術後のがん患者等に対する美容・整容の実施・講習等、有床義歯等の名入れ（刻印・プレートの挿入等）、画像・動画情報の提供に係る費用（区分番号「B010」診療情報提供料（II）を算定するべき場合を除く）、公的な手続き等の代行に係る費用　など

出典：厚生労働省「療養の給付と直接関係ないサービス等の取扱いについて」
（平成17年9月1日保医発第0901002号）をもとに作成

図表 3-16 保険外負担を求められないもの

手技料等に包括されている材料やサービスに係る費用	**【入院環境等に係るもの】** シーツ代、冷暖房代、電気代（ヘッドホンステレオ等を使用した際の充電に係るもの等）、清拭用タオル代、おむつの処理費用、電気アンカ・電気毛布の使用料、在宅療養者の電話診療、医療相談、血液検査など検査結果の印刷費用代　など **【材料に係るもの】** 衛生材料代（ガーゼ代、絆創膏代等）、おむつ交換や吸引などの処置時に使用する手袋代、手術に通常使用する材料代（縫合糸代等）、ウロバッグ代、皮膚過敏症に対するカブレ防止テープの提供、骨折や捻挫などの際に使用するサポーターや三角巾、医療機関が提供する在宅医療で使用する衛生材料等、医師の指示によるスポイト代、散剤のカプセル充填のカプセル代、一包化した場合の分包紙代及びユニパック代　など **【サービスに係るもの】** 手術前の剃毛代、医療法等において設置が義務付けられている相談窓口での相談、車椅子用座布団等の消毒洗浄費用、インターネット等より取得した診療情報の提供、食事等のとろみ剤やフレーバーの費用　など
診療報酬の算定上、回数制限のある検査等を規定回数以上に行った場合の費用	（費用を徴収できるものとして、別に厚生労働大臣が定めるものを除く）
新薬、新医療機器、先進医療等に係る費用	医薬品医療機器等法上の承認前の医薬品・医療機器（治験に係るものを除く）、適応外使用の医薬品（評価療養を除く）、保険適用となっていない治療方法（先進医療を除く）　など

出典：厚生労働省「療養の給付と直接関係ないサービス等の取扱いについて」
（平成 17 年 9 月 1 日保医発第 0901002 号）をもとに作成

公立病院のための地方独立行政法人設立・運営マニュアル Q&A

3 保険外併用療養費について

　保険外併用療養費として認められているもの（評価療養、選定療養、患者申出療養）は、混合診療にはなりません。保険診療との併用が認められている療養は自由料金として患者から料金を徴収し、それ以外は保険外併用療養費として医療保険で給付されます。

4 厚生局による指導

　保険診療と保険外の診療を混合して行った場合は、当然ですが、混合診療に該当します。これらが発見されれば不適切な事例として指導されるわけですが、厚生局は行政機関であることから、原則論として民事不介入の立場になります。

　混合診療において、保険外として患者から支払いを受けた分は、患者が返還を求める権利を有することとなりますので、患者対病院の構図になりますから、まさしく民事の事案に該当します。よって、厚生局の立場としては「保険外負担部分を患者に返還すべき」とは指導しにくいのです。ただし、保険請求されたレセプトに関しては、その適否を指導することは可能です。

　例として、100万円の保険請求の医療行為と1万円の保険外負担の医療行為を混合診療として同時に行った場合、100万円のレセプトに関して返還を指導されることになると思われます。一般的には保険請求分には患者から一部負担金を受けていると思われますので、これも返還の対象となります。このことから、保険診療分の返還を指導されるようなことになると、影響もかなり大きくなると思われます。

　保険医療機関および保険医としては、混合診療は最初から行うべきものではありませんし、混合診療と疑われるような診療行為は慎むべきものと考えます。

第1部

第4章

ジェネリック医薬品の
有効活用・薬剤費削減に向けた
フォーミュラリーの推進

• 増原慶壮（日本調剤株式会社取締役［FINDAT事業部長］、
聖マリアンナ医科大学客員教授）

わが国における
フォーミュラリーの
現状を教えてください

解説

- ▶ フォーミュラリーとは、「医療機関等において医学的妥当性や経済性等を踏まえて作成された医薬品の使用指針」である

- ▶ 作成・推進により、ジェネリック医薬品の有効活用と薬剤費の削減につながる

- ▶ わが国では欧米に比べ普及していない現状がある

- ▶ 普及には薬剤師の充足や診療報酬上の評価が課題

1　フォーミュラリーとは

1 フォーミュラリーの定義

　フォーミュラリー（Formulary）は、米国病院薬剤師会が次のように定義しています[1]。

　「疾患の診断、予防、治療や健康増進に対して、医師を始めとする薬剤師・他の医療従事者による臨床的な判断を表すために必要な、継続的にアップデートされる医薬品リストと関連情報」

　これを簡潔に表現すると、「医療機関および地域医療において、患者に対する最も有効で経済的な医薬品の使用方針」となります。

　わが国では、フォーミュラリーについて厳密に定義されていませんが、「医療機関等において医学的妥当性や経済性等を踏まえて作成された医薬品の使用指針」を意味するものとして用いられています。エビデンスに基づく標準薬物治療を推進するためには、基幹病院が中心となりフォーミュラリーを作成・運用することが医療費や患者負担の軽減、および病院経営にとって有益となります。

　1980年代後半から英国や米国などの先進諸国で導入されたフォーミュラリーは、標準薬物治療に基づいた「くすりの適用使用および指針」で医療費の削減効果が明らかになっています。

2 ジェネリック医薬品の有効活用と薬剤費削減

　厚生労働省はジェネリック（後発）医薬品の使用を促進しており、2020（令和 2）年 9 月を目途に数量ベースで 80％以上を目標にしていましたが、残念ながらわずかに達成できませんでした。都市部におけるジェネリック医薬品への置き換わりが全国水準より低いことが影響しました。このため、ジェネリック医薬品やバイオシミラー（先発バイオ医薬品の特許が切れたあとに発売されるバイオ医薬品）の使用を促進するためには、国による誘導策も含めてフォーミュラリーの推進が不可欠であると考えられます。

　わが国では、2003（平成 15）年 4 月に診断群分類別包括支払い制度（DPC/PDPS：Diagnosis Procedure Combination/Per-Diem Payment System）が特定機能病院を対象に導入されました。通常、DPC/PDPS が導入されると、経済的あるいは経営的観点から、ジェネリック医薬品の使用が促進されます。さらに、新薬を病院独自で評価し、薬物治療を標準化するフォーミュラリーが、欧米先進諸国と同様に推進されるべきですが、残念ながらわが国では刻々と進んでいない現状があります。

　DPC/PDPS 対象病院などでフォーミュラリーを作成する際は、一般的に同種同効薬の薬効群から取りかかります。同種同効薬比較において、ジェネリック医薬品の有効性・安全性が先発医薬品と同等ならば、経済性を重視してジェネリック医薬品を第一選択薬にすることになります。DPC/PDPS 対象病院では、先発医薬品をジェネリック医薬品に切り替えることにより、医薬品購入費が減少し、収益が増加します。このため、フォーミュラリーはジェネリック医薬品を普及させるための最終手段となり得ます。

　一方、同種同効薬において、先発医薬品をジェネリック医薬品に切り替えたにもかかわらず、切り替えた同種同効薬に新たに新薬（ゾロ新）が発売されたならば、その新薬が従来の医薬品と有効性・安全性に差があるのかを評価することが大切です。差がなければ購入しない選択、あるいは新薬の特長を考慮してフォーミュラリーを作成する体制を整える必要があります。

2 わが国のフォーミュラリーの現状

1 「骨太の方針」や診療報酬改定における議論

　わが国においては、「経済財政運営と改革の基本方針（骨太の方針）2017」や 2016（平成 28）年および 2017（平成 29）年の経済財政諮問会議、あるいは、2020（令和 2）年度診療報酬改定に向けた検討項目として、医薬品の採用基準や推奨度を明確にしたフォーミュラリーの導入が提案されました。そのなかで国主導の施策だけでなく、医学的・薬学

的見地からその薬剤が有効性を発揮できる"最適化"を医療者自らが進め、薬剤費の適正化を図ることを促しています。しかしながら、2020年度診療報酬改定では、フォーミュラリーを診療報酬の評価に入れるのはなじまないとの意見で見送りになりました。

筆者は、国家資格を与えられた医師や薬剤師が中立的な立場で、薬剤の有効性・安全性に鑑みてその最適化を自らが進め、経済性を含めた薬剤費の適正化に努めるべきだと考えています。DPC/PDPS対象病院においてフォーミュラリーを導入すれば、その病院の収益が増え、間接的に医療費の削減効果が得られます。しかし、保険者や患者が直接、医療費削減の恩恵を得るには、外来診療などの出来高払い方式において、フォーミュラリーを導入することが重要です。

「骨太の方針2021」（2021［令和3］年6月18日閣議決定）で示された経済・財政一体改革の分野ごとの改革（社会保障改革）では、感染症を機に進める新たな仕組みの構築が挙げられました。そのなかで後発医薬品やバイオシミラーのさらなる使用促進を図るために、診療報酬上での評価の見直しの検討やフォーミュラリーの活用が提案されています。

2 病院におけるフォーミュラリーの作成状況

2020年度に厚生労働省が行った「後発医薬品の使用促進策の影響及び実施状況調査報告書」で、調査病院（188施設）のうち「フォーミュラリーを定めている病院」は全体の6.1%（15施設）、「メリットは感じているが設定が困難である病院」は70.7%でした。

「フォーミュラリーを定めている病院」はそのメリットとして、次の6つを挙げています。
①薬物治療が標準化し、安全性が向上した
②患者の経済的負担が軽減された
③後発医薬品の使用促進につながった
④医薬品の購入額削減・経営が合理化された
⑤医師の処方にかかる負担が軽減された
⑥医薬品管理の在庫管理が容易になった

この調査結果を見ると、最も有効で安全性が高く、経済的なフォーミュラリーが、標準薬物治療の推進や患者の負担軽減、そして、後発医薬品の推進のみならず、医師の処方にかかる負担軽減など働き方改革にもなることが明らかです。

一方、「メリットは感じているが設定が困難である病院」では、設定困難とする理由として、次の4つを挙げています。
①マンパワーの不足（79.7%）
②作成のための根拠情報の不足（39.1%）
③院内ルールの合意形成が困難（47.4%）
④診療報酬上評価されていない（24.1%）

　フォーミュラリーの作成は、主に薬剤師が担うことになります。近年、薬剤師の職能の範囲は急速に拡大していますが、薬剤師の増員に結びついておらず、マンパワー不足の状況になっています。

　また、製薬企業の医薬情報担当者（MR：Medical Representative）の情報提供範囲が制限されており、医薬品情報の収集が困難な状況にあります。医薬品情報の収集には費用が発生しますが、わが国においては医薬品情報に対して、その対価を支払うという慣習がないことが要因に挙げられます。欧米先進国では、1990 年代から医薬品情報のデジタル化が進んでおり、病院個々に医薬品情報を収集・評価を行うことはせず、商品化された二次情報を購入して臨床に活用するのが一般的です。

　日本調剤株式会社が 90 病院（回答 44 施設）を対象に行ったアンケート調査の結果では、半数弱の病院において医薬品情報業務を担う薬剤師を専任として配置できておらず、兼務として行われている現状がわかりました。また、医薬品の情報源として、有料の医薬品情報データベースを購読している病院は、44 病院中 4 割にとどまっています。医薬品情報業務の IT 化が進んでおらず、効率的ではない状況にあることが推測されます。

　前述の「後発医薬品の使用促進策の影響及び実施状況調査報告書」では、フォーミュラリーを定めている病院において、フォーミュラリー作成の薬効群を集計しています。その結果は次のとおりです。

①プロトンポンプ阻害薬経口薬（27.1%）

② H2 遮断薬（内服薬）（22.9%）

③ HMG-CoA 還元酵素阻害薬（22.9%）

④ RAS 系薬（20.8%）

⑤ α-グルコシダーゼ阻害薬（20.8%）

⑥ビスフォスホネート系（16.7%）

⑦グリニド系薬（8.3%）

　傾向としては、経済効果の高い PPI/P-CAB 経口剤が最も多く、処方量の多い生活習慣病の治療薬が続いています。院内でフォーミュラリーを作成される場合の参考になります。

▌参考文献

1）ASHP Expert Panel on Formulary Management. Am. J Health-Syst Pharm 2008;65（13）:1272-83

フォーミュラリーで薬物治療の「質」は担保されますか?

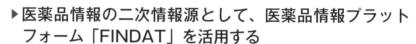

A
▶各医学会や学術団体が作成する診療治療ガイドラインの範囲内で決定することにより、質は担保される

▶有効性、安全性、経済性に基づいて医薬品を採用するためには、病院独自に医薬品を評価できる体制をつくる

解説

▶医薬品情報の二次情報源として、医薬品情報プラットフォーム「FINDAT」を活用する

1 薬物治療の「質」はどのように担保するのか

1 診療治療ガイドラインの範囲内で使用方針を決定

　フォーミュラリー作成に関しては、経済性が重視され薬物治療の「質」の担保はどのように考えるのかという議論があります。

　フォーミュラリーにおける薬物治療の「質」は、各種医学会や学術団体が作成する診療治療ガイドラインの範囲内で、医薬品の使用方針を決定することで担保しています。フォーミュラリーは、診療治療ガイドラインを外れて作成すること、あるいはそのガイドラインを超えて作成することはありません。そのガイドラインの基準と範囲内で作成するため、薬物治療の「質」は担保されます。

2 第一選択薬はどのように決まるのか

　たとえば、「消化性潰瘍治療ガイドライン2020」において、プロトンポンプ阻害薬（PPI）経口薬は、「胃潰瘍と十二指腸潰瘍に対する非除菌治療（初期治療）の薬剤選択で、オメプラゾール、ランソプラゾール、ラベプラゾール、エソメプラゾール及びボノプラザンのいずれかを第一選択薬とすることを推奨する」と記載されています。これらの経口PPIの5製剤は、有効性・安全性から判断すると、いずれも第一選択薬となり得ますが、それらに加えて適応症や経済性を加味するとオメプラゾール、ランソプラゾール、ラベプラゾールのいずれかのジェネリック医薬品がフォーミュラリーの第一選択薬となります。

骨粗鬆症治療薬であるビスホスホネート薬（アレンドロン酸、リセドロン酸、ミノドロン酸、イバンドロン酸）は、「骨粗鬆症の予防と治療ガイドライン 2015 年版」では、効果指標である骨密度、錐体骨折、非錐体骨折、大腿骨近位部骨折において、すべての項目で最高評価「A」は、アレンドロン酸とリセドロン酸のみです。また、「ステロイド性骨粗鬆症の管理と治療ガイドライン 2014 年版」においても、使用推奨度が最も高いのは、アレンドロン酸とリセドロン酸になっています。

このように同種同効薬は、診療治療ガイドラインで評価されているにもかかわらず、その選択は医師に任されているのが現状です。しかし、病院経営の観点からすると、医薬品の使用指針であるフォーミュラリーを作成して運用することが健全な経営に資すると考えられます。

2 病院独自で医薬品を評価するための体制整備

1 中立的な医薬品情報の確保

各疾患の診療治療ガイドラインは、薬物治療の基準になるため、高い倫理性と中立性が求められます。そのため、米国では、診療治療ガイドラインの作成において、その委員会の委員長あるいは委員の半数は企業との金銭的つながりがあってはならないとしています。また、その委員はガイドライン公表後、少なくとも 1 年間は製薬企業が主催する講演会で講演してはならないなど独自の規定を作成することで、ガイドラインの中立性を担保しています。しかし、わが国にはこのような規定はなく、ガイドラインを作成した委員との金銭的なつながりも講演依頼も禁止していません。

2018（平成 30）年 10 月に、日本製薬工業協会が「企業活動と医療機関等の関係の透明性ガイドライン」と「製薬協コンプライアンス・プログラム・ガイドライン」を改定しましたが、製薬企業の医療情報担当者が 5 万人以上（2020 年 3 月 31 日現在、MR 認定の取得者）いる状態では、どこまで守れるかが疑問です。

そのため、病院において医薬品を採用あるいは購入する場合は、独自に医薬品を評価できる体制をつくることが、有効性と安全性、さらには経済性に基づく医薬品の採用につながります。そして、フォーミュラリーを推進するためには、中立的な情報の確保および発出が不可欠です。

2 医薬品の二次情報源を活用する

しかしながら、病院ごとに医薬品を評価するためには、医薬品を評価できるスキルを持った薬剤師や、そうした人材を確保・雇用するための費用が必要になります。そのため、世

界的には、医薬品の二次情報源であるデータベース「DRUGDEX」や「LEXICOMP」などが医療現場で活用されています。わが国においては、医療機関などの医薬品情報室に対する中立的医薬品情報の提供や業務軽減などを目的とした医薬品情報プラットフォーム「FINDAT」が医薬品情報の二次情報源として活用できます。

▌参考文献

1）フォーミュラリー編集委員会編（代表：増原慶壮）『フォーミュラリーマネジメント—院内フォーミュラリーから地域フォーミュラリーへ—』（薬事日報社、2019 年）
2）増原慶壮、川上純一、岩月進、前田幹広、上田彩『フォーミュラリー—エビデンスと経済性に基づいた薬剤選択—』（薬事日報社、2017 年）
3）FINDAT：https://info.findat.jp

Q17 院内フォーミュラリーの作成手順や運用実績を教えてください

A

▶ 既存治療薬と比較して有効性や安全性に明らかな差がない新薬（同効薬）を決められた基準に従って採用

▶ ある病院では9薬効群のフォーミュラリーを導入し、年間約3,680万円の薬剤購入費を削減

解説

▶ 院内フォーミュラリーは院外（外来処方）まで波及する

1 聖マリアンナ医科大学病院の実践事例

1 同効薬等の新薬採用基準

　筆者が薬剤部長を務めていた聖マリアンナ医科大学病院では、2014（平成26）年4月に薬事委員会の規定を改定するとともに、新薬の採用手順を大きく変更しました（**図表4-1**）。薬事委員会規程に設定した同効薬等の新規採用基準は次のとおりです。

　新薬採用において、既存治療薬と比較して有効性や安全性に明らかな差がない同効薬については、原則、次の①～④の採用基準としました。同効薬の定義は、薬理作用が同一な同種同効薬（光学異性体等を含む）の医薬品および薬理作用が異なっても同等の効果を示す医薬品です。

①既存の同効薬の採用がある場合は、原則、後発医薬品等の廉価な薬剤を優先し、有効性や安全性に明らかな差がない場合は採用を認めない

②上記の同種同効薬は、原則として2剤までの採用とし、経済性を考慮した「フォーミュラリー」を作成し、院内での使用推奨基準を設ける

③同種同効薬の3剤目以降の採用希望がある場合は、「フォーミュラリー小委員会」を設け、有効性・安全性および経済性を考慮して検討する

④薬価収載日の1年後から採用を可能とする

　たとえば、胃・十二指腸潰瘍治療薬であるオメプラゾール、ランソプラゾール、ラベプラゾールのすべてにジェネリック医薬品が発売されて医療費削減ができると思いきや、有

図表 4-1　院内フォーミュラリーの作成手順

 目的　重症例や難治症例に対しての有用な新薬を使用できる環境を維持するため、既存治療のある薬は費用対効果を重視

●新薬採用申請手順

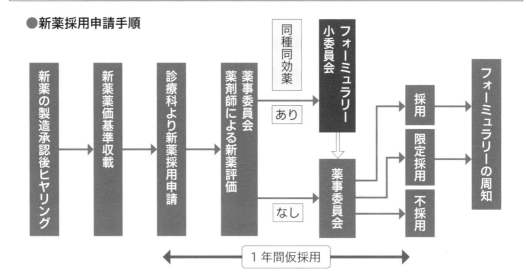

---

①医薬品新規採用評価書

1. 医薬品概要（商品名・一般名・会社名等）
2. **フォーミュラリーの必要性**
3. 有効性に関するエビデンスの評価
4. 安全性とモニタリング項目の評価
5. ガイドラインでの推奨
6. 費用・経済性の検討
7. 考察
8. 臨床上の必要性（評価チェックリスト）

②フォーミュラリー小委員会の構成員

- 薬事委員長　　　　　　（副病院長）
- 薬事副委員長　　　　　（薬剤部長）
- 診療科薬事委員　　　　（6名）
- 病棟薬剤師　　　　　　（6名）
- 医薬品情報科薬剤師　　（1名）

薬事委員会規定

第3条　委員会は、次の事項を審議する
▶ 標準薬物治療を推進するためのフォーミュラリーの作成に関する事項
第4条　運営及び採決
▶ 委員会はフォーミュラリー小委員会を置くことができる
《薬事委員会細則規定》第6条
▶ 既存の同種同効薬の採用がある場合は、原則、後発医薬品等の廉価な薬剤を優先し、有効性や安全性に明らかな差がない場合は採用を認めない
▶ 同種同効薬は、原則として2剤までとし、経済性を考慮した「フォーミュラリー」を作成し、院内の使用推奨基準を設ける

効性や安全性にあまり差がなく、薬価が 3 ～ 5 倍する新薬であるエソメプラゾールやボノプラザンが発売され、無制限に使用されると、ジェネリックに切り替えた意味がなくなってしまいます。そのため、同種同効薬ごとの使用指針であるフォーミュラリーが不可欠です。

2 院内フォーミュラリーの運用実績

2016 (平成 28) 年 4 月現在、9 薬効群のフォーミュラリーを導入し、有効性・安全性に差がない場合は、ジェネリック医薬品を優先的に第一選択薬とした結果、年間約 3,680 万円の薬剤購入費の削減につながりました (**図表 4-2**)。

フォーミュラリーの策定にあたり、医師に標準薬物治療を教育する教材がないなか、研修医教育に使用できるのと評価をいただきました。

2 院内フォーミュラリーは外来処方に波及する

1 院外処方せんデータの検証

前述のように、聖マリアンナ医科大学病院では、2014 年より 9 薬効群のフォーミュラリーを運用していますが、外来処方には対応していません。フォーミュラリーによる経口 PPI 製剤の第一選択薬は、ジェネリック医薬品である「オメプラゾール」「ランソプラゾール」「ラベプラゾール」です。

2017 (平成 29) 年 5 ～ 12 月に聖マリアンナ医科大学病院で経口 PPI 製剤が処方された外来処方と日本調剤株式会社が全店舗で集計した同時期の院外処方せんデータを分析した結果、経口 PPI 製剤の処方割合は、「ランソプラゾール (ジェネリック医薬品)」が 58.6%、「ラベプラゾール (ジェネリック医薬品)」が 28.6%、「オメプラゾール (ジェネリック医薬品」が 7.5% と第一選択薬のジェネリック医薬品 3 品目が 94.7% を占め、「エソメプラゾール (新薬)」が 4.3%、「ボノプラザン (新薬)」が 1.0% と新薬 2 品目は合計で 5.3% でした。

一方、日本調剤株式会社が全店舗で集計した同時期の院外処方せんデータでは、「ランソプラゾール (ジェネリック医薬品)」が 35.4%、「イソメプラゾール (新薬)」が 29.8%、「ラベプラゾール (ジェネリック医薬品)」が 19.1%、「ボノプラザン (新薬)」が 12.0%、「オメプラゾール (ジェネリック医薬品)」が 3.7% と、新薬 2 品目が合計で 41.8% を占めました (**図表 4-3**)。この結果から院内フォーミュラリーを策定すると院外処方にも波及することが示されました。

図表 4-2　院内フォーミュラリーの運用実績

9 フォーミュラリー作成による削減効果　合計 36,822,547 円 / 年

薬効群	第一選択薬	第二選択薬	備考	削減効果
PPI（注射薬）	オメプラゾール（後発品）	ランソプラゾール（先発品）		▼ 1,131,200 円
H_2 遮断薬（内服薬）	ファモチジン（後発品） ラニチジン（後発品）			▼ 832,760 円
α グリコシダーゼ阻害薬（内服薬）	ボグリボース（後発品） ミグリトール（先発品）		新規導入にはボグリボースを優先する	▼ 911,530 円
グリニド系薬（内服薬）	レパグリニド（先発品） ミチグリニド（先発品）			508,390 円
HMG-CoA 還元酵素阻害薬（内服薬）	アトルバスタチン（後発品） ピタバスタチン（後発品）	プラバスタチン（後発品） ロスバスタチン（先発品）	新規導入には後発品を優先する	▼ 2,280,130 円
RAS 系薬（内服薬）	ACE 阻害薬（後発品） ロサルタン（後発品） カンデサルタン（後発品）	テルミサルタン（先発品） オルメサルタン（先発品） アジルサルタン（先発品）	新規導入には ACE 阻害薬又は後発品を優先する	▼ 3,612,660 円
ビスホスホネート薬	（内服薬） アレンドロン酸（後発品） リセドロン酸（後発品）	（注射薬） アレンドロン酸（先発品）*	＊立位・座位を保てない患者	▼ 1,074,407 円
PPI（内服薬）	オメプラゾール（後発品） ランソプラゾール（後発品） ラベプラゾール（後発品）	ボノプラザン（先発品） （消化器内科限定）	エソメプラゾールを院外へ	▼ 2,034,290 円
GCS 製剤（注射薬）	フィルグラスチム BS（バイオシミラー）	レノグラスチム（先発品）		▼ 25,453,960 円

（2016 年 4 月現在）

図表 4-3 聖マリアンナ医科大学病院 VS 日本調剤データ

経口 PPI 処方せん枚数　割合（2017 年 5 〜 12 月）

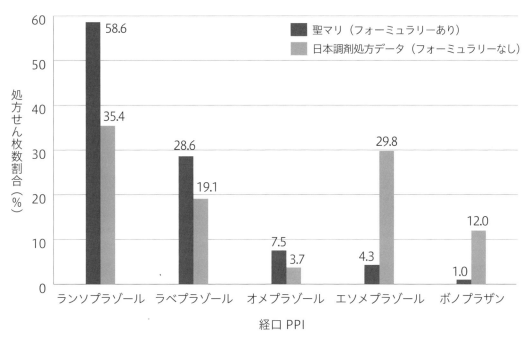

② 地域フォーミュラリー波及への期待

　入院医療は DPC 包括点数であるため、できるだけ廉価な医薬品を選択する必要性には誰もが同意します。しかし、外来医療は出来高払い点数であるため、院外処方では処方権を主張する医師も少なくないなか、院内フォーミュラリーを策定すれば院外まで波及することが示されたことには大変大きな意味を持っています。このため、地域の基幹病院が、院内フォーミュラリーを作成して運用すれば、外来診療まで波及し、いわゆる、地域フォーミュラリーに波及することが期待できることが示されました。

▌参考文献
1）フォーミュラリー編集委員会編（代表：増原慶壮）『フォーミュラリーマネジメント―院内フォーミュラリーから地域フォーミュラリーへ―』（薬事日報社、2019 年）
2）増原慶壮、川上純一、岩月進、前田幹広、上田彩『フォーミュラリー―エビデンスと経済性に基づいた薬剤選択―』（薬事日報社、2017 年）

Q18 地域フォーミュラリーには どのようなメリットが ありますか？

解説

- ▶地域での医薬品の効率的かつ経済的な利用が可能になる
- ▶患者の安全・安心な薬物治療、残薬減少につながる
- ▶医療機関・薬局の経済的負担が軽減する
- ▶医薬品卸・流通において効率的な在庫管理・配送が可能になる

1 地域フォーミュラリーとは何か

1 地域フォーミュラリーの範囲

　地域フォーミュラリーにおける地域は、どの範囲を示すかについて定義はありません。2021（令和3）年7月26日に開催された中央社会保険医療協議会（中医協）においても、「院内フォーミュラリー、地域フォーミュラリーのそれぞれの定義や違いなどを明確にしてほしい」との意見が出ている状況です。院内フォーミュラリーは **Q15**（122ページ参照）で述べたように定義が明確になっています。一方、地域フォーミュラリーの定義は、その地域の医療提供体制をどのようにするかを決めたうえで、その医療提供体制にかかわる医師、歯科医師、薬剤師、看護師などと支払い側である保険者、患者代表および行政がその地域で必要とする医薬品を安全性や有効性および経済性の観点から選択し、その使用基準を明確にした医薬品リストあるいは使用指針とすることができます。

　地域フォーミュラリーの範囲は、現実的には、県単位あるいは市町村単位を基本とすることが有力です。しかし、より最小の単位である基幹病院を中心とした、そこに紐づくクリニックや在宅療養施設、薬局などを含む地域フォーミュラリーを作成することも考えられます。

2 地域フォーミュラリーの薬剤費削減効果

　包括支払い方式の DPC/PDPS 対象病院におけるフォーミュラリーの作成は、短期的にも長期的にも医薬品購入費を削減でき、収益の増加になることは確実です。しかし、患者

や保険者および国の医療費の負担は変わりません。つまり、現状で医療費あるいは薬剤費の削減を実質的に行うには、外来診療を包括化するか、地域の基幹病院を含めた地域フォーミュラリーを作成し、運用する必要があります。外来診療が出来高払いの現状では地域フォーミュラリーの作成が唯一の薬剤費削減の方策となり得ます。

　地域の基幹病院が中心となって地域フォーミュラリーを策定することは、その病院の経営や地域医療に影響を及ぼします。年間約8兆円にのぼる国の調剤医療費を削減するためにも、地域単位の医薬品の使用指針である地域フォーミュラリーは最も効果的です。

　特に、対象患者数も多く医薬品使用量の多い生活習慣病などの内服薬は、かかりつけの診療所で広く処方されています。そのため、地域フォーミュラリーは基幹病院と関連施設だけで運用するよりも、地域全体で運用するほうが薬剤費削減効果は圧倒的に高まります。

❸ 古河・猿島郡地域フォーミュラリープロジェクト

　日本調剤株式会社では、高度DI（Drug Information：医薬品情報）ウェブプラットフォーム「FINDAT」の配信事業を通じて、茨城県古河市の古河赤十字病院、茨城西南医療センター、友愛記念病院の3病院から地域フォーミュラリーを作成したいとの提案があり、支援を行っています。本プロジェクトは、3年間で地域フォーミュラリーが提案できるように、まずは3病院共有で院内フォーミュラリーを作成することを目標にしています（**図表4-4**）。

　2020（令和2）年11月12日、古河赤十字病院にて「古河・猿島郡地域フォーミュラリーキックオフミーティング」が開催され、古河・猿島郡地域フォーミュラリーの作成に向けて幹部会・運営委員会が発足しました。フォーミュラリーを作成する薬効群については当初、プロトンポンプ阻害薬（経口薬）およびP-CAB（Potassium-Competitive Acid Blocker：カリウム競合型アシッドブロッカー）、ACE阻害薬・アンジオテンシンII受容体拮抗薬、フィブラート系から始めることになりました。

　2021（令和3）年2月、4月にフォーミュラリー研修会をオンラインで実施し、3薬効群について、3病院共有の院内フォーミュラリーを作成しました。今後は、3か月に1回の頻度でフォーミュラリー研修会を実施し、薬効群を増やし、同時に地域フォーミュラリーの共通化に向けて議論していく予定です。

◆ 2 　地域フォーミュラリー策定のメリット

❶ どのような薬物治療を提供するのかを考える機会

　地域フォーミュラリーは、限られた財源のなかで、各地域における経済的で最適な薬物

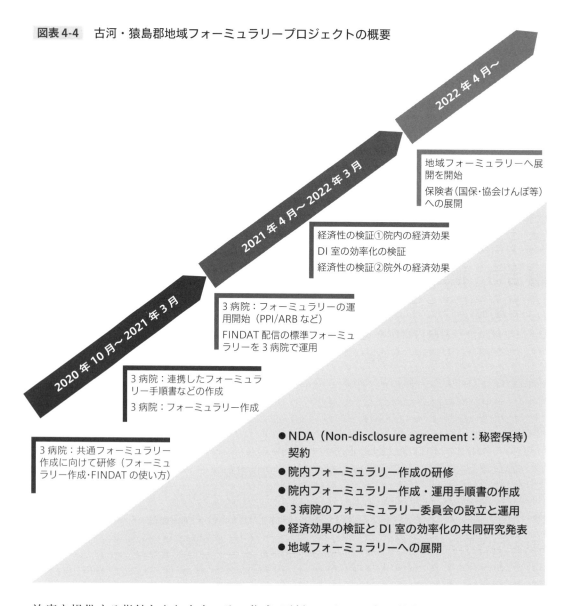

図表 4-4 古河・猿島郡地域フォーミュラリープロジェクトの概要

2022 年 4 月〜

地域フォーミュラリーへ展開を開始

保険者（国保・協会けんぽ等）への展開

2021 年 4 月〜 2022 年 3 月

経済性の検証①院内の経済効果

DI 室の効率化の検証

経済性の検証②院外の経済効果

3 病院：フォーミュラリーの運用開始（PPI/ARB など）

FINDAT 配信の標準フォーミュラリーを 3 病院で運用

2020 年 10 月〜 2021 年 3 月

3 病院：連携したフォーミュラリー手順書などの作成

3 病院：フォーミュラリー作成

3 病院：共通フォーミュラリー作成に向けて研修（フォーミュラリー作成・FINDAT の使い方）

- NDA（Non-disclosure agreement：秘密保持）契約
- 院内フォーミュラリー作成の研修
- 院内フォーミュラリー作成・運用手順書の作成
- 3 病院のフォーミュラリー委員会の設立と運用
- 経済効果の検証と DI 室の効率化の共同研究発表
- 地域フォーミュラリーへの展開

治療を提供する指針となります。その作成・更新は、どのような薬物治療を提供するのか、あるいは提供してほしいのかを考える絶好の機会です。

　地域フォーミュラリーの策定は、地域全体における医薬品の効率的かつ経済的な利用を可能とし、医薬品の製造から配送、病院や薬局での在庫管理、薬物治療の標準化、鑑別作業、患者の安心・安全、災害時への対応など、すべての過程での医療費の削減に資することになります。

2 患者、医療機関、薬局など各々におけるメリット

　地域フォーミュラリーを作成することにより、患者、医療機関、薬局など、各々の立場

図表4-5　地域フォーミュラリ－策定のメリット

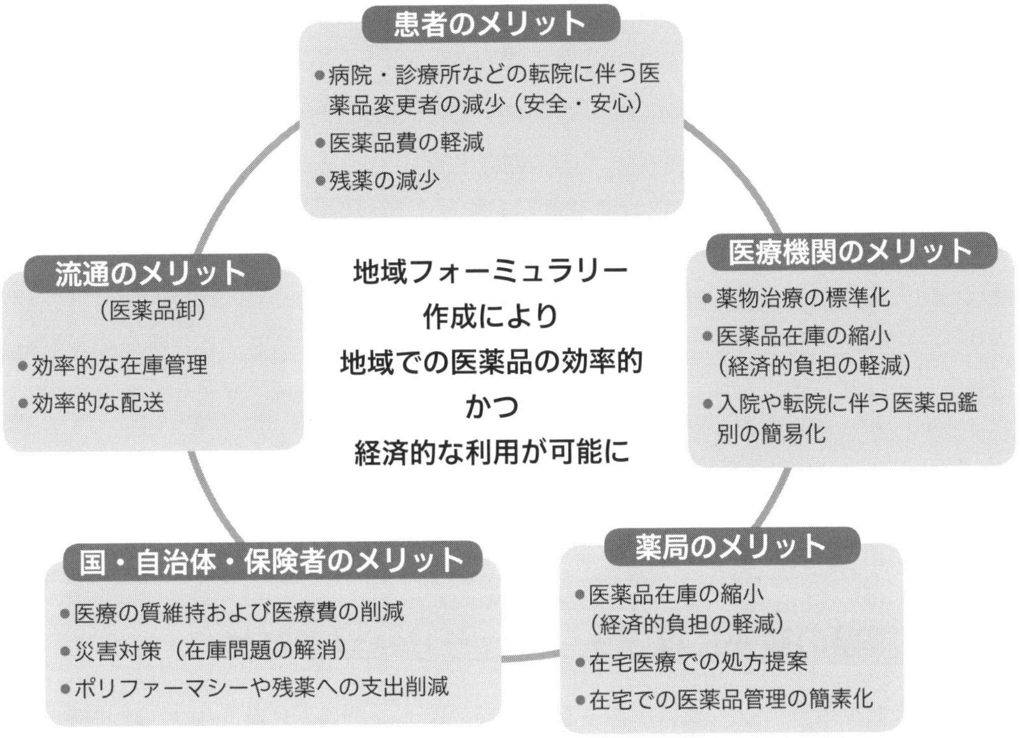

患者のメリット
- 病院・診療所などの転院に伴う医薬品変更者の減少（安全・安心）
- 医薬品費の軽減
- 残薬の減少

流通のメリット
（医薬品卸）
- 効率的な在庫管理
- 効率的な配送

地域フォーミュラリー
作成により
地域での医薬品の効率的
かつ
経済的な利用が可能に

医療機関のメリット
- 薬物治療の標準化
- 医薬品在庫の縮小（経済的負担の軽減）
- 入院や転院に伴う医薬品鑑別の簡易化

国・自治体・保険者のメリット
- 医療の質維持および医療費の削減
- 災害対策（在庫問題の解消）
- ポリファーマシーや残薬への支出削減

薬局のメリット
- 医薬品在庫の縮小（経済的負担の軽減）
- 在宅医療での処方提案
- 在宅での医薬品管理の簡素化

でメリットが期待できます（**図表4-5**）。

　患者においては、入退院時や転院に伴い医療機関が変わっても同じ薬をもらうことができ、安心・安全な医療の享受や残薬の減少に伴う薬剤費負担を減少することができます。また、標準的薬物治療が推進されるために、ポリファーマシーの抑制につながります。

　医療機関においては、薬物治療の標準化や在庫問題の解消、医薬品の鑑別の簡略化などが期待できます。

　薬局においては、在庫問題の解消に伴う経済負担の軽減、在宅での処方提案、医薬品の鑑別の簡略化が図ることができます。

　その他、支払い側である国や自治体および保険者においては、医療の質の維持と医療費の削減および災害対策、流通（医薬品卸）においては、後発医薬品の普及に伴う在庫数の増加への対応策、効率的な配送が可能になるなどがメリットとして挙げられます。

3　薬局薬剤師の役割

　後期高齢者の増加に伴い、多職種による在宅医療の重要性が増しています。薬剤師が在

宅医療に参加し、処方提案する場合、薬剤師は地域フォーミュラリーがあれば積極的に提案することができます。また、各医療機関から発行された処方せんをかかりつけ薬局が一元的に管理することで、多剤併用や残薬管理だけでなく、地域フォーミュラリーに従って処方されているかどうかを確認して、必要に応じて医師に照会するなど、地域フォーミュラリーを周知・推進することができます（**図表 4-6**）。

2021 年 8 月から施行された改正薬機法において、薬局機能として、地域連携薬局および専門医療機関連携薬局が新設され、認定薬局の受付が始まっています。地域連携薬局は、地域の他の医療提供施設に対して、新薬情報、同種同効薬の有効性・安全性情報や特徴、ジェネリック医薬品の品質情報や製剤の工夫など医薬品適正使用情報を広く提供する「医薬品情報室」の役割が求められています。このため、将来的には地域フォーミュラリーのマネジメントに薬局薬剤師が積極的にかかわることが求められています。

4　高まるフォーミュラリー普及への期待

1 医療課題の解決にはフォーミュラリーが不可欠

わが国の医療財政のひっ迫は深刻さを増しています。特に COVID-19 禍の影響もあり、国民皆保険の持続可能性を確保するための医療改革が待ったなしの状況です。フォーミュラリーが患者の医薬品費負担の軽減、DPC/PDPS 対象病院の収益増、国保・健保組合など保険者の医療費削減、そして、国の医薬品費の軽減につながることは、欧米において明らかになっており、長期的短期的な医療の問題解決の有効な一策と言えます。

しかし、2020 年度診療報酬改定では、厚生労働省が院内フォーミュラリーを「使用ガイド付き医薬品集」と読み替えてまで特定機能病院の算定要件に入れようとしましたが、院内フォーミュラリーを診療報酬の評価に入れるのはなじまないとの意見で、検討事項として継続することになりました。2021 年 7 月 26 日の中央社会保険医療協議会（中医協）総会においては、「フォーミュラリーは病院経営の観点から活用されることは理解しているが、診療報酬で評価するにはなじまない」との意見（診療側）と「厚労省の研究班がガイドラインを作成したこともあり、環境は整ってきた。診療報酬上の対応は必要だ」との意見（支払い側）が対立しています。

一方、2021 年 7 月 26 日付の日本経済新聞朝刊の社説「現役世代からの医療費召し上げは限界だ」では、医療費膨張を抑制する根本からの対策を視野に入れるべきとして、「最も有効かつ安全で経済的な薬の使用方針を決めるフォーミュラリーも医療費抑制効果が高い。厚労省の来年度の診療報酬改定で、病院への導入を後押しする仕組みを工夫してほしい」と訴えています。

図表 4-6　地域フォーミュラリーのマネジメントは薬局

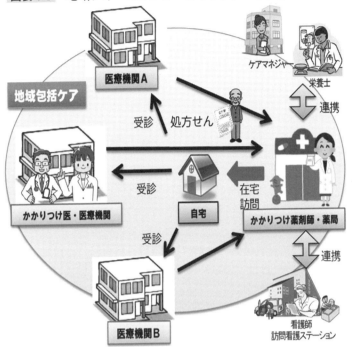

地域フォーミュラリーのマネジメントは薬局が実施

かかりつけ薬局は、地域フォーミュラリーに従って処方されているかどうかを確認し、必要に応じて医師に照会を行う

公立病院のための地方独立行政法人設立・運営マニュアルQ&A

2 フォーミュラリーは標準薬物治療の推進そのもの

　筆者は、2022（令和4）年度診療報酬改定で「フォーミュラリーを導入する仕組み」を議論して評価されることを願っています。フォーミュラリーは医療費の削減効果だけではなく、多剤投与や重複投与などの減少につながり、医療の無駄の改善において重要な意味を持ちます。特にフォーミュラリーの観点から薬局薬剤師のかかりつけ機能を強化することで、その効果は一段と高まるでしょう。地域フォーミュラリーの策定を通して、地域包括ケアにかかわる多職種が地域における薬物治療の内容を把握・理解するようになれば、より安全で安心な医療の提供を実現できます。

　フォーミュラリーは標準薬物治療の推進そのものです。わが国の薬物治療の新たな一歩だと言えるでしょう。

▌参考文献
1) フォーミュラリー編集委員会編（代表：増原慶壮）『フォーミュラリーマネジメント―院内フォーミュラリーから地域フォーミュラリーへ―』（薬事日報社、2019年）
2) 増原慶壮、川上純一、岩月進、前田幹広、上田彩『フォーミュラリー―エビデンスと経済性に基づいた薬剤選択―』（薬事日報社、2017年）

第1部

第5章

医療材料の賢い購買方法と SPD の活用

• 上塚芳郎 （前東京女子医科大学教授、一般財団法人松本財団顧問）

医療材料の賢い購買方法を教えてください

Q 19

解説

A
▶マスター管理を導入し、ベンチマーク（価格比較）を行う

▶院内で医療材料のプロを育成する

▶医師を巻き込み、価格交渉にあたる

▶医療材料委員会を有効活用する

1　医療材料の価格交渉

1 医療材料とは

　医療機器には、CT スキャンや MRI 装置のような大型の放射線機器を指す場合と、注射器（シリンジ）や心臓の検査・治療に用いるカテーテルのような、いわゆる医療材料を指す場合があります。両者は医療機器に含まれ、混同しがちですが、そのマネジメントはまったく異なっています。本章では、医療材料について説明します。

　医療材料は、その償還の仕方により、いくつかに分類され、**図表 5-1** に示すような保険償還方式になっています。

　たとえば、A1（包括）、A2（特定包括）は診療報酬や技術料に包含されていて、別途レセプト請求できない材料です。これには、シリンジ（注射器）や点滴セット、針糸（縫合糸）のように膨大な量が消費され、1 個 1 個の価格が安い消耗品等や白内障手術における眼内レンズが該当します。一方、B（個別評価）のような個別に保険償還価格（公定価格）が決められた「特定保険医療材料」と呼ばれるものがあります。特定保険医療材料については、「機能区分」ごとに保険償還価格（保険医療機関等が保険請求できる金額）が定められているので、製造メーカーが異なっても「機能区分」が同一であれば同じ保険償還価格になります。

2 消耗品と特定保険医療材料の価格交渉はどちらに重点をおくか

　特定保険医療材料（特材）には、心臓の治療に用いられる人工心肺の回路、心臓ペース

図表5-1　保険医療材料の評価区分表

A1（包括）	いずれかの診療報酬項目において包括的に評価されているもの （例：縫合糸、静脈採血の注射針）
A2（特定包括）	特定の診療報酬項目において包括的に評価されているもの （例：眼内レンズと水晶体再建術、超音波検査装置と超音波検査）
B（個別評価）＝ 特定保険医療材料	材料価格が機能別分類に従って設定され、技術料とは別に評価されているもの （例：PTCAカテーテル、冠動脈ステント、ペースメーカー）
C1（新機能）	新たな機能区分が必要で、それを用いる技術はすでに評価（医科点数表にある）されているもの （例：特殊加工の施してある人工関節）
C2（新機能・新技術）	新たな機能区分が必要で、それを用いる技術が評価されているもの （例：カプセル内視鏡）
F（保険適用に　馴染まないもの）	

出典：厚生労働省保険局医療課「平成28年度保険医療材料制度改革の概要」

メーカー、狭心症の治療に用いられる心臓カテーテル、冠動脈ステント、膝や股関節に用いられる人工関節などがあります。いずれも大変高価であることが特徴です。これらの特定保険医療材料は、卸業者（ディーラー）の預託在庫となっている場合がほとんどで、使用したものについて病院がディーラーに支払うことになっています。

　預託在庫方式では、医療材料を買い取った場合よりも価格が高くなります。それは在庫リスクをディーラーが病院に代わって負っているからです。欧米などは症例が大病院に集中していますので、買い取る場合が多いのですが、わが国では症例の集積ができていないため、個々の病院の症例数が比較的少なく、預託在庫方式になるわけです（**図表5-2**）。特材は価格交渉によって、購入価格を下げることができれば、保険償還価格との差額が病院の収入となりますので、大きなメリットが出ますが、価格交渉のハードルは高くなっています。

　一方、消耗品（シリンジ、三方活栓、手術に用いられる針糸［縫合糸］など）に関しては、個々の価格は安いのですが、大量に購入するため、トータルで価格交渉の効果を上げることができます。しかも、これらの消耗品は、どの診療科も使用するので、病院全体で

143

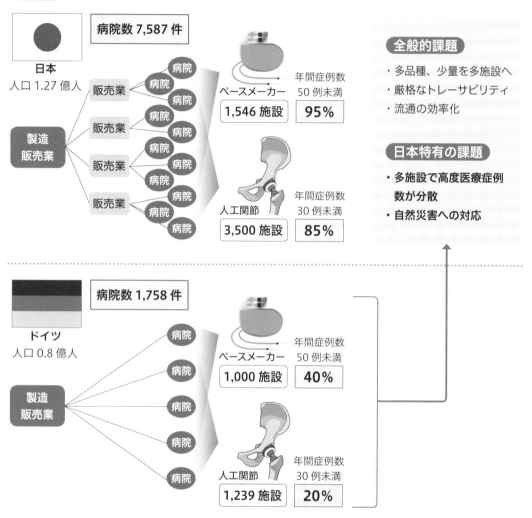

図表 5-2　わが国は症例数が分散している

日本
人口 1.27 億人

病院数 7,587 件

製造販売業 → 販売業 → 病院

ペースメーカー
年間症例数
50 例未満
1,546 施設　95%

人工関節
年間症例数
30 例未満
3,500 施設　85%

全般的課題
・多品種、少量を多施設へ
・厳格なトレーサビリティ
・流通の効率化

日本特有の課題
・多施設で高度医療症例数が分散
・自然災害への対応

ドイツ
人口 0.8 億人

病院数 1,758 件

製造販売業 → 病院

ペースメーカー
年間症例数
50 例未満
1,000 施設　40%

人工関節
年間症例数
30 例未満
1,239 施設　20%

出典：一般社団法人日本医療機器販売業協会「中医協医療材料専門部会資料」（2015 年）

統一化（1 社の製品に絞り込む）に取り組むことによって対外的に病院の本気度を見せつけることができます。

3 医療材料の価格交渉が難しい理由

　医療材料の価格交渉が難しい理由としては、物流が複雑である点が挙げられます。医療機器の製造メーカーの製品を消費者である病院が直接購入することは現実的に難しく、必ずディーラーが中間に入ります。もちろん、メーカーとの直取引は法律的に問題がありませんが、前述のように特定保険医療材料は預託在庫方式が多いため、直取引ができません。

図表 5-3 同種同効品の競争

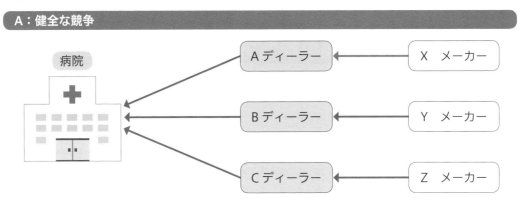

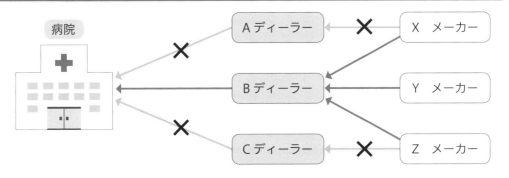

　一方、消耗品についても、間にディーラーを入れることを要求しているメーカーがほとんどです。その理由の1つはメーカーが価格を維持すること、もう1つはジャストインタイムの搬送手段をメーカーが持たないことです。

　医療材料は建前上、メーカーがディーラーに販売したら、あとはディーラーと病院の間で価格交渉をすることになっています。とりわけ特定保険医療材料のような高価な医療材料は、メーカーがディーラーに対し、当該病院への販売価格を指示し、そのディーラーには指定した医療機関以外に販売させないことがあります。このようなメーカーのディーラーに対する優越した地位が問題です[1]。

　図表 5-3 の B のように、メーカーが特定のディーラーを通してしか製品を卸さないと、本来生じるような A のような競争は起こらず、メーカー間で同種同効品の価格を比較しようとしてもほとんど差が出ないことになります。これは、病院側が B ディーラーを出入りの業者として決めてしまっても同じことが起こります。そのため、A のような公正

な競争が起こるようにするべきです。

2　賢い医療材料の購買方法

■1 マスター管理とベンチマーク

　以前、著者が勤めていた病院では 2000 年頃に、病院全体で購買方法を改革する機運が高まっていました。医療材料購買の問題点について洗い出しを行ったのです。そのとき、自院の購入価格が他の病院の価格に比べて安いのか高いのかを比較してみようと思いました。しかし、どこの病院も口を閉ざして語ろうとしません。どこの病院の用度購買課も医療材料のディーラーから、「おたくには一番安い価格で販売していますから、このことは絶対に他言しないでください」と言われていて、本気で一番安く購入していると錯覚していたのです。

　マスターとは、医療材料ごとに振られた固有の番号のことです。したがって、A メーカーのシリンジ、B メーカーのシリンジは別の番号が振られています。医薬品には世界標準マスターの GS1 標識によるバーコードが貼られていますが、医療材料は標準マスターの活用が遅れており、各医療機関独自の医療材料マスターや SPD（Supply Processing & Distribution：院内で使用する物品の物流管理業務）会社のマスターが使用されています。

　マスターが整備されにくい理由として、シリンジには 5cc のものもあれば、10cc のものもあり、それぞれ同じものでもサイズが異なっています。また、シリンジ 1 個のマスターにするのか、包装用 1 箱 100 個単位でマスターを作成するのかも統一しておかなければなりません。マスターについては、**Q20**（148 ページ参照）で詳しく説明します。

　マスターの管理ができれば、他の病院と価格比較のベンチマークができます。価格ベンチマークは「価格 .com」の医療材料版ということになります。

■2 医療材料のプロを育てる

　公立病院では、購買担当者が 2 年ぐらいで代わってしまうため、知識の蓄積が生じません。地方独立行政法人に移行したら、専従の医療材料担当者を育てるとよいでしょう。カテーテルを見たこともない人がディーラーやメーカーとまともな交渉ができるわけがありません。

■3 医師を巻き込む

　図表 5-4 に示したように、メーカーは自社製品を医師に対して強力にプロモートするので、医師はそれに動かされて病院事務に「この会社のこのカテーテルを買ってください」

図表 5-4　メーカーの営業活動と医師への影響（医療材料の決定力）

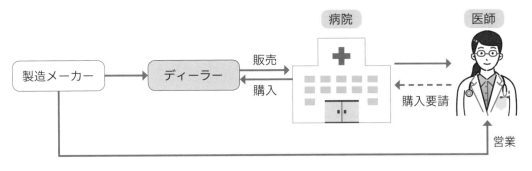

と働きかけます。これでは、業者が価格交渉前に購入することがわかりきってしまうので、値下げは期待できません。

　購買担当者は医師に対して複数の同種同効品を提示して、「先生、これを使ってみてくれませんか。価格が安いので病院のためになります」と進言できるようになるべきです。そのため、事務職のなかに医療材料のプロが必要なのです。

4 医療材料委員会の活用

　多くの病院では、医療材料（選定）委員会が新規医療材料の購入を決定していると思います。しかし、単なる一増一減で採用を決めているところが多いのも実情です。せっかく医療材料委員会があるなら、全診療科にかかわり、大量に購入する製品については、「縫合糸統一プロジェクト」のような個別のプロジェクトチームを設置して、外科系副院長などが音頭をとって同種同効品の統一を図るとよいと思います。筆者の病院でも、3 社の縫合糸が使用されていましたが、思い切って原則 A 社の製品に統一しました。他社が診療科の医師に働きかけて反対する動きもありましたが、やりとげました。一社の製品に統一することにより、縫合糸のトータルの価格は確実に下がります。また、医療材料削減に本気で取り組んでいる病院の姿勢を外部にアピールする機会にもなります。

┃参考文献
1）公正取引委員会「医療機器の流通実態に関する調査報告書」（平成 17 年 12 月）

医療材料マスターの管理はどのように行うべきですか？

解説

▶ 医療材料は医薬品に比べて多品目（マスター構築が急務）

▶ 医療材料のトレーサビリティの重要性を理解する

▶ 標準的なコードによる医療材料マスターの作成が望まれる

1 なぜ医療材料マスターの整備が必要なのか

1 医薬品より多品目の医療材料

　材料の価格交渉をしようにも、その材料を病院がいくらで購入しているかがよくわからないということがあります。「そんな馬鹿な」と思うかもしれませんが、それは前述したように医療材料マスターが完備していないからです。

　中規模以上の病院において、医薬品は1,000品目から多くても1,500品目とされていますが、医療材料はその10倍はあります。医療材料は同じ品目でも5〜6種類のサイズがあるのが普通で、5フレンチ、6フレンチなどサイズ違いのものが多くなっています。それを全部登録するとマスターは非常に大きくなります。

2 医療材料マスターの現状

　ある病院には不完全な医療材料マスターしかありませんでした。たとえば、マスターの中身が10ccのシリンジ1個のマスターと100個単位のマスターがあって重複していたのです。病院固有の医療材料マスターに加えて、SPD会社の医療材料マスターも運用されていました。これでは、他の病院と医療材料の価格比較を行うことができないどころか、自院がいくらでその製品を購入しているのかさえもすぐにわからなかったわけです。

　現在では、GS1標識というバーコードラベルが医薬品や医療材料の梱包に貼られています[1, 2]。これをうまく使用すればよいのですが、さまざまな問題があり、まだ十分な活用がなされていません。まずはマスター、それも標準マスターの使用が望まれます。

図表 5-5　トレーサビリティの現状

医薬品 PTP シートの GS1 バーコード表示

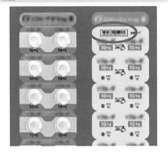

医薬品注射用バイアルの GS1 バーコード表示

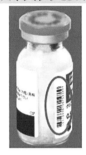

医療機器（中箱）ラベルの GS1 バーコード表示

滅菌・再使用される医療機器（鋼製小物）本体の二次元バーコード直接表示

出典：厚生労働省医薬・生活衛生局「令和2年度第2回医薬品等安全対策部会資料」

2　医療材料マスターの作成

1 医療材料のトレーサビリティの重要性

　スーパーやコンビニエンスストアなどでは、POS（Point Of Sales：販売時点情報管理）という言葉がよく聞かれます。レジで多く利用されている POS システムはそれを使用することで、販売実績を品物ごとに集計し、そのデータをマーケティングや在庫管理に活用しています。医療においても、医療安全を考慮した医薬品・医療材料のトレーサビリティ（製品の生産から消費までの過程を追跡すること）の重要性が叫ばれています。**図表 5-5** のように、すべての医薬品には GS1 標識バーコードが貼られていますが、医療材料については、製品の入れ替わりが早い、サイズが小さいなどの理由から個別の GS1 標識バーコードが貼られていないものがあり、医薬品ほど完璧には普及していません。

図表 5-6　GS1 の商品識別番号（GTIN）の特徴

出典：一般財団法人流通システム開発センター（GS1 JAPAN）資料

② GS1 は世界標準の標識

　GS1 は世界標準になっている標識です。**図表 5-6** にあるように GTIN と呼ばれる商品識別番号として使用され、医療材料には 13 桁の番号がつけられています。以前は JAN コードと呼ばれていたものです。これをバーコードまたは二次元バーコードの形で製品に添付して表示しています[2]。

　この GS1 標識に基づいた医療材料マスターが各医療機関で完備されていればよいのですが、前述した問題などから、病院独自のマスターがつくられていることも多いのです。SPD 業者では、メディエ株式会社のメディエコードを購入して使用していることが多く、このメディエコードから GTIN に紐づけを行うことができます。

　このような標準的なコードで医療材料マスターを作成しておけば、他の医療機関の材料購入価格とのベンチマークなどが可能となります。

■参考文献

1) 厚生労働省「医療用医薬品へのバーコード表示の実施要項の改正について」
　https://www.mhlw.go.jp/file/06-Seisakujouhou-11120000-Iyakushokuhinkyoku/0000185550.pdf
2) GS1 JAPAN（http://www.dsri.jp）

SPD 事業者の利活用に関する注意点を教えてください

解説

▶ 病院管理者は SPD の標準業務仕様書を作成しておく

▶ SPD 事業者の適正な対価を把握する

▶ 契約方式ごとのメリット・デメリットを理解する

▶ 大規模災害に備え、一定の医療材料は院内に保管する

1　SPD 事業者との契約

1 SPD 事業者の業務内容

　SPD 事業者が扱う業務は多岐にわたります（**図表 5-7**）。したがって、病院では、どこまでの範囲を SPD 事業者に任せるかを自主的に判断することが大切です。病院側が自院に必要な SPD の業務範囲に関して明確な考え方を持たず、SPD 事業者に丸投げすることは避けなければなりません。病院管理者は SPD の標準業務仕様書を作成しておくべきです。

　医薬品業務の SPD については、院内に医薬品のプロと言える薬剤師がいますが、医療材料についてはプロがいません。したがって、どのような業務まで SPD 事業者に委託するのかを決めておく必要があります。

2 業務請け合い契約の代表例

　SPD 業務の請け合い契約には、いくつもの方式がありますが、実際に多く見られるのは次の 2 つです。

① SPD 事業者預託型（院外供給・預託・業務委託・販売）

　SPD 事業者の院外倉庫から、院内の部署へ預託、定数配置し、消費後に物品の所有権が病院に移ります。一般的に多く見られる方式ですが、欠点として、物品の購入が SPD 業者 1 社からになるため、他の事業者と価格が比較できず、将来的に高値で物品を買わされるリスクがあります。

図表5-7　SPDの定義

- SPD は Supply Processing & Distribution の略
- 直訳すれば、供給、加工、配送
- 狭義では「院内で使用する物品の物流管理業務」を意味する
- 契約内容により提供業務は多岐にわたっている

対象物品	医療機器、医薬品、文房具、日雑品、印刷物　など
対象サービス	購買、物流管理、期限管理、預託品管理、患者別原価管理、搬送、術前準備、価格削減、共同購入、滅菌（鋼製小物）、リネン、ベッド　など

これらが複雑に絡み合うために、契約病院ごとに運用がカスタマイズされている。

出典：日本SPD協議会資料をもとに作成

②納入業者預託型（院外供給・再預託・業務委託）

　病院とディーラーの価格交渉により決定した価格で、SPD業者が病院の代理としてディーラーから物品を購入し、SPD事業者の院外倉庫や物流センターに納入させます。SPD業者は、それらの医療材料を小分けにしたうえで病院内の部署に預託、定数配置し、消費後に物品の所有権が病院に移ります。この場合、支払い決裁はディーラーとSPD業者間、SPD業者と病院間で行われます。

　すなわち、病院が価格交渉して物品を購入したものを、SPD業者が代行して院内管理業務だけを行うのか、SPD事業者が自分の物品を病院に預託し、消費後に物品の所有権が病院に移る方式なのか、はたまたディーラー（納入業者）がSPD業者の倉庫に預託している物品を病院部署に再預託し、消費されたら納入業者に費用を支払う方式なのかなど、いろいろな方式があり得ます。またそれらの組み合わせとなるとさらに複雑になります。

　要は、自院がSPD業者に委託する範囲をあらかじめはっきり決めておくことです。

🔳 SPD 事業者の適正な対価

　SPD事業者の適正な対価は、病院がSPD事業者に何を求めているかによって変わります。すなわち、病院は入札で安い業者に落札させるのが通常だと思いますが、その業者の

質についてはどうでしょうか？

　SPD 業者に支払われる対価は、物品の卸売販売業を SPD 業者が兼ねていない場合、ほとんどが人件費です。たとえば、その病院の規模で SPD 要員に 10 名の人材が必要だとすれば、おおよその人件費は計算できるでしょう。あまりにも安い見積もりであれば質は期待できないと思います。こうした観点が、病院事業者に欠けていることがあまりにも多く見受けられます。

　別の言い方をすれば、SPD とは、アウトソーシングの一種です。本来、アウトソーシングとは、業務の一部を外部の専門家集団に発注することを意味します。つまり、業務に必要な人やサービスを外部（アウト）から調達（ソーシング）するという意味です。その道の専門家などに任せることによって、自分たちは本来業務に専念できます。

　したがって、アウトソーシングとコスト削減は決してイコールではないのです。その点を理解していなければ、世の中の常識と同じく、"安かろう悪かろう"ということになります。

◢ 院内倉庫の必要性

　物品の保管方法としては、次の 2 つが考えられます。

①院内倉庫方式

　SPD 事業者の預託物品を院内倉庫に保管し、それを部署に配送し、預託、使用したときに、SPD 業者に代金を支払います。

② SPD 業者の院外倉庫方式

　SPD 業者の院外倉庫から病棟ごとにとりまとめた物品を病院に配送します。

　院内に大きな物品倉庫を設置すれば、病院建物の貴重な面積をとられてしまいます。そのため現在では、②の方式が主流です。しかし、院内にまったく在庫がなければ、大規模災害等で物流に障害が出たときに、医療材料が欠品してしまうおそれがあり、一定数は院内にあったほうがよいと考えられています。

▶ 2　SPD 事業者の有効活用

◢ 手術室で使用する医療材料の SPD 業務

　手術室と類似した部署として心臓カテーテル検査室があります。同検査室においては、冠動脈ステントや PTCA バルーンカテーテル、心臓ペースメーカーなどの非常に高額な特定保険医療材料が使用されていますが、これらに関しては納入するディーラーが預託品

として扱っていることが多く、SPD事業者を入れないケースが多くなっています。すなわち、専門知識が必要な部署でSPDにとって難易度が高いと言えます。

　一方、中央手術室は、さまざまな診療科が手術に使用し、必要な医療機器や医療材料は多岐におよびます。そのため、医療材料によっては、少量・多品種になります。それらの定数管理や手術ごとにセット化された医療材料の管理などについては、SPD事業者を入れている病院が多いと思いますが、病棟におけるSPD業務とは異なるスキルが必要となってきます。

② SPD事業者がマスターに使用しているコード

　医薬品や医療材料を管理する場合、どの病院でもマスターをつくっているはずです。マスターには、多様なコードが使われています。マスターを発行している一般財団法人医療情報システム開発センター（MEDIS-DC）という公的組織もあります。また、医療現場ではメディエ株式会社のマスターが普及しています。医療材料は外国製のものが多く、かつ医薬品よりもターンオーバーが早いので、MEDIS-DCのマスター発行が追いついていないようです。現状では、さまざまなコードが病院ごと、SPD事業者ごとに使用されています（**図表5-8**）。

　世界標準のコードはGS1標識（**図表5-9**）で、現在、厚生労働省が普及を図っています。まず、医薬品から普及しており、医薬品の包装には必ずGS1バーコードが印刷されています。医療材料でも、GS1バーコードが貼れるものはメーカーが包装等に貼っています。しかし、医療材料はその大きさや形状から包装や本体に印字が不可能なものがあり、今後は工夫しながらUDIが活用されていくでしょう（**図表5-10**）（**Q20**［148ページ］も参照）。

　厚生労働省では、医療材料についてGS1バーコードの表示を奨励しており、現に国産の医療機器を海外に輸出する場合は必須としています。

③ 薬剤SPD業務

　薬剤師は、服薬指導などの病棟業務、注射薬の調整といった薬剤師でなければできない業務以外にもさまざまな業務にかかわっており、その量は昔に比べると格段に増えています。そこで、薬剤師以外でもできる業務をSPDに移管することで、薬剤師は診療報酬加算にかかわる業務に専念することができます。

　薬剤SPDのモデルを**図表5-11**に示します。薬剤SPDでは、主として薬剤部の事務所で行う薬剤の在庫管理や発注補助業務、システム入力をはじめ、調整済みの注射薬や調剤済みの内服薬の病棟（定時）搬送が主な業務になります。また、病棟置きの薬剤の部署定数管理業務も役割となります。

　医療材料のSPDと異なり、薬剤部には薬剤のプロである薬剤師がいる点がメリットで

図表5-8　SPD 事業者で用いられている多様な医療材料コード

**多様なコード
多様なコード呼称**

● 同じ商品を、メーカー、卸業者、病院、それぞれで別々のコードで管理。

● 卸業者や SPD 事業者は、メーカー、病院との間に位置するため、その両方のコードを通訳する役割を担っている。

● 1 商品に対し、**多様なコードを管理する必要**があり、管理するアイテムマスタ、病院ごとのコード変換マスタは数十万レコードになり、またそのコードには、さまざまな名称がある。

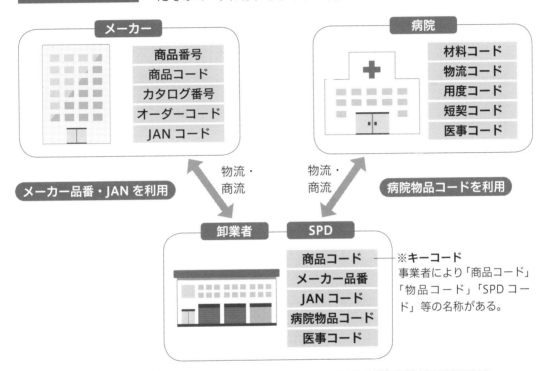

メーカー

| 商品番号 |
| 商品コード |
| カタログ番号 |
| オーダーコード |
| JAN コード |

メーカー品番・JAN を利用

病院

| 材料コード |
| 物流コード |
| 用度コード |
| 短契コード |
| 医事コード |

病院物品コードを利用

物流・商流　　物流・商流

卸業者　SPD

| 商品コード |
| メーカー品番 |
| JAN コード |
| 病院物品コード |
| 医事コード |

※**キーコード**
事業者により「商品コード」「物品コード」「SPD コード」等の名称がある。

これらさまざまなコードを紐づけるものとして一番近いのが、JAN コードだが、メーカー M&A や事業譲渡等で JAN が変わったり、そもそも JAN がなかったりすることもあり、**物流上でのキーコードは使えない**ため、数多くあるコードの 1 つとして"利用"している状況。

出典：日本 SPD 協議会資料

す。すなわち、SPD に丸投げするのではなく、常に監視の目を持って見守ることができます。

■参考文献
　一般社団法人日本医療製品物流管理協議会 『SPD 読本』 （篠原出版新社、2018 年）

図表 5-9　GS1 バーコード

識別子 ── GTIN-14 ── バッチナンバー

識別子　　　　　　　　　　販売期限日　　　　　　　識別子
（17 は販売期限日を表す）　（98 年 8 月 30 日）　（10 はバッチナンバー）

出典：キーエンスのホームページより引用改変

図表 5-10　医療現場における UDI システム（バーコード表示）

出典：一般社団法人日本医療機器産業連合会「医療現場における UDI 利活用推進事業報告書」（2019 年 3 月）

図表 5-11 薬剤 SPD のモデル

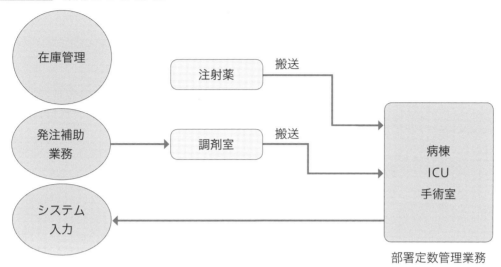

第1部

第6章

課題と戦略が見える！
経営分析と統計データの活用

• 上村知宏（独立行政法人福祉医療機構福祉医療貸付部課長代理）

Q22 医療機関の経営分析にはどのような視点が必要ですか？

解説

- ▶「自施設」「市場」「競合」「社会」「協力」の５つの視点を踏まえて分析する

- ▶「社会」は医療機関の収支に大きな影響を与える

- ▶「市場」「競合」「協力」では周辺環境を分析し、「自施設」が診療圏・地域に適応するために必要な役割を掴む

- ▶「自施設」では医療機関の「収支構造」と「組織構造」を把握する

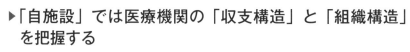

1 医療機関の経営分析に必要な視点

1 3C 分析の視点に「社会」「協力」を加える

　医療政策の転換や人口構造の変化などにより、医療界は大きな変革を迫られており、医療機関単独で地域の医療提供体制構築に向けた対応を行うことは困難な状況です。したがって、自施設の状況だけでなく、周辺環境を含めた地域全体の分析・把握が必要となります。

　経営分析には、さまざまな手法がありますが、一般的な企業においては3C 分析などが活用されています。3C 分析では次の３つの視点で環境を捉えます。

①自社（company）　※本稿では「自施設」とする

②顧客（customer）　※本稿では「市場」とする

③競合（competitor）

　医療機関の経営分析においては、3C 分析だけでは捉えられない２つの視点が存在します。１つは医療政策のフレーム内で運営するという制度リスクの存在を考慮した「社会」、もう１つは、入退院支援などにおける医療機関同士の連携等が存在することから、「競合」とは区分すべき「協力」という視点です。

　この場合、「自施設」が内部環境、「市場」「競合」「社会」「協力」は外部環境になります（**図表 6-1**）。冒頭で述べたとおり、「自施設」だけでは対応困難な状況を考えると、内

図表6-1　3C 分析と医療機関における環境分析

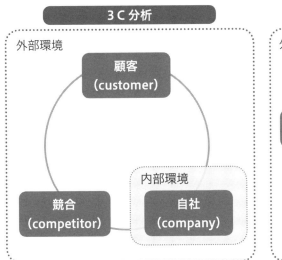
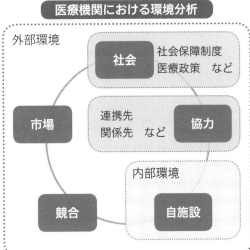

部環境としての「自施設」だけでなく、外部環境としての「市場」「競合」「社会」「協力」
を踏まえた病院経営が、地域の医療提供体制を構築していくうえで重要だと言えます。

2 「社会」が医療施設の収支に与える影響

　現在の医療政策の体系は、2014（平成26）年制定の「地域における医療及び介護の総
合的な確保を推進するための関係法律の整備等に関する法律」により整備された諸制度に
基づいており、その内容を改めて整理すると次の3つに集約されます。

①**地域包括ケアシステムの構築**

②**地域にふさわしい効率的かつ効果的な医療提供体制の確保（地域医療構想）**

③**持続可能な社会保障制度の再構築という視点に立った、社会保障給付費や財政健全化等
の諸問題への対応**

　いずれも現行の施策の根幹となっており、医療機関の経営もこれらに即した対応が求め
られています。さらに近年では人口構造の変化に伴う将来的な医療提供体制を見据えた、
医療人材の確保や医師の働き方改革、他の医療従事者の専門性の活用等による医療従事者
の働き方の見直し、新興感染症への対応、外来医療における役割の明確化と連携など、新
たな課題にも直面しています。これらを見ても、医療機関を取り巻く環境は大きく動いて
おり、より柔軟な対応が求められている状況と言えるでしょう。

　医療機関の収益の大半を占める診療報酬は、医療政策に即して改定され、本体部分はプ

ラスで推移してきました。しかし、薬価分に係るマイナス分等を勘案すると、全体では楽観視できない水準にあります。独立行政法人福祉医療機構の保有データを見ても、医業利益率は診療報酬改定率と概ね連動しており、医療政策が経営状況に大きな影響を与えていることがわかります（**図表 6-2**）。医療機関の経営は、大きく変化する環境や制度に沿った運営が求められており、医療政策等の動向に注視していくことが重要です。

2 「自施設」の立ち位置を掴む

1 周辺環境を分析・把握する

　人口構造の変化は、疾病構造の変化、特に高齢者に見られる複雑化かつ慢性化する疾病への対応が必要なことを示唆しており、医療機関はその変化に適応していくことが求められています。

　また、「自施設」が所在する地域に目を向けると、「競合」先として診療機能や役割が重複する医療機関等への対応や、「協力」先となる医療機関や介護事業者等と協働した医療・介護サービスのシームレスな提供が求められています。さまざまなステークホルダーが存在しているため、周辺環境を分析・把握しておくことは、診療圏や地域において必要とされる「自施設」の役割を選択するためのものさしとなります。

　「市場」「競合」「協力」の分析・把握を実施しない状況下での運営は、「自施設」において企画・立案した事業計画や戦略と、診療圏や地域における自施設の役割との整合性を図ることができず、限られた資源を効率的かつ効果的に運用することが困難となります。その結果、経営面に影響を及ぼすことにつながりかねません。

　「市場」を分析・把握する際は、診療圏内における疾病別の受療動向、介護サービス等の利用動向を把握することで、「自施設」の診療領域に係る今後の動向や機能選択のポイントを掴むことが可能となります。

　また、「競合」や「協力」先を分析・把握する際は、診療等の機能面や患者の受入状況、介護サービスとの連携状況等、「自施設」との違いを知り、地域における他者との重複や相違を掴むことで戦略を立てていくことが重要になります。ただし、近年の各種政策を鑑みると、「自施設」だけでの取り組みには限界があることから、将来的には「競合」関係から「協力」関係へ移行していくことも求められるでしょう。

2 「自施設」は「収支構造」と「組織構造」を把握する

　「自施設」内に目を向けると、財務体質の強化だけでなく、外部環境を踏まえた地域におけるポジショニングや差別化等の戦略立案、医療人材の確保やガバナンス強化等の組織

図表6-2　診療報酬改定率と病院類型別医業利益率の推移

診療報酬改定推移（上段 /2008～2020 年 / 単位：%）
病院類型別*医業利益率推移（下段 /2008～2019 年 / 単位：%）

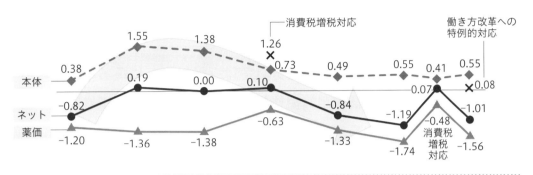

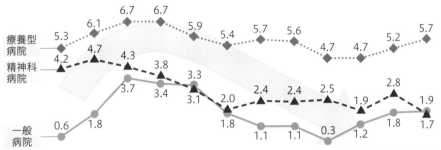

＊病院類型別…全病床に占める主たる病床割合が一般病院、療養型病院は 50％超、精神科病院は 80％超

出典：厚生労働省資料、独立行政法人福祉医療機構保有データをもとに作成

体制構築など、取り組むべき要素が多く存在します。

「自施設」を分析・把握する際は、「自施設」の「収支構造」と「組織構造」について把握できているかどうかが重要となります。特に「収支構造」については、決算書類等の数値から読み取れる財務情報と患者情報等の非財務情報を組み合わせ、収支を構成する要素を的確に把握し、課題の発見と要因の理解につなげられるかがポイントとなります。

経営分析を行う際は どのような指標を 活用しますか？

- ▶医療機関の経営分析では「機能性」に係る指標を重視
- ▶財務情報と非財務情報を組み合わせて分析する
- ▶収支を構成する要素だけでなく、そこに影響を与えた 要素まで理解する

1 経営分析の構成要素

1 医療機関特有の「機能性」という要素

　一般的な企業では、次の5つの構成要素に基づく指標によって経営分析を行います。

①収益性：投入した資本を効率よく利益に結びつけているか

②効率性：同じ売上高に対して、投入する資金をどれだけ減らせているか

③安全性（安定性）：支払能力など、財務面が健全かどうか

④生産性：付加価値を生み出すために経営資源を有効活用しているか

⑤成長性：将来的な成長能力はあるか

　医療機関における経営分析では、①〜⑤に加えて「機能性」という別の要素が加わり、「成長性」に代えて重視される傾向にあります。

　なぜなら、「成長性」は実績から自施設の将来的な成長力を見るものですが、医療機関においては、医療政策のフレーム内で運営するという制度リスクが存在しており、その政策を反映した診療報酬が収益の大半を占め、収支に与える影響が大きいという特性があるためです。つまり、医療政策に適応できるよう、自施設が有する、もしくは新たに投入する資源をいかに有効活用しているかという視点から分析を行う「機能性」を重視することになります。

　なお、医療機関における「収益性」については、サービスの質を確保するという観点から、必ずしも費用が安ければよいというものではないため、「費用の適正性」という視点を念頭に置いた分析を行ったほうがよいと考えられます。

2 医療機関の経営指標

　独立行政法人福祉医療機構で用いている経営指標も「機能性」や「費用の適正性」を考慮しています。**図表 6-3 〜 4** に経営指標の一覧を示します。

2 「非財務情報」の重要性

1 財務情報と非財務情報

　経営分析は、まず決算書類等の財務情報から得られる数値で分析を行います。収益性、効率性、安全性、生産性の一部および成長性に係る指標については、これら財務情報から得られる数値をもとに一定の分析を行います。

　一方、機能性および生産性の一部の指標については、財務情報の他に非財務情報との組み合わせにより分析します。非財務情報については、金融審議会「ディスクロージャーワーキング・グループ報告」（2018［平成 30］年 6 月 28 日付）において、次のように記載されています。

　「企業の財務状況とその変化、事業の結果を理解するために必要な情報であり、①投資家が経営者の視点から企業を理解するための情報を提供し、②財務情報全体を分析するための文脈を提供するとともに、③企業収益やキャッシュ・フローの性質やそれらを生み出す基盤についての情報提供を通じ将来の業績の確度を判断する上で重要とされている」

　つまり、非財務情報は業績に関する直接的な数値ではないものの、将来の業績予想に影響を及ぼす情報と考えられます。

2 医療機関における非財務情報の活用

　医療機関における非財務情報は、医療従事者や診療行為に係る情報等となります。たとえば、「1 人 1 日当たり医業収益（入院・外来)」は、入院（外来）診療収益を年間延べ入院（外来）患者数で除して算出しますが、財務情報と非財務情報の組み合わせにより初めて得られる数値となります。

　また、収支を構成する要素の把握だけでなく、その要素に影響を及ぼした要素を理解することも重要です。詳しくは **Q26**（181 ページ参照）で触れますが、分析・把握の結果により見つけた課題に影響を与えた要素を理解しないと、課題の解決はできません。影響を与える要素は大きく分けると次のとおりです。

①診療報酬に見られる「社会」カテゴリー等の外部環境の影響を受けるもの

②医療提供体制に見られる「自施設」カテゴリーにあたる内部環境の影響を受けるもの

		経営指標	算式	影響を与える要素		
					内部環境	
					自施設	
機能性	1	利用率	年間延べ入院患者数÷年間延べ許可病床数		△	ベッドコントロール
	2	在院日数	年間延べ入院患者数÷{(新入院患者数＋退院患者数)÷2}		△	ベッドコントロール
	3	入院外来比	1日平均外来患者数÷1日平均入院患者数		○	ベッドコントロールと入外来の診療体制
	4	新患率	新来患者数÷年間延べ外来患者数		△	外来診療体制
	5	1床当たり医業収益	医業収益÷平均許可病床数		○	ベッドコントロールと入外来の診療体制
	6	患者1人1日当たり医業収益(入院)	入院診療収益（＋室料差額収益の場合も）÷年間延べ入院患者数		△	入院診療体制
	7	患者1人1日当たり医業収益(外来)	外来診療収益÷年間延べ外来患者数		△	外来診療体制
	8	患者規模100人当たり従事者数	年間従事者数÷（年間延べ入院患者数＋年間延べ外来患者数÷3）×100		○	入外来の診療体制
収益性のうち費用の適正性に係るもの	9	人件費率	人件費÷医業収益		○	診療体制
	10	医療材料費率	医業材料費÷医業収益		○	使用方法
	11	給食材料費率	給食材料費÷医業収益		○	提供方法
	12	経費率	経費（医業費用－（人件費＋医療材料費＋給食材料費＋減価償却費））÷医業収益		○	経営管理
	13	減価償却費率	減価償却費÷医業収益		○	経営管理
	14	従事者1人当たり人件費	人件費÷年間平均従事者数（会計期間中の10月1日時点の従業者数、以下同じ）		○	労務管理
	15	経常収益対支払利息率	支払利息÷経常収益		○	経営管理

166

	影響を与える要素				説明
	外部環境				
	社会		市場、競合、協力		
△	医療法や診療報酬	○	患者数		・病院のもつ病床数に対して、どの程度の利用が行われたかを示す指標 ・値が高いほど病床機能が有効に活用されていることとなり、収益増加に寄与している
○	診療報酬	△	患者層		・新たに入院した患者が退院するまでにかかる平均期間から、病院の診療行為機能を判断する指標 ・一般的には値が短いほど効率的に医療資源を活用しており、収益増加に寄与していることになるが、病床利用率との関係にも注意が必要
–	–	○	患者数		・1日当たりの入院患者数と外来患者数の比率から病院の性格を判断する指標 ・診療科目や病床規模により値は異なるが、一般的には値が高いほど患者確保ができており、収益増加に寄与していることになる
○	診療報酬	○	患者数		・外来患者数に占める新規患者（初診料を支払った外来患者）の割合を示す指標 ・本指標の値が高いほど診療行為のニーズが高いことから、外来収益増加に寄与していることになる
○	医療法や診療報酬		患者数と患者層		・医業収益を病床数で割り戻した収益であり、病院全体の収益性を判断する指標 ・値が大きいほど収益増加に寄与していることになる
○	診療報酬	△	患者層		・入院患者1人1日当たりの入院診療収益から、診療行為の対価としての収益額の多寡を判断する指標（入院診療収益に室料差額収益を加える場合もある） ・値が大きいほど収益単価が高いため、収益増加に寄与していることになる
○	診療報酬	△	患者層		・外来患者1人1日当たりの外来診療収益から診療行為の対価としての収益額の多寡を判断する指標 ・値が大きいほど収益単価が高いため、収益増加に寄与していることになる
○	医療法、診療報酬	△	人材確保		・患者規模100人に対して配置される職員数からその多寡を判断する指標 ・値が小さいほど費用削減に寄与していることになる ・ただし、良質なサービスを提供するうえでは適切な値にとどめることも重要
○	医療法、診療報酬	△	人材確保		・医業収益に対する人件費の占める割合を示す指標 ・値が低いほど収益に対する費用の負担は軽くなる ・ただし、良質なサービスを提供するうえでは適切な値にとどめることも重要
○	（医薬品費）薬価（診療材料費）特定保険医療材料費	△	患者層		・医業収益に対する医療材料費の占める割合を示す指標 ・値が低いほど収益に対する費用の負担は軽くなる ・ただし、良質なサービスを提供するうえでは適切な値にとどめることも重要
△	診療報酬	△	患者層		・医業収益に対する給食材料費の占める割合を示す指標 ・値が低いほど収益に対する費用の負担は軽くなる ・ただし、良質なサービスを提供するうえでは適切な値にとどめることも重要
–	–	–	–		・医業収益に対する経費の占める割合を示す指標 ・値が低いほど収益に対する費用の負担は軽くなる ・ただし、良質なサービスを提供するうえでは適切な値にとどめることも重要
–	–	–	–		・医業収益に対する減価償却費の占める割合を示す指標 ・値が低いほど収益に対する費用の負担は軽くなる ・ただし、良質なサービスを提供するうえでは適切な値にとどめることも重要
		△	他者水準		・従事者1人にかかる平均人件費から給与水準を示す指標 ・値が小さいほど費用削減に寄与することになるが、良質なサービスを提供するうえでは適切な値にとどめることも重要
–	–	–	–		・経常収益に対する支払利息の占める割合を示す指標 ・値が低いほど収益に対する費用の負担は軽くなる

		経営指標	算式
収益性・効率性	1	医業収益対医業利益率	医業利益÷医業収益
	2	経常収益対経常利益率	経常利益÷経常収益
	3	総資産回転率	医業収益÷総資産
	4	固定資産回転率	医業収益÷固定資産
	5	総資産医業利益率	医業利益÷総資産
安全性／安定性	6	流動比率	流動資産÷流動負債
	7	純資産比率	純資産÷総資産
	8	固定長期適合率	固定資産÷（純資産＋固定負債）
	9	借入金比率	（短期借入金＋1年以内返済予定長期借入金＋1年以内返済予定リース債務＋長期借入金＋リース債務）÷医業収益
	10	債務償還年数	[（短期借入金＋1年以内返済予定長期借入金＋1年以内返済予定リース債務＋長期借入金＋リース債務）−｛（事業未収金＋たな卸資産）−（買掛金＋支払手形）｝]÷（経常利益−収益関係税金＋減価償却費）
生産性	11	従事者1人当たり年間医業収益	医業収益÷年間平均従事者数
	12	労働生産性	付加価値額（医業収益−（経費＋医療材料費＋給食材料費＋減価償却費）、以下同じ）÷年間平均従事者数
	13	労働分配率	人件費÷付加価値額

③外部環境と内部環境両方の影響を受けるもの

　前述した「1人1日当たり医業収益（入院・外来）」は、入院診療体制や患者層の要素もありますが、入院基本料や初再診料、出来高相当分等の診療報酬が影響を受けるため、主として①が該当します。

　また、「1人1日当たり医業収益（入院・外来）」を算出した延べ入院（外来）患者数は、

説明
・本業である医業収益から得られた利益を示す指標 ・値が高いほど収益性が高い事業と言える
・本業である医業収益に受取利息等を加えた、病院で通常発生している収益から得られた利益を示す指標 ・値が高いほど収益性が高い事業と言える
・総資産の金額とその総資産が生み出す年間収益額を比べることで、総資産が有効活用されているかを判断する指標 ・値が高いほど総資産が収益を生み出しており、有効活用されていると言える
・固定資産の金額とその固定資産が生み出す年間収益額を比べることで、固定資産が有効活用されているかを判断する指標 ・値が高いほど固定資産が収益を生み出しており、有効活用されていると言える
・総資産からどの程度の医業利益を生み出したかを示す指標 ・値が高いほど収益性が高い事業と言える
・1 年以内に現金化される資産と 1 年以内に支払期限が到来する負債を比べることで、法人の短期的な支払能力を判断するための指標 ・値が高いほど支払能力があり、短期の安定性が高いと言える
・病院の保有するすべての資産に対する純資産の割合を示す指標 ・値が高いほど負債の割合が小さく、長期の安定性が高いと言える
・建物などの固定資産を取得するための資金が、長期資金でどれだけ賄われているかを判断する指標 ・値が低いほど資金調達の安定性があると言える
・設備資金や長期運営資金といった借入金の金額とその返済の原資となる年間収益額を比べることで、借入金の多寡を判断する指標 ・値が低いほど返済の負担は小さくなり、安定性があると言える
・償還が必要な債務について、1 年間の運営の結果として得られた資金を仮に全額返済に充てた場合、何年で返済できるかを判断する指標 ・値が小さいほど返済能力が高く、安定性があると言える ・ただし、マイナス値である場合は除く
・従事者 1 人当たりどの程度の医業収益を得ているかによって効率を判断する指標 ・値が大きいほど職員の収益獲得力が高いことから、収益増加あるいは費用削減に寄与していることになる
・従事者 1 人がどれだけの付加価値を生み出したかを示す指標 ・値が高いほど各々の従事者が効率よく価値を生み出し、円滑な運営管理が行われていると言える
・付加価値が人件費にどれだけ分配されているかを判断する指標 ・値が低いほど利益の割合は高まる ・ただし、良質なサービスを提供するうえでは適切な値にとどめることも重要

歴日（外来診療日数）で除すると 1 日平均入院（外来）患者数となりますが、こちらは主に患者の受診動向の影響だけでなく、診療体制など自施設における医療提供体制の影響も受けるため、③が該当します。したがって、外部環境、内部環境両方の分析を行うことが重要と言えます。

Q 24 経営分析には どのような統計データを 活用しますか？

解説

A

▶ DPC や NDB など経営分析に活用できるデータが増えている

▶ 分析の目的や対象に合わせたデータの抽出が重要

▶ データの組み合わせや複数活用で詳細な分析が可能

1 経営分析における外部データの活用

1 進むデータの活用と充実

　医療機関の経営分析では、外部環境と内部環境の両方を分析することが重要です。分析を行うためのデータは年々対象範囲の拡充や内容の充実化が図られており、公開されているデータだけでも一定の分析が可能となっています。これらはもともと、持続可能な社会保障制度のあり方や適正化に向けた政策の立案、政策を具体化した診療報酬等改定における検討材料等において用いられてきたものです。

　近年では、エビデンスに基づいた政策立案が重視されており、DPC データや NDB データ、病床機能報告等を活用し、多角的な視点によるビックデータの収集・分析に基づいた検証が進んでいます。分析をより精緻化させていくためには広範囲かつ多種にわたるデータを収集していくことが重要となりますが、データ収集の普及や促進を図る観点から、政策的な後押しとともにデータの公開が進んできたものと考えられます。

2 データ利活用の留意点

　以降、各分析において利活用できる主なデータを見ていきますが、年々情報量は増加している状況となっています。また、データによって収集目的や調査対象、アウトプットが異なります。

　そのため、データを利活用する際は2つの点に留意する必要があります。1つは、課題発見を意識し、自施設と他施設との「違い」を俯瞰して見ることです。もう1つは、診療圏や地域の状況に対して二手三手先の見込みを掴んだ取り組みを意識し、自施設の実績や

置かれている状況を判断できるデータを選択できるようにしておくことです。データの収集目的や調査対象を理解しておかないと、自施設において有用な分析結果が得られない可能性があります。

　一方、データの公開が進んでいることで、他施設から自施設の立ち位置が客観的にわかるようになってきています。その点も意識したうえで分析を行いましょう。

2　経営分析に活用できる統計データ

　経営分析に活用できる主な統計データには、**図表6-5**に挙げた①〜㉖があります。次に、目的別にその活用方法について解説します。

1 将来的な需要を把握する「市場」分析

　「市場」分析は、現時点はもとより、将来的な需要を把握することが主な目的です。

　自施設の立ち位置を知るためには、後述する他者との比較や地域資源の把握以外に、現在地点と将来地点の比較も重要となります。患者・利用者の受療・利用動向は、人口構造の変化や医療・福祉サービスの提供体制により変化していきます。なかでも人口構造の変化は、疾病構造の変化、特に高齢者に見られる複雑化かつ慢性化する疾病に対応していく観点からも重視すべき内容と言えます。

　自施設の診療圏や地域の基礎情報を把握するためのデータとしては、①〜③が比較的網羅性が高く容易に活用できる内容となっています。①は地域に合わせた政策を計画として具現化したものであり、②③は④〜⑪の各種データを可視化したものです。

　①〜③のデータは網羅性が高い反面、自施設において必要なデータが必ずしも得られない、一定頻度で改定や更新は行われているものの、自施設において必要な時点のデータが必ずしも得られないといったデメリットがあります。そのため、分析の初期段階におけるスクリーニングとして活用するとよいでしょう。

　より詳しい「市場」分析を行うためには、④〜⑪のデータを活用します。基本的には④⑤の人口データと⑥〜⑪の患者・利用者に関するデータの組み合わせ、⑥〜⑪の各データを複数活用することで分析・把握をしていきます。組み合わせ方や活用方法次第でさまざまな視点に基づく状況が見えてくるため、どのように活用するかが重要となります。

2 他者との比較や地域資源を把握する「競合・協力」分析

　「競合・協力」分析は、自施設の診療圏や地域において他者がどのようなサービスを提供しているのかを掴み、自施設との「重複」や「相違」を知ることが主たる目的です。

　地域資源のなかで他者と「重複」や「相違」がある場合、プラスに作用すれば、重層的

171

図表 6-5　経営分析に活用できる統計データ

区分	No	名称	調査目的
基礎情報	①	地域医療計画、介護保険事業（支援）計画等の各種計画	**医療計画**：医療法第 30 条の 4 に基づき、各都道府県が、厚生労働大臣が定める基本方針に即して、かつ、地域の実情に応じて、当該都道府県における医療提供体制の確保を図るために策定 **介護保険事業（支援）計画**：介護保険法第 116 条第 1 項に基づき、地域における医療及び介護の総合的な確保の推進に関する法律に規定する総合確保方針に即して、国が介護保険事業に係る保険給付の円滑な実施を確保するための基本指針を定めるもの
基礎情報	②	JMAP（地域医療情報システム）	各都道府県医師会、郡市区医師会や会員が、自地域の将来の医療や介護の提供体制について検討を行う際の参考、ツールとして活用すること
基礎情報	③	地域包括見える化システム	都道府県・市町村における介護保険事業（支援）計画等の策定・実行を総合的に支援するための情報システムであり、介護保険に関連する情報をはじめ、地域包括ケアシステムの構築に関する様々な情報が本システムに一元化され、かつグラフ等を用いた見やすい形で提供そしているもの
人口データ	④	日本の地域別将来推計人口	市区町村別の将来人口を男女・年齢 5 歳階級別に推計したもの
人口データ	⑤	住民基本台帳人口に基づく人口、人口動態及び世帯数	住民基本台帳法に基づき市区町村長が備える住民基本台帳に記録された住民に係る毎年 1 月 1 日現在の人口及び世帯数並びに調査期日の前年の 1 月 1 日から 12 月 31 日までの間の人口動態について、市区町村長から都道府県知事を経由して総務大臣にされる報告に基づき、整理・集計するもの
「市場」分析データ	⑥	患者調査	病院及び診療所を利用する患者について、その傷病の状況等の実態を明らかにし、医療行政の基礎資料を得ること
「市場」分析データ	⑦	NDB オープンデータ	保険診療にまつわる様々なデータが含まれており、NDB により国民皆保険下にある国民のほぼ全数に渡る医療動向を把握すること 貴重なデータの利活用を進める一環で、「NDB オープンデータ」として医療の実態や特定健診の結果を統計資料として国民に解りやすく示したもの
「市場」分析データ	⑧	社会医療診療行為別統計	医療保険制度における医療の給付の受給者に係る診療行為の内容、傷病の状況、調剤行為の内容、薬剤の使用状況等を明らかにし、医療保険行政に必要な基礎資料を得ること
「市場」分析データ	⑨	DPC 導入の影響評価に係る調査「退院患者調査」	DPC 導入の影響評価等を行うことを目的として、診断群分類の妥当性の検証及び診療内容の変化等を評価するもの
「市場」分析データ	⑩	ReMHRAD（Regional Mental Health Resources Analyzing Database ／リムラッド／地域精神保健医療福祉資源分析データベース）	日本の都道府県・二次医療圏・市区町村などの区分別の ・精神保健福祉資料における指標の状況 ・精神科病院に入院している方の状況（現在の所在病院・元住所地の市区町村） ・訪問看護ステーション・障害者総合支援法の各福祉サービスの事業所（精神障害のある方向けの支援あり）の多寡 ・各社会資源の位置情報等 について表示するデータベース
「市場」分析データ	⑪	介護給付費等実態統計	介護サービスに係る給付費等の状況を把握し、介護報酬の改定など、介護保険制度の円滑な運営及び政策の立案に必要な基礎資料を得ること
「競合・協力」分析データ	⑫	医療施設（静態・動態）調査	病院及び診療所について、その分布及び整備の実態を明らかにするとともに、医療施設の診療機能を把握し、医療行政の基礎資料を得ること
「競合・協力」分析データ	⑬	病院報告	全国の病院、療養病床を有する診療所における患者の利用状況を把握し、医療行政の基礎資料を得ること

実施時期	活用例
医療計画：6 年（3 年目終了時点で見直し） 介護保険事業（支援）計画：3 年	・初期スクリーニング
随時更新	
随時更新	
国勢調査を基準とした推計実施後	・他データとの組み合わせ元データ
毎年実施	
毎年実施（入院および外来患者については、10 月中旬の 3 日間のうち医療施設ごとに定める 1 日。退院患者については、9 月 1 日〜 30 日までの 1 か月間。国への提出期限 1 月上旬）	・疾病別入院外来別患者推計
原則毎年	・都道府県別、2 次医療圏別診療行為別算定回数実績及び推計分析
毎年 6 月審査分を公表	・診療行為別算定回数実績および推計分析
毎年公表	・2 次医療圏別 MDC 別自給率分析 ・2 次医療圏内 MDC 別、高度医療別占有率
随時更新	・都道府県別、人口当たり整備数分析 ・都道府県別、人口当たり算定回数実績および推計分析 ・疾患別入院外来別患者推計分析
毎月	・要介護（要支援）状態区分実績および推計分析
静態調査：3 年ごとの 10 月 1 日（国への提出期限 11 月 10 日） 動態調査：開設・変更等のあった都度（同翌月 20 日）	・都道府県別、2 次医療圏別、人口当たり、面積当たり病院数・診療所数、病床数比較分析
毎月	・都道府県別病床利用率・平均在院日数・実入院患者数推移分析

出典：各 HP、資料より作成

区分	No	名称	調査目的
「競合・協力」分析データ	⑭	医療機能情報提供制度（医療情報ネット）	住民・患者による医療機関の適切な選択を支援することを目的として、第五次医療法改正により導入されたもの
	⑮	病床機能報告	地域における医療及び介護の総合的な確保を推進するための関係法律の整備等に関する法律により改正された医療法第30条の13に基づいて実施する制度　一般病床・療養病床を有する病院・診療所が、当該病床において担っている医療機能の現状と今後の方向について、病棟単位で、「高度急性期機能」、「急性期機能」、「回復期機能」、「慢性期機能」の4区分から1つを選択し、その他の具体的な報告事項とあわせて、全国共通サーバ等を通じて報告する仕組み
	⑯	保険医療機関・保険薬局の施設基準の届出受理状況及び保険外併用療養費医療機関一覧	厚生局管内の保険医療機関・保険薬局等の指定状況等について掲載するもの
	⑰	社会福祉施設等調査	全国の社会福祉施設等の数、在所者、従事者の状況等を把握し、社会福祉行政推進のための基礎資料を得ること
	⑱	介護サービス施設・事業所調査	全国の介護サービスの提供体制、提供内容等を把握することにより、介護サービスの提供面に着目した基盤整備に関する基礎資料を得ること
	⑲	介護情報公表サービス	介護サービスを利用しようとしている方に対し事業所選択を支援すること
	⑳	障害サービス等情報公表システム	①事業者に対して障害福祉サービスの内容等を都道府県知事へ報告することを求めるとともに、②都道府県知事が報告された内容を公表する仕組みを創設し、利用者による個々のニーズに応じた良質なサービスの選択に資すること
「自施」設分析データ	㉑	医療経済実態調査	病院、一般診療所、歯科診療所及び保険薬局における医業経営等の実態を明らかにし、社会保険診療報酬に関する基礎資料を整備すること
	㉒	病院経営管理指標	医療機関が、健全、かつ、安定した経営を維持していくうえで、経営上の問題点の改善はもとより、中長期的な展望に立った経営方針や経営戦略を策定することが必要とされているため、病院の機能や規模、地域性に密着した経営状況の実態を係数的に把握し、病院の健全な運営に資するための一つの参考資料とすること
	㉓	病院運営実態分析調査	会員病院における病院経営の実態を把握して病院の運営改善の資料とするとともに、診療報酬体系改善のための資料を得ること
	㉔	事業報告書等報告書	医療法第51条第1項に基づく事業報告書、財産目録、貸借対照表、損益計算書及び関係事業者との取引の内容に関する報告書並びに医療法第46条の8第3号の監査報告書について、医療法人の類型、運営事業内容、収益・負債規模に応じて都道府県あて提出するもの。医療法人の非営利性の徹底や、閲覧による情報公開により財務内容の透明性を図るもの
	㉕	地方公営企業決算状況調査	都道府県や市町村など各地方公共団体の決算に関する統計調査であり、予算の執行を通じて地方公共団体がどのように行政運営を行ったかを見るための基礎となるもの。団体によって会計の範囲が異なるため、統一的な会計区分を定め、団体間で比較できるようにしているもの
	㉖	経営分析参考指標	独立行政法人福祉医療機構の福祉・医療貸付の融資先に対して貸付金の完済までの間、毎年1度提出する報告書であり、「事業報告書等」は各施設の経営状況の分析等に活用するとともに、広く経営者に公表しているもの

＊1　個別データを加工する必要がある　　＊2　個別オーダーにて提供している

実施時期	活用例
随時更新	・診療実績分析（初期スクリーニング） ・医療提供体制分析（初期スクリーニング）
毎年	・病棟別・機能別実績分析（病床利用率、平均在院日数、入退院経路等） ・病棟別・機能別診療実績分析（部位別手術数、リハビリ単位数棟） ・病棟別入退院経路実績（連携先）分析
随時更新	・病床数、診療科、施設基準分析
毎年10月1日	・（社会福祉施設の場合）都道府県別、人口当たり整備状況分析
毎年10月1日（介護保険施設及び訪問看護ステーションの利用者については3年ごと）	・（介護サービス事業の場合）都道府県別、人口当たり整備状況分析
随時更新	・（介護サービス事業の場合）都道府県別、人口当たり整備状況分析
毎年	
2年に1回	・経営状況分析の初期スクリーニング
毎年	・経営主体別の指標分析
毎年	・従事者関係指標に基づく生産性・効率性分析
毎会計年度終了後2か月以内に作成し、3か月以内に都道府県に提出。	・（医療法人の場合）経営状況分析の初期スクリーニング
毎年	・（公立病院等の場合）病床種別・機能別の指標分析、ベンチマーク対象先選定データ（全国データ）＊1
各貸付先における毎会計年度終了後に事業報告書を提出	・病床種別・機能別の指標分析（全国データ）＊2

出典：各HP、資料より作成

175

もしくは機能分化されたなかでシームレスな医療・介護サービスの提供が可能な状況と考えられます。一方、マイナスに作用すれば、医療・介護サービスのなかに過剰もしくは空白が存在する可能性があると考えられます。

　各診療圏や地域において、効率的かつ効果的な医療提供体制の構築が求められており、限られた資源を漏れなくダブりなく提供することが重要です。昨今の各種政策を鑑みると、自施設だけで医療提供体制を構築するのは困難な状況となってきています。医療機関の「競合」関係は「協力」関係へ移行する必要があることを念頭に置かなければなりません。

　他者との「重複」や「相違」を知るためには、より詳細なデータを見る必要があり、⑫〜⑯の各種データをもとに分析します。分析レベルにも留意が必要で、医療機関を大きな枠組みで捉える場合は⑫⑬、より詳細に捉える場合は⑭〜⑯を活用します。

　また、地域資源としては、介護サービスの状況も分析の範囲に入ります。⑰〜⑳の各種データが参考となります。

■3 経営指標に基づき「違い」を知る「自施設」分析

　「自施設」分析のうち収支構造に係る分析については、費用面を含めた収支分析を行います。収支分析に係る各種指標は、医療機関の場合、機能性が重視される傾向にあります。

　また、分析の際には決算書類等の数値から読み取れる財務情報と患者情報等の非財務情報とを組み合わせ、収支を構成する要素を把握し、課題の発見と要因の理解につなげることがポイントとなります。

　収支分析に活用できるデータには㉑〜㉖があり、それぞれ調査目的や調査対象が大きく異なります。㉑〜㉓は比較的網羅性がありますが、指標が中心です。

　一方、㉔〜㉖は調査対象に偏りはありますが、㉕は総務省ホームページ（https://www.soumu.go.jp/main_sosiki/c-zaisei/kouei_kessan.html）において医療機関の個別データを公開しています。㉖は独立行政法人福祉医療機構のホームページ（https://www.wam.go.jp/hp/cat/keieisupport/）において一定の機能別データを公表しているほか、ご要望に応じて医療機関の個別データをもとにした分析が可能です。経営分析の際はぜひご依頼ください。

ベンチマーク分析の手順と注意点を教えてください

解説

▶ 自施設と類似し、経営状況が良好な施設を抽出する

▶ 比較・分析で「違い」を知り、課題・目標を見出す

▶ 構成要素の分解と絞り込みによって、より重要な課題・目標を絞り込む

1　医療機関におけるベンチマーク分析の活用

1 ベンチマーク分析とは

　ベンチマークとは、「1.測量で、高低の基準となる水準点。計測指標。2.ものごとの基準となるもの。(三省堂大辞林第三版)」であり、もともとは測量で用いられていた用語ですが、現在ではさまざまな基準を意味し、一般的に広く聞く言葉です。

　ベンチマーク分析は、自施設と同業他者の指標を比較することにより、自施設の課題や目標を見つけたり、課題解決のために同業種内の優良先との比較により、経営手法等の「ベストプラクティス（優良事例）」を分析し、自施設に導入するために行います。つまり、単純な数値上の優劣ではなく、「違い」がどうして生まれるかという観点から、課題や目標を見出すことが目的と考えられます。具体的には、主に内部環境分析で行う各項目の増減比較（前期比較、予実比較）や、**Q24**（170ページ参照）で触れた統計データとの比較分析を行います。

2 自施設と規模や機能が近い、経営良好な施設と比較する

　総務省が公表している「地方公営企業決算状況調査」では、「経営比較分析表」により地方自治体等が実施する事業について、事業ごとに分析が行われています。そのうち病院事業においては、全国平均と類似病院平均による比較分析をしています。分析対象は病院区分「一般病院、結核病院、精神科病院」、類似病院平均は「一般病院に係る病床規模（他は規模の区分なし）」に基づいています。

　平均値との比較分析も有用ではありますが、平均値には経営状況が悪い施設も含まれて

177

います。適切な課題を見つけるためにも、良好な経営状況にある施設と個別比較するベンチマーク分析により、自施設との「違い」を知ることがより重要となります。

ただし、医療機関は規模や機能などさまざまな組み合わせがあります。自施設と完全一致となる類似病院は皆無であり、ベンチマーク先の候補を探すことは難しいですが、より自施設と規模や機能が近い施設と比較することで、自施設において取り組みが可能な課題や目標を見出しやすくなります。

したがって、類似施設の平均値と比較するよりも、自施設と比較的類似し、かつ経営状況が良好な施設と個別比較するほうが有用と考えられます。**図表 6-5**（172 ページ参照）に挙げた統計データには、個別医療機関のデータ抽出が可能なものもありますので、参考にしてください。

2　ベンチマーク分析の手順と注意点

ベンチマーク分析の手順は、次の 1 ～ 3 のとおりです。**図表 6-6** の事例をもとに説明します。

1 類似施設のうち、自施設より経営状況が良好な施設を抽出

自施設と類似する施設を抽出する際は、押さえるべき点をあらかじめ定めておくことが重要です。誤った施設を抽出すると、課題・目標を見出すための「違い」が見えなくなってしまいます。

事例では病床数が 300 床台となっており、いわゆる許可病床数 200 床以上の病院を選定しました。仮に 200 床未満の病院と比較すると、在宅療養支援病院等、病院自体の役割や、地域包括ケア病棟入院料（入院医療管理料）等の施設基準において差が生じてしまいます。つまり、病床規模は優先して押さえなくてはいけません。

また、自施設が運営する病床種別や取得している入院基本料、特定入院料とまったく異なる病院と比較すると、収益面のみならず、人員配置等の費用面に影響を及ぼします。そのため、類似する病床種別と入院基本料等の施設基準を取得している病院を可能な限り押さえておきます。

そして、実施する手術数や救急搬送台数、透析実施の有無等の診療実績について異なる病院と比較すると、収益構造や費用構造のみならず、診療圏や地域における立ち位置に影響を及ぼしてしまうので、同規模の診療実績を有している病院を押さえておきます。

これらの要素は 1 つのデータだけでは得られません。たとえば、総務省「地方公営企業決算状況調査」では、病床規模や病床種別はわかりますが、個別の入院基本料等の施設基準や診療実績についてはわかりません。**図表 6-5**（172 ページ参照）の「⑭医療機能情報

図表6-6　ベンチマーク分析の事例

今回分析した病院は①〜③のとおり

①総病床数 300 床台

②急性期一般入院料 1、地域包括ケア病棟入院料 2 算定

③一定の手術、救急搬送件数実績有

Step1. ベンチマーク先の選定

「総病床数 200 床以上」「キャッシュベース医業利益率[*1]が黒字」「急性期一般入院料 1 算定（D 病院は 5）、総病床に占める割合 7 割以上」「地域包括ケア病棟入院料 2 算定」の条件を満たす施設

Step2. ベンチマーク分析による課題抽出　　　□ A 〜 D 平均より劣後している（課題の可能性がある）項目

区分			分析病院	A	B	C	D	A 〜 D平均
機能性分析		1 床当たり医業収益（百万円）	21.4	26.1	27.4	29.6	24.2	26.8
	入院	病床利用率（%）	79.7	87.8	79.6	88.3	80.9	84.2
		平均在院日数（日）	16.6	13.8	11.4	13.7	13.8	13.2
		患者 1 人 1 日当たり医業収益（入院 / 千円）	47.0	53.1	54.7	54.3	50.6	53.2
	外来	1 日当たり外来患者数（百人）	4.9	8.2	7.5	6.0	8.6	7.6
		患者 1 人 1 日当たり医業収益（外来 / 千円）	16.5	15.5	18.7	25.6	17.1	19.2
	入院外来比		2.03	2.34	2.79	2.08	2.22	2.36
	患者規模 100 人当たり従事者数（百人）		1.21	1.05	1.22	1.42	1.22	1.23
収益性分析	収益	医業収益対入院診療収益率（%）	63.8	65.2	57.9	59.1	61.7	61.0
		医業収益対外来診療収益率（%）	30.5	29.8	36.7	38.7	30.8	34.0
		医業収益対その他収益率[*2]（%）	5.7	5.0	5.3	2.3	7.5	5.0
		従事者 1 人当たり医業収益（百万円）	13.2	15.9	14.6	14.0	14.1	14.7
	費用	医業収益対人件費率（%）	57.9	51.9	56.5	46.5	53.6	52.2
		従事者 1 人当たり人件費（百万円）	7.6	8.2	8.3	6.5	7.6	7.7
		医業収益対医療材料費率（%）	24.5	23.7	25.7	33.4	23.3	26.5
		（うち医薬品費率（%））	13.8	13.0	15.9	24.8	11.6	16.3
		（うち診療材料費率（%））	10.7	10.7	9.9	8.7	11.7	10.2
		医業収益対給食材料費率（%）	0.9	0.8	0.8	1.0	0.8	0.8
		医業収益対委託費率（%）	8.9	8.6	5.2	6.7	7.2	6.9
		医業収益対水道光熱費率（%）	2.9	2.1	1.8	1.3	1.3	1.6
		医業収益対その他の一般管理費率（%）	4.2	4.5	4.3	4.2	5.4	4.6
		医業収益対減価償却費率（%）	7.7	11.8	5.5	5.2	8.1	7.6
		キャッシュベース医業収益対医業利益率（%）[*1]	0.5	8.5	5.7	6.9	8.3	7.3

＊1　（医業利益＋減価償却費）÷医業収益

＊2　医業収益に算定可能な他会計負担金を含む

出典：地方公営企業決算状況調査（総務省自治財政局）、保険医療機関・保険薬局の施設基準の届出受理状況及び保険外併用療養費医療機関一覧（各地方厚生局）をもとに作成

提供制度」「⑮病床機能報告」「⑯保険医療機関・保険薬局の施設基準の届出受理状況及び保険外併用療養費医療機関一覧」等から得られるデータと組み合わせると、押さえることができます。

事例では「急性期一般入院料１算定（Ｄ病院は５）、総病床に占める割合７割以上」「地域包括ケア病棟入院料２算定」の病院を選定しています。

繰り返しとなりますが、自施設と完全一致する比較先は皆無です。比較・分析を通じた「違い」を見つけることが目的になるため、病床規模以外の要素は、自施設や周辺環境の状況から課題意識を持つ項目を事前に仮説検証しておくなどして、押さえるべき点をあらかじめ定めておくことが重要です。

② 課題・目標を明らかにするために、現状の構成要素を分解

Q23（164 ページ参照）で触れた各経営指標を導き出すための構成要素「収益性」「効率性」「安全性」「生産性」「成長性」「機能性」を押さえておくことが重要です。要素を押さえる際は、一定のバイアスとなる要素を可能な限り排除するため、営業活動によるキャッシュ・フローの構成要素となる、本業部分の事業収益と減価償却費を控除した事業費用に基づいて分析を行います。

また、公立病院の場合は、病院の役割や性格から、他会計負担金、運営費交付金等が収益に入るケースが大半です。その点にも留意しておくことを忘れてはいけません。

なお、総務省「地方公営企業決算状況調査」では、病院事業について病院の個別データがありますので、各経営指標の算出がある程度可能になっています。

③ 重要な課題・目標のみを抽出するために、絞り込みを実施

個々の数値をもとに課題や目標を抽出しますが、数値自体の差ではなく、「どうしてその違いが生じたのか」という意識を持つことが重要です。この段階では数値ではなく、指標項目自体を課題解決や目標設定を行う際の基準にしておくことが重要と考えられます。

事例において分析を行った結果を見ると、機能性分析では「１床当たり医業収益」「病床利用率」「平均在院日数」「患者１人１日当たり医業収益（入院・外来）」「１日当たり外来患者数」「入院外来比」、収益性分析の収益面では「従事者１人当たり医業収益」、費用面では「医業収益対人件費率」「診療材料費」「給食材料費」「委託費」「水道光熱費」「キャッシュベース医業収益対医業利益率」に課題がある可能性が浮かび上がりました。

浮かび上がった課題を経営改善に活かすための方法は、**Q26**（181 ページ参照）で解説します。

Q 26 ベンチマーク分析の結果を経営改善に生かすにはどうすればよいですか？

A

解説

▶ 抽出した課題を階層ごとにさらに深掘りし、根本的な原因を探る

▶ 改善の実現可能性や効果を検討して、優先順位を付けた取り組みを行う

▶ 自施設だけの取り組みには限界があるため、連携先との相互補完で改善する

1 分析結果を経営改善に生かす

　ベンチマーク分析の結果、抽出された課題を経営改善に活かすための手順は、次の1～3のとおりです。**図表6-6**（179ページ参照）の事例をもとに説明します。

1 課題の構成要素を階層ごとに深掘りする

　分析の結果、抽出した課題を経営改善に活かすためには、課題を構成する要素を分解し、階層ごとに深掘りする必要があります。そして、どこに根本的な原因や解決策のヒントがあるのかを導き出します。

　要素を分析し、階層ごとに深掘りする際は、因数分解して捉えることが重要です。医療機関の経営指標は主に単位（床、人、円、㎡、量、食など）と単価の積（かけ算）、もしくは商（わり算）の組み合わせ、あるいは単価同士の合計で捉えることができます。

　図表6-6（179ページ参照）の事例では、「1人1日当たり医業収益（入院・外来）」が課題である可能性がありました。医業収益（入院）はさらに深掘りしていくと、入院基本料部分と出来高評価部分（手術、処置、投薬、リハビリ等）、自己負担分の合計で構成されています。なお、医業収益（外来）は初再診料部分と出来高評価部分の合計です。このように抽出した課題をさらに細かい要素に分解する視点が重要となりますが、掘り下げ過ぎると本質が見えなくなる場合があることに留意してください。

　もう1つ重要なことは、漏れやダブりが生じないように階層ごとに分解して整理することです。事例で課題として挙がった「病床利用率」を例に3つの階層に分けて説明します。

「病床利用率」は延べ入院患者数を年間稼働病床数で除して算出するため、年間稼働病床数に変化がなければ、「延べ入院患者数を増やす」という目標を立てることが想定されます（第一階層）。「延べ入院患者数を増やす」ためには、新入院患者数を増やすか、退院患者数を減らす（平均在院日数が延びるため、一見あり得ないことですが）に区分されます。

　次に、新入院患者数を増やすための要素は、「一般外来」「紹介外来」「救急外来」に区分することができます（第二階層）。さらに、救急外来を増やすための要素は、「ウォークイン」と「救急搬送」に区分されます（第三階層）。

　このように、根本的な原因や解決策のヒントを探る際は、重層的に構成要素を捉えていく必要があります。また、退院患者数を減らすといった一見あり得ない方法も含めて、ゼロベース思考で検討すると、既成概念に囚われない別の解決策が見えてくることがあります。その点にも留意しなければなりません。

② 一定の尺度を持って取り組むべき課題を絞り込む

　次に階層ごとに捉えた要素の解決策について、自施設における経営改善に向けた実現可能性や効果の有無などを一定の尺度を持って検討します。

　事例で課題として挙がった「1人1日当たり医業収益（入院）」は、入院基本料のランクを引き上げることも解決策の1つになります。ただし、すでに最上位の基本料を算定しているなど、実現可能性がない場合は、解決策から除外します。事例においてもすでに「急性期一般入院料1」を算定しており、同一入院料では現行最上位であるため、除外されます。

　また、出来高相当分を引き上げる際に、新たな診療科や診療領域の新設に向けた取り組みを行う場合は、実現可能性や効果だけでなく、長期的な視野をもって判断しないといけません。

　このように、すべての解決策を実施するのではなく、実現可能性や効果の有無、時間軸の長短など、一定の尺度を持って課題に優先順位を付け、メリハリのある取り組みを行うことがポイントになります。その際、「市場」「競合」「協力」の各分析に基づく、診療圏や地域の状況も活用するとよいでしょう。

　また、さらにベンチマーク分析を行い、優良な比較対象との違いを分析することも判断材料の1つになります。これらは、毎年策定する事業計画や中長期計画の立案にもつながります。

③ 絞り込んだ課題をさらに分析し、改善策の方向性を見出す

　優先順位を付けた取り組み項目を実施する際は、自施設の取り組みと他者の優良事例を検証しながら改善策に向けたヒントを探ります。自施設の取り組みについては、**Q22**（160

ページ参照）で触れた「収支構造」と「組織構造」について把握することが重要です。

　たとえば、事例では「病床利用率」と「平均在院日数」の両方が課題として挙がっていましたが、構成要素を組み替えると、**図表 6-7** のように実入院患者（≒新入院患者）を増やす取り組みに変わります。

　そして、実入院患者数を増やす取り組みを「一般外来」「紹介外来」「救急外来」と区分して、患者はどのように入院し、治療を行い、退院していくのかを考えていきます。これらは自施設内におけるオペレーションに置き換えると、「患者を集患する（前方支援）」「速やかに受け入れをする（院内連携に基づくベッドコントロール）」「治療を行い退院に向けた支援を行う（一定のルールに基づいた治療方針と入院時からの退院支援）」になります。

　つまり、患者の流れに沿ったオペレーションを見ていくことが重要であり、「組織構造」を把握しておかないといけないのです。入院ルートと患者の流れに沿ったオペレーションを組み合わせることで、場面ごとの改善項目が見えてきます（**図表 6-8**）。

　また、経営指標においては、主に単位（床、人、円、㎡、量、食など）と単価の積もしくは商の組み合わせ、あるいは単価同士の合計で捉えると述べました。課題解決や目標設定において、その増加もしくは削減を図る場合は、いずれかの単位もしくは単価を上げるか下げるかに集約されます。ただし、これらの取り組みを行うには、大前提として、改善行動に向けた意思決定ができる必要があります。

　たとえば、事例で課題として挙がった「診療材料費」の削減に向けて、新規材料を導入する場合、他の材料の見直しにより材料点数を維持する、材料点数を集約化する、ディスポ購入時におけるスケールメリットで単価を削減するなどを検討しますが、診療材料の新規導入や見直しは、院内委員会のルール整備、医療従事者との意思疎通が不可欠です。そのため、「診療材料費」の削減には、「組織構造」を把握する必要があるのです。

　上記手順の参考となる取り組み項目ごとの要素については、**図表 6-9** で示しています。

2　地域全体で経営課題を解決する

１ 医療機関同士で「協力」関係を築く

　ある程度、改善が進んでも自施設だけでは限界があり、他者との「協力」関係が必要となることもあります。コンサルティング会社やアウトソーシング等を活用する手段もありますが、費用対効果を考慮しなければなりません。

　そこで、診療圏や地域で「協力」関係にある医療機関と連携を図り、優良事例の共有を含めた相互補完で改善していくことを検討します。また、将来的な「市場」を考慮し、限られた資源を最大限有効活用しながら、効率的かつ効果的なサービスを提供していくため

図表6-7　病床利用率を高めるための考え方

↑UP

$$\text{病床利用率} = \frac{\text{延べ入院患者数} \uparrow UP}{\text{病床数} \times 365\text{日}}$$

病床利用率を高めるには、延べ入院患者数を増やすこと。
延べ入院患者数を増やすだけでは、平均在院日数は延びる。

$$\text{平均在院日数} = \frac{\text{延べ入院患者数}}{\left(\text{新入院患者数} + \text{退院患者数}\right) \times \frac{1}{2}}$$

……暦日÷平均在院日数
　＝ベッド回転率　　　　　　　　　　　　　　　　＝実入院患者数

平均在院日数が延びると、入院収益の低下や「入れるだけの入院」により患者への医療サービスの低下が発生する恐れがあり、本末転倒。

実入院患者数を増やす観点からみると……

$$\text{延べ入院患者数} = \text{実入院患者数} \times \text{平均在院日数}$$

実入院患者数の観点からみて、延べ入院患者数を増やすには、実入院患者数を増やすか、平均在院日数を延ばすこと。
ただし、平均在院日数を延ばすことは上述のとおり本末転倒。

延べ入院患者数を増やすだけでなく、実入院患者（≒新入院患者）数の増加が必要

図表6-8　延べ入院患者数を増やすには（例）

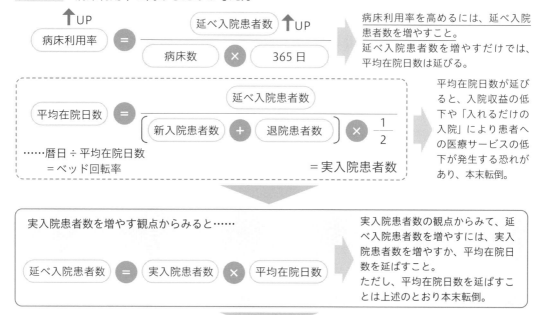

184

図表6-9　取り組み項目ごとの要素

区分			要素
機能性	入院	病床利用率	病棟別・診療科別の延入院患者数（＝実入院患者数[*1]（≒入院経路別新入院患者数）×平均在院日数）の総和÷暦日÷稼働病床数
		平均在院日数	
		患者1人1日当たり医業収益（入院）	病棟別・診療科別の入院基本料、出来高項目、加算項目、自費負担分の総和
		（うち出来高項目）	手術、処置、投薬、医学管理、検査、画像、リハビリの各項目における行為別単価×回数の総和
		（うち加算項目）	入院基本料等加算の総和
	外来	1日当たり外来患者数	診療科別の延外来患者数（＝新来患者数×平均通院回数）の総和÷診療日数
		患者1人1日当たり医業収益（外来）	診療科別の初再診料、出来高項目、自費負担分の総和
		（うち出来高項目）	処置、投薬、医学管理、検査、画像、リハビリの各項目における行為別単価×回数の総和
収益性	費用	人件費	従事者数×従事者1人当たり人件費
		（うち従事者数）	職種別・部署別常勤・非常勤従事者数の総和
		（うち従事者1人当たり人件費）	職種別・部署別常勤・非常勤給与の総和
		医療材料費	使用量×単価
		（うち医薬品費）	疾病別使用量×単価の総和
		（うち診療材料費）	診療行為別使用量×単価の総和
		給食材料費	提供食の種類別の提供食数×単価の総和（委託の場合は委託費と同じ）
		委託費	委託種類別出来高数量×単価の総和
		水道光熱費	使用量×単価、面積×単価 etc
		その他の一般管理費	（物品購入等）購入量×単価、（広告費等）回数×単価　など

[*1]　（新入院患者数＋退院患者数）÷2

には、「競合」関係にある医療機関と「協力」関係を築く必要もあるでしょう。

2 医療政策の方向性に沿った経営改善

　これらは、「地域にふさわしい効率的かつ効果的な医療提供体制の確保を行うため、医療機能の分化と連携を行う」「支え手である当事者が各々の役割に応じ、相互連携のもと、全体で支えていく」といった、従前から示されてきた医療政策の方向性と合致します。

　地域において自施設の立ち位置を明確にし、政策の方向性に沿って対応していくことは、経営改善の道筋にもつながるものと考えられます。

第1部

第7章

地方独立行政法人の
会計原則と実務対応

● 田中謙吾（監査法人長隆事務所、公認会計士）

Q27 地方独立行政法人の会計原則について教えてください

解説

- ▶企業等が国内において会計処理を行う場合に遵守すべき基本的なルールとして企業会計原則がある

- ▶地方独立行政法人会計基準は企業会計原則よりも優先される

- ▶地方独立行政法人会計基準に定めがない事項は企業会計原則を適用する

1 地方独立行政法人の会計原則

1 一般に公正妥当と認められる会計原則とは

　地方独立行政法人の会計は、地方独立行政法人法（平成15年法律第118号）第33条に、次のように規定されています。

　「地方独立行政法人の会計は、総務省令で定めるところにより、原則として企業会計原則によるものとする」

　ここでいう企業会計原則とは、1949（昭和24）年7月9日に設定された「企業会計原則」を頂点とし、企業会計審議会または企業会計基準委員会が設定した「企業会計基準」「企業会計基準適用指針」等、特別民間法人日本公認会計士協会が制定した「日本公認会計士協会会計制度委員会報告」などを含めた会計の体系のことを指します。これらを総称して、「一般に公正妥当と認められる会計原則」とも言います。

2 企業会計原則と地方独立行政法人会計基準の一般原則

　「企業会計原則」は、①一般原則、②損益計算書原則、③貸借対照表原則、④企業会計原則注解の4つの区分で構成されています。そのうち、①は財務諸表等の作成実務における最高規範であり、企業会計の基礎的な考えをまとめたもので7つの原則からなっています（**図表7-1**）。

　一方、「地方独立行政法人会計基準」の一般原則では、「企業会計原則」の一般原則のう

ち、「単一性の原則」を除いた6つの原則を規定し、さらに、④に示されている「重要性の原則」を含めた7つを定めています。7つの一般原則の具体的な内容は**図表 7-2** のとおりです。

　このように、地方独立行政法人会計基準では、企業会計原則をそのまま適用していません。これは、地方独立行政法人が公共的な性格を有しており、利益追求が目的の組織ではなく、独立採算性が必ずしも求められていないこと、営利企業を前提とした企業会計原則をそのまま適用すると合理的ではない場面が生じてくることがあるからです。

　したがって、地方独立行政法人法施行規則第3条では、総務大臣が告示する地方独立行政法人会計基準が企業会計原則に優先して適用される旨が次にように規定されています。

（会計の原則）

第三条　地方独立行政法人の会計については、この省令に定めるところにより、この省令に定めのないものについては、一般に公正妥当と認められる企業会計の基準に従うものとする。

2　金融庁組織令（平成十年政令第三百九十二号）第二十四条第一項に規定する企業会計審議会により公表された企業会計の基準は、前項に規定する一般に公正妥当と認められる企業会計の基準に該当するものとする。

3　地方独立行政法人に適用する会計の基準として総務大臣が別に公示する地方独立行政法人会計基準は、第一項に規定する一般に公正妥当と認められる企業会計の基準に優先して適用されるものとする。

図表7-1　企業会計原則と地方独立行政法人会計基準の一般原則

企業会計原則	地方独立行政法人会計基準
・真実性の原則	→ ・第1節第1
・正規の簿記の原則	→ ・第1節第2
・明瞭性の原則	→ ・第1節第3
・資本取引・損益取引区分の原則	→ ・第1節第5
・継続性の原則	→ ・第1節第6
・保守主義の原則	→ ・第1節第7
・単一性の原則	→ ・なし

企業会計原則注解

・重要性の原則	→ ・第1節第4

図表7-2 地方独立行政法人会計基準の一般原則の内容

	原　則	内　容
1	真実性の原則	・地方独立行政法人の会計は、地方独立行政法人の財政状態及び運営状況に関して、真実な報告を提供するものでなければならない。
2	正規の簿記の原則	・地方独立行政法人の会計は、地方独立行政法人の財政状態及び運営状況に関するすべての取引及び事象について、複式簿記により体系的に記録し、正確な会計帳簿を作成しなければならない。 ・会計帳簿は、地方独立行政法人の財政状態及び運営状況に関するすべての取引及び事象について、網羅的かつ検証可能な形で作成されなければならない。 ・地方独立行政法人の財務諸表は、正確な会計帳簿に基づき作成し、相互に整合性を有するものでなければならない。
3	明瞭性の原則	・地方独立行政法人の会計は、財務諸表によって、住民その他の利害関係者に対し必要な会計情報を明瞭に表示し、地方独立行政法人の状況に関する判断を誤らせないようにしなければならない。
4	重要性の原則	・地方独立行政法人の会計は、住民その他の利害関係者の地方独立行政法人の状況に関する判断を誤らせないようにするため、取引及び事象の金額的側面及び質的側面の両面からの重要性を勘案して、適切な記録、計算及び表示を行わなければならない。 ・質的側面の考慮においては、地方独立行政法人の会計の見地からの判断に加え、地方独立行政法人の公共的性格に基づく判断も加味して行わなければならない。 ・重要性の乏しいものについては、本来の方法によらないで他の簡便な方法によることも正規の簿記の原則及び明瞭性の原則に従った処理として認められる。
5	資本取引・損益取引区分の原則	・地方独立行政法人の会計においては、資本取引と損益取引とを明瞭に区別しなければ ならない。
6	継続性の原則	・地方独立行政法人の会計においては、その処理の原則及び手続を毎期継続して適用し、みだりにこれを変更してはならない。
7	保守主義の原則	・地方独立行政法人の会計は、予測される将来の危険に備えて慎重な判断に基づく会計処理を行わなければならない。 ・地方独立行政法人の会計は、過度に保守的な会計処理を行うことにより、地方独立行政法人の財政状態及び運営状況の真実な報告をゆがめてはならない。

2 知っておきたい企業会計基準

地方独立行政法人の会計処理では、地方独立行政法人会計基準に定めがない事項について、企業会計原則を適用することになります。そのため、どういった企業会計基準が存在するのかを知っておくことは有意義なことです。そこで、企業会計基準のうち、特に重要なものについて、**図表 7-3 ～ 4** にまとめました。

図表 7-3　企業会計基準一覧

号数	タイトル	公表日（修正日）
第 1 号	「自己株式及び準備金の額の減少等に関する会計基準」	2015 年 3 月 26 日
第 2 号	「1 株当たり当期純利益に関する会計基準」	2013 年 9 月 13 日 （2020 年 3 月 31 日）
第 3 号	※企業会計基準第 26 号（2012 年 5 月 17 日公表）の適用により廃止（当該会計基準の第 40 項参照）。	
第 4 号	「役員賞与に関する会計基準」	2005 年 11 月 29 日
第 5 号	「貸借対照表の純資産の部の表示に関する会計基準」	2021 年 1 月 28 日
第 6 号	「株主資本等変動計算書に関する会計基準」	2013 年 9 月 13 日 （2020 年 3 月 31 日）
第 7 号	「事業分離等に関する会計基準」	2013 年 9 月 13 日
第 8 号	「ストック・オプション等に関する会計基準」	2005 年 12 月 27 日 （2013 年 9 月 13 日）
第 9 号	「棚卸資産の評価に関する会計基準」	2019 年 7 月 4 日 （2020 年 3 月 31 日）
第 10 号	「金融商品に関する会計基準」	2019 年 7 月 4 日
第 11 号	「関連当事者の開示に関する会計基準」	2006 年 10 月 17 日 （2016 年 12 月 26 日）
第 12 号	「四半期財務諸表に関する会計基準」	2020 年 3 月 31 日
第 13 号	「リース取引に関する会計基準」	2007 年 3 月 30 日
第 14 号	※企業会計基準第 26 号（2012 年 5 月 17 日公表）の適用により廃止（当該会計基準の第 40 項参照）。	
第 15 号	「工事契約に関する会計基準」 ※企業会計基準第 29 号（2018 年 3 月 30 日公表、2020 年 3 月 31 日改正）の適用により廃止される（当該会計基準の第 90 項参照）。	2007 年 12 月 27 日

図表 7-3　企業会計基準一覧（続き）

号数	タイトル	公表日（修正日）
第 16 号	「持分法に関する会計基準」	2008 年 12 月 26 日 （2015 年 3 月 26 日）
第 17 号	「セグメント情報等の開示に関する会計基準」	2010 年 6 月 30 日
第 18 号	「資産除去債務に関する会計基準」	2008 年 3 月 31 日 （2012 年 5 月 17 日）
第 19 号	※企業会計基準第 26 号（2012 年 5 月 17 日公表）の適用により廃止（当該会計基準の第 40 項参照）。	
第 20 号	「賃貸等不動産の時価等の開示に関する会計基準」	2011 年 3 月 25 日 （2019 年 7 月 4 日）
第 21 号	「企業結合に関する会計基準」	2019 年 1 月 16 日 （2020 年 3 月 31 日）
第 22 号	「連結財務諸表に関する会計基準」	2013 年 9 月 13 日 （2020 年 3 月 31 日）
第 23 号	「『研究開発費等に係る会計基準』の一部改正」	2008 年 12 月 26 日
第 24 号	「会計方針の開示、会計上の変更及び誤謬の訂正に関する会計基準」	2020 年 3 月 31 日
第 25 号	「包括利益の表示に関する会計基準」	2013 年 9 月 13 日 （2020 年 3 月 31 日）
第 26 号	「退職給付に関する会計基準」	2016 年 12 月 16 日 （2020 年 3 月 31 日）
第 27 号	「法人税、住民税及び事業税等に関する会計基準」	2017 年 3 月 16 日 （2020 年 3 月 31 日）
第 28 号	「『税効果会計に係る会計基準』の一部改正」	2018 年 2 月 16 日 （2020 年 3 月 31 日）
第 29 号	「収益認識に関する会計基準」	2020 年 3 月 31 日
第 30 号	「時価の算定に関する会計基準」	2019 年 7 月 4 日 （2020 年 3 月 31 日）
第 31 号	「会計上の見積りの開示に関する会計基準」	2020 年 3 月 31 日

出典：公益財団法人財務会計規準機構ホームページ
https://www.asb.or.jp/jp/accounting_standards/accounting_standards.html

図表 7-4　企業会計基準適用指針一覧

号数	タイトル	公表日（修正日）
第 1 号	「退職給付制度間の移行等に関する会計処理」	2016 年 12 月 16 日 （2019 年 7 月 4 日）
第 2 号	「自己株式及び準備金の額の減少等に関する会計基準の適用指針」	2015 年 3 月 26 日 （2019 年 7 月 4 日）
第 3 号	「その他資本剰余金の処分による配当を受けた株主の会計処理」	2005 年 12 月 27 日
第 4 号	「1 株当たり当期純利益に関する会計基準の適用指針」	2013 年 9 月 13 日 （2020 年 3 月 31 日）
第 5 号	※改正企業会計基準適用指針第 2 号（2005 年 12 月 27 日公表）の適用により廃止（当該改正適用指針の第 23 項参照）	
第 6 号	「固定資産の減損に係る会計基準の適用指針」	2009 年 3 月 27 日 （2019 年 7 月 4 日）
第 7 号	※企業会計基準第 26 号（2012 年 5 月 17 日公表）の適用により廃止（当該会計基準の第 40 項参照）。	
第 8 号	「貸借対照表の純資産の部の表示に関する会計基準等の適用指針」	2021 年 1 月 28 日
第 9 号	「株主資本等変動計算書に関する会計基準の適用指針」	2013 年 9 月 13 日 （2021 年 1 月 28 日）
第 10 号	「企業結合会計基準及び事業分離等会計基準に関する適用指針」	2019 年 1 月 16 日 （2019 年 7 月 4 日）
第 11 号	「ストック・オプション等に関する会計基準の適用指針」	2006 年 5 月 31 日
第 12 号	「その他の複合金融商品（払込資本を増加させる可能性のある部分を含まない複合金融商品）に関する会計処理」	2006 年 3 月 30 日 （2008 年 3 月 10 日）
第 13 号	「関連当事者の開示に関する会計基準の適用指針」	2006 年 10 月 17 日 （2008 年 12 月 26 日）
第 14 号	「四半期財務諸表に関する会計基準の適用指針」	2020 年 3 月 31 日
第 15 号	「一定の特別目的会社に係る開示に関する適用指針」	2011 年 3 月 25 日
第 16 号	「リース取引に関する会計基準の適用指針」	2011 年 3 月 25 日
第 17 号	「払込資本を増加させる可能性のある部分を含む複合金融商品に関する会計処理」	2018 年 1 月 12 日
第 18 号	「工事契約に関する会計基準の適用指針」	2007 年 12 月 27 日
	※企業会計基準第 29 号（2018 年 3 月 30 日公表、2020 年 3 月 31 日改正）の適用により廃止される（当該会計基準の第 90 項参照）。	
第 19 号	「金融商品の時価等の開示に関する適用指針」	2020 年 3 月 31 日

図表 7-4　企業会計基準適用指針一覧（続き）

号数	タイトル	公表日（修正日）
第 20 号	「セグメント情報等の開示に関する会計基準の適用指針」	2008 年 3 月 21 日 （2012 年 5 月 17 日）
第 21 号	「資産除去債務に関する会計基準の適用指針」	2011 年 3 月 25 日 （2019 年 7 月 4 日）
第 22 号	「連結財務諸表における子会社及び関連会社の範囲の決定に関する適用指針」	2011 年 3 月 25 日
第 23 号	「賃貸等不動産の時価等の開示に関する会計基準の適用指針」	2008 年 11 月 28 日
第 24 号	「会計方針の開示、会計上の変更及び誤謬の訂正に関する会計基準の適用指針」	2009 年 12 月 4 日 （2020 年 3 月 31 日）
第 25 号	「退職給付に関する会計基準の適用指針」	2015 年 3 月 26 日 （2020 年 3 月 31 日）
第 26 号	「繰延税金資産の回収可能性に関する適用指針」	2018 年 2 月 16 日 （2020 年 3 月 31 日）
第 27 号	※企業会計基準適用指針第 28 号（2018 年 2 月 16 日公表）の適用により廃止（当該適用指針の第 66 項参照）。	
第 28 号	「税効果会計に係る会計基準の適用指針」	2018 年 2 月 16 日 （2020 年 3 月 31 日）
第 29 号	「中間財務諸表等における税効果会計に関する適用指針」	2018 年 2 月 16 日
第 30 号	「収益認識に関する会計基準の適用指針」	2021 年 3 月 26 日
第 31 号	「時価の算定に関する会計基準の適用指針」	2019 年 7 月 4 日

出典：公益財団法人財務会計規準機構ホームページ
https://www.asb.or.jp/jp/accounting_standards/implementation_guidance.html

Q 28 償却資産を無償取得した場合の会計処理を教えてください

A ▶ 資産の取得元が設立団体か否かによって、会計上の取り扱いが異なる

▶ 設立団体からの取得である場合は、時価（公正な評価額）で資産を取得したものとして会計処理を行う

解説

▶ 設立団体以外からの取得である場合は、寄附財産の使途が特定されているか否かで会計処理が異なる

1 資産の取得元により会計処理は異なる

　公営企業型地方独立行政法人が償却資産を無償で取得した場合、資産の取得元によって取り扱いが異なります。具体的には、設立団体から無償で取得したのか、それとも設立団体以外から無償で取得したのかにより異なります。それぞれの会計処理は次のとおりです。

2 設立団体から償却資産を無償取得した場合

　設立団体から償却資産を無償取得した取引は、設立団体から運営費負担金または運営費交付金が支給または交付され、これらを原資として償却資産を購入した取引と同じ性質を有していると考えられます。そのため、無償取得した場合においても、運営費負担金または運営費交付金によって、時価（公正な評価額）で資産を取得したものとして、「会計基準第79第5項（イ）」に記載の会計処理を行うことになります。

第79 運営費負担金及び運営費交付金の会計処理

（中略）

5　公営企業型地方独立行政法人が固定資産等を取得した際、その取得額のうち運営費負担金に対応する額については、次のように処理するものとする。

（1）取得固定資産等が運営費負担金により支出されたと合理的に特定できる場合においては、

（中略）

イ 当該資産が非償却資産であって上記アに該当しないとき、当該資産が経常費助成のための運営費負担金・補助金等に当たる運営費負担金により支出され取得した償却資産であるとき又は重要性が認められるたな卸資産（通常の業務活動の過程において販売するために保有するものを除く。以下、この項において同じ。）であるときは、その金額を運営費負担金債務から別の負債項目である資産見返運営費負担金に振り替える。資産見返運営費負担金は、償却資産の場合は毎事業年度、減価償却相当額を、たな卸資産の場合は消費した際に、当該消費した相当額を、それぞれ取り崩して、資産見返運営費負担金戻入として収益に振り替える。

1 設立団体からの補助金で購入した償却資産の会計処理

設立団体から運営費交付金などの補助金が実際に交付され、当該交付金を原資として償却資産を購入した場合の会計処理は次のようになります。

【会計処理】

1. 補助金受領	（借方）現預金	300	（貸方）運営費交付金債務	300
2. 資産取得	（借方）償却資産	300	（貸方）現預金	300
	運営費交付金債務	300	資産見返運営費交付金	300
3. 減価償却費計上	（借方）減価償却費	30	（貸方）減価償却累計額	30
	資産見返負債	30	資産見返運営費交付金戻入	30

【前提条件】

資産の取得価額300、資産の耐用年数10年、交付金額300

なお、減価に対応すべき収益の獲得が予定される資産である。

2 設立団体から無償取得した償却資産の会計処理

設立団体から償却資産を無償取得した場合の会計処理は次のようになります。実際には、補助金を受領していないため、預り補助金および現預金を計上しないことに留意が必要です。

【会計処理】

1. 資産取得	（借方）償却資産	300	（貸方）資産見返運営費交付金	300
2. 減価償却費計上	（借方）減価償却費	30	（貸方）減価償却累計額	30
	資産見返負債	30	資産見返運営費交付金戻入	30

【前提条件】

無償取得した資産の見積購入価額300、資産の耐用年数10年

なお、減価に対応すべき収益の獲得が予定される資産である。

3　設立団体以外から償却資産を無償取得した場合

　設立団体以外の者から償却資産を無償取得した取引は、寄附金により償却資産を購入した取引と同様に考えられることから、「会計基準第83第2項(2)および第3項」に記載された会計処理を行うことになります。

　第83 寄附金の会計処理

　1　地方独立行政法人が受領した寄附金については、次により処理するものとする。

　寄附者がその使途を特定した場合又は寄附者が使途を特定していなくとも地方独立行政法人が使用に先立ってあらかじめ計画的に使途を特定した場合において、寄附金を受領した時点では寄附金債務として負債に計上し、当該使途に充てるための費用が発生した時点で当該費用に相当する額を寄附金債務から収益に振り替えなければならない。

　2　上記1の寄附金によって固定資産を取得した場合は、次のように処理するものとする。

　(1)　（中略）

　(2)　当該資産が非償却資産であって、上記(1)に該当しないとき及び当該資産が償却資産であるときは、その金額を寄附金債務から別の負債項目である資産見返寄附金に振り替える。償却資産の場合は毎事業年度、減価償却相当額を取り崩して、資産見返寄附金戻入として収益に振り替える。

　3　上記1に該当しない寄附金については、当該寄附金に相当する額を受領した期の収益として計上する。

　上記基準では、寄附金の会計処理として、寄附された財産についてその使途が特定されている場合とその使途が特定されていない場合の2通りが記載されています。それぞれの会計処理について解説します。

1　使途が特定された寄附資産の場合

　寄附された財産についてその使途が特定されている場合とは、寄附者により使途が特定されている、または地方独立行政法人が寄附された財産を使用するに先立ち、あらかじめ計画的に使途を特定している場合です。この場合、寄附された償却資産を受領したときに資産見返の負債項目を計上し、毎事業年度、減価償却相当額を取り崩して収益に振り替えます。

【会計処理】

1.資産取得	（借方）償却資産	300	（貸方）寄附金債務	300
	寄附金債務		資産見返寄附金	
2.減価償却費計上	（借方）減価償却費	30	（貸方）減価償却累計額	30
	資産見返寄附金	30	資産見返寄附金戻入	30

【前提条件】

無償取得した資産の見積購入価額 300、資産の耐用年数 10 年

なお、減価に対応すべき収益の獲得が予定される資産である。

② 使途が特定されていない寄附資産の場合

寄附された財産についてその使途が特定されていない場合とは、客観的に寄附財産の属性や地方独立行政法人の業務目的等を総合的に判断すると、当該財産を換金し無目的の寄附金として管理せざるを得ない場合など、寄附者もしくは地方独立行政法人のいずれにおいてもあらかじめ使途が特定したと認められない場合が該当します。この場合、寄附された償却資産を受領したときに当該償却資産と同じ償却資産を取得した場合に支払うことが想定される金額（公正な評価額）を寄附金収益として計上します。

【会計処理】

1.資産取得	（借方）償却資産	300	（貸方）寄附金収益	300
2.減価償却費計上	（借方）減価償却費	30	（貸方）減価償却累計額	30

【前提条件】

無償取得した資産の見積購入価額 300、資産の耐用年数 10 年

なお、減価に対応すべき収益の獲得が予定される資産である。

Q29 運営費負担金と運営費交付金で会計処理に違いはありますか？

解説

- ▶運営費負担金は経費助成、運営費交付金は財源としての性格を持つ
- ▶性格は異なるものの、会計処理に違いはない
- ▶それぞれを適切に区分して処理する必要がある

1　運営費負担金と運営費交付金の違い

1　運営費負担金は経費助成

　地方独立行政法人法第85条第1項では、次に掲げる2つの経費について、設立団体が負担するとしています。

①その性質上、公営企業型地方独立行政法人の事業の経営に伴う収入をもって充てることが適当でない経費

②公営企業型地方独立行政法人の性質上、能率的な経営を行ってもなお、その事業の経営に伴う収入のみをもって充てることが客観的に困難であると認められる経費

　これが「運営費負担金」と呼ばれるもので、地方独立行政法人の独立採算の原則における例外とされています。

　公営企業型地方独立行政法人は、独立採算が原則であるものの、完全な形での独立採算ではありません。すなわち、一般事業会社のように「採算がとれないような事業活動には手を出さない」というような取捨選択が許されないことがあります。たとえば、地域住民の福祉に資するために行う、地方公共団体の一般行政事務と考えられるような業務、企業体として採算ベースを度外視してでも行わなければいけない業務が該当します。こうした業務に対して、無理に独立採算の原則を徹底しようとすると、結果として、地域住民等の利用料金に付加するような事態となり、不適当な状況になる可能性があるからです。

② 運営費交付金は使途を特定しない

　一方、同法第42条第1項では、設立団体は、地方独立行政法人に対し、業務の財源に充てるために必要な金額の全部または一部に相当する金額を交付できるとしています。この運営費交付金は使途の内訳が特定されておらず、いわゆる「渡し切り交付金」とされるもので、地方独立行政法人が予算で設定していた使途と異なる使途に用いることが可能です。

　なお、運営費交付金は税金や地方公共団体の財源によって交付されているため、その使途が透明であることが求められ、地方自治法の一部を改正する法律（平成29年法律第54号）において、交付金の効率的な使用に関する努力義務が課せられるようになりました。

③ 会計処理そのものに違いはない

　運営費負担金と運営費交付金は、その性格は異なりますが、会計処理そのものに違いはありません。ただし、それぞれの性格に応じ、両者を適切に区分して会計処理を行う必要があります。負担金と交付金では勘定科目が異なるため、適切な科目を使用します。

　なお、運営費負担金や運営費交付金と性格が異なる補助金や工事負担金などについても、基本的に同様の会計処理を行うことになります。

2　運営費負担金・補助金等の会計処理

　地方独立行政法人会計基準第78で規定される運営費負担金や補助金等で、償却資産の取得に充当されるものには、「資本助成のための運営費負担金・補助金等」（法人の財産的基礎を構成するもの）と「経常費助成のための運営費負担金・補助金等」（法人の財産的基礎を構成しないもの）があります。この区分により、償却資産を取得した場合の会計処理が異なります。

　資本助成の場合と経常費助成の場合で会計処理が異なるのは、減価償却費を含む経費負担を会計的に軽減させるための処理の要否が関係します。その点を確認するために、「資本助成のための運営費負担金・補助金等」の支給を受けて償却資産を取得した場合の会計処理を**図表7-5**に、「経常費助成のための運営費負担金・補助金等」の支給を受けて償却資産を取得した場合の会計処理を**図表7-6**に例示します。

　なお、ここまで見てきたように、運営費負担金・補助金等は、その目的が資本助成であるか経常費助成であるかにより、取得した償却資産に係る減価償却費のうち料金収入により賄われる範囲が決定します。損益計算による経営成績の評価に影響が生じることから、あらかじめ中期計画において、設立団体、公営企業型地方独立行政法人双方で運営費負担金・補助金等がどのような性格を持っているのかを明確にさせておく必要があります。

図表 7-5　「資本助成のための運営費負担金・補助金等」の場合

	取引内容	会計処理
1	運営費負担金や補助金の受け取り	運営費負担金債務、預り補助金等として流動負債に計上 （関連仕訳） 　現預金×××／運営費負担金債務××× 　　　　　　or 　現預金×××／預り補助金×××
2	運営費負担金や補助金による償却資産の取得	流動負債により償却資産を取得した際、資本剰余金に振り替え （関連仕訳） 　運営費負担金債務×××／資本剰余金××× 　　　　　　or 　運営費負担金債務×××／資本剰余金×××
3	減価償却	以後、毎事業年度の減価償却費は全額が料金収入により賄われる。仕訳不要

図表 7-6　「経常費助成のための運営費負担金・補助金等」の場合

	取引内容	会計処理
1	運営費負担金や補助金の受け取り	運営費負担金債務、預り補助金等として流動負債に計上 （関連仕訳） 　現預金×××／運営費負担金債務××× 　　　　　　or 　現預金×××／預り補助金×××
2	運営費負担金や補助金による償却資産の取得	流動負債により償却資産を取得した際、固定負債である資産見返運営費負担金、資産見返補助金等に振り替え （関連仕訳） 　運営費負担金債務×××／資産見返運営費負担金××× 　　　　　　or 　運営費負担金債務×××／資産見返補助金等×××
3	減価償却	以後、各事業年度において固定負債から減価償却費相当額を取り崩して、資産見返運営費負担金戻入、資産見返補助金戻入として収益化。 　運営費負担金債務×××／資産見返運営費負担金××× 　　　　　　or 　運営費負担金債務×××／資産見返補助金等×××

※ 3 番目の処理の結果、取得した固定資産の減価償却費は、資産見返運営費負担金戻入、資産見返補助金戻入収益により賄われることになる。

附属明細書や注記は
どのような内容のものを
作成すればよいですか？

- ▶貸借対照表や損益計算書等は、住民等が容易に理解できる内容にする

- ▶一方、財務諸表等の利用者には専門家等もいるため、詳細な情報が必要

- ▶附属明細書や注記は、住民・専門家のニーズに対応して、より詳細な開示を行うために作成する

解説

1　附属明細書や注記を作成する理由

　一般的に、貸借対照表や損益計算書の情報量をいたずらに多くすることは、かえって利用者たる住民等の理解を阻害し、わかりにくくする原因になると言えます。一方で、財務諸表等が住民以外の専門家やその他さまざまな用途に用いられることを想定すると、詳細な情報を開示する必要があります。そこで、詳細な情報については、附属明細書や注記によって開示するようになっています。

2　作成が必要な附属明細書と注記の例

　地方独立行政法人会計基準第76では、公営企業型地方独立行政法人では、次に挙げる附属明細書を作成する必要があると規定しています。前述したように、附属明細書が貸借対照表や損益計算書等の補足情報であることを鑑みると、附属明細書や注記の作成にあたっては、附属明細書の意義を十分に考慮する必要があります。

●必要に応じて作成が求められている附属明細書

（1）固定資産の取得及び処分、減価償却費（「第85特定施設である償却資産の減価に係る会計処理」及び「第88特定施設である有形固定資産の除去費用等の会計処理」による損益外減価償却相当額も含む。）並びに減損損失の明細
（2）棚卸資産の明細
（3）有価証券の明細

（4）長期貸付金の明細
（5）長期借入金の明細
（6）移行前地方債償還債務の明細
（7）引当金の明細
（8）資産除去債務の明細
（9）保証債務の明細
（10）資本金及び資本剰余金の明細
（11）積立金等の明細及び目的積立金の取崩しの明細
（12）運営費負担金債務及び運営費負担金収益の明細
（13）運営費交付金債務及び運営費交付金収益の明細
（14）地方公共団体等からの財源措置の明細
（15）役員及び職員の給与の明細
（16）開示すべきセグメント情報
（17）上記以外の主な資産、負債、費用及び収益の明細

●主な注記の例示

Ⅰ　重要な会計方針
（1）運営費負担金収益及び運営費交付金収益の計上基準
（2）減価償却の会計処理方法
（3）退職給付に係る引当金の計上基準
（4）賞与引当金の計上基準
（5）貸倒引当金の計上基準
（6）有価証券の評価基準及び評価方法
（7）棚卸資産の評価基準及び評価方法
（8）外貨建資産及び負債の本邦通貨への換算基準
（9）未収財源措置予定額の計上基準
（10）行政サービス実施コスト計算書における機会費用の計上方法
（11）リース取引の処理方法
（12）消費税等の会計処理

　なお、附属明細書は、総務省自治財政局と日本公認会計士協会が作成した「『地方独立
行政法人会計基準及び地方独立行政法人会計基準注解』に関するＱ＆Ａ【公営企業型版】」
のＱ76－1（42～54ページ）に様式が示されています。記載上の注意にも言及されてい
るので、附属明細書を作成するにあたっての参考になります。
　ただし、記載内容や記載範囲のすべてが解説されているわけではありません。その場合
は、企業会計原則を参考にするか、附属明細書を作成する理由を考慮することになります。

Q31 退職給付引当金は
どのように計上しますか？

▶ 退職給付引当金の対象となる退職給付債務は、確率や
統計の考え方を用いた見積りの要素が含まれる

▶ 退職給付引当金の算定過程における見積りと実績の差
額は、均等償却が原則

▶ 職員数が 300 人未満の場合、退職給付債務のうち退職
一時金に係る債務については、期末要支給額によるこ
とができる

1　退職給付引当金の計算

1 計算式

公営企業型地方独立行政法人における退職給付引当金は、「退職給付債務」に「未認識過去勤務費用」および「未認識数理計算上の差異」を加減した額から、「年金資産の額」を控除した額を計上しなければなりません。

【計算式】

| 退職給付引当金 | = | 退職給付債務 | ± | 未認識過去勤務債務 | ± | 未認識数理計算上の差異 | − | 年金資産の額 |

2 各要素の留意点

計算式における各要素の留意点は次のようになります。

①退職給付債務

退職給付債務は、公営企業型地方独立行政法人の役員および職員の退職により見込まれる退職給付の総額のうち、期末までに発生していると認められる額を割り引いて計算します。こうした計算をPBO（Projected Benefit Obligation：退職給付債務）計算と呼ぶことがあります。

PBO計算は、確率や統計を用いた見積りの要素が含まれるため、専門家に外注して計

算してもらうことが実務上は多く見られます。また、退職給付債務には、退職一時金のほか、確定給付企業年金等、退職共済年金等に係る整理資源および恩給負担金に係る債務も含まれます。

②未認識過去勤務債務

未認識過去勤務債務とは、退職給付水準の改訂等に起因して発生した退職給付債務の増加または減少部分のうち、費用処理（費用の減額処理または費用を超過して減額した場合の利益処理を含む。以下同）されていないものを言います。この未認識過去勤務債務は、平均残存勤務期間内の一定年数で均等償却することができます。

③未認識数理計算上の差異

未認識数理計算上の差異とは、年金資産の期待運用収益と実際の運用収益との差異、退職給付債務の数理計算に用いた見積数値と実績との差異および見積数値の変更等により発生した差異のうち、費用処理されていないものを言います。この未認識数理計算上の差異についても、平均残存勤務期間内の一定年数で均等償却することができます。

④年金資産の額

年金資産の額は、確定給付企業年金等に係る年金資産を期末における公正な評価額により計算します。ただし、複数の事業主により設立された確定給付企業年金等に加入している場合においては、退職給付債務の比率、その他合理的な基準により、地方独立行政法人の負担に属する年金資産等の計算を行うものとします。

なお、職員数が 300 人未満の公営企業型地方独立行政法人では、退職給付債務のうち、退職一時金に係る債務について、期末要支給額によることができます。ここで、事業別の経理が要請される公営企業型地方独立行政法人については、職員数 300 人の判断は事業別に行います。ただし、法人単位財務諸表を作成することとの関係から、ある事業で本来の方法による必要がある場合は、すべての事業において本来の方法により計算する必要があります。

2　退職給付債務の取り扱い

1 退職給付は法人負担が原則

公営企業型地方独立行政法人は、独立採算の原則に基づき経営を行うことが求められているため、法人の役職員に対して支払う退職金は、当該法人が通常の営業活動により獲得した収益で賄うことが求められています。そのため、設立団体からの運営費交付金を退職金の財源に充てることは想定されておらず、退職給付引当金の計上において考慮する必要

はありません。

❷ 設立団体等との交流人事に係る会計処理

　上記の理由から、公営企業型地方独立行政法人においては、退職給付引当所要額の全額に対して、引当金を計上する必要があります。そのため、国または地方公共団体との交流人事によって、職員が法人外に移籍する場合は、移籍する職員に係る退職給付引当金を取り崩す必要があります。そして、交流人事により法人に入職する職員については、当該職員に関する退職給付引当金を計上することになります。

　ただし、当該職員の国または地方公共団体での在籍期間に対応する退職給付債務については、公営企業型地方独立行政法人が負担するべき債務ではなく、当該職員が在籍した国または地方公共団体が負担すべきものであることから、公営企業型地方独立行政法人の退職給付債務として認識しません。

　さらに、国または地方公共団体との人事交流による出向職員であり、国または地方公共団体に復帰することが予定される職員については、公営企業型地方独立行政法人での勤務に係る退職金を支給しない条件で採用していると考えられます。そのため、退職金を支給しないことが公営企業型地方独立行政法人の給与規則等において明記されている場合には、当該職員の退職給付債務を認識する必要はなく、退職給付引当金を計上する必要はありません。

　なお、交流人事に伴う引当金の額の調整は、当該交流人事が行われた各年度において行います。

第1部

第**8**章

監査の知識と
オンライン監査の潮流

- 森本明浩（監査法人長隆事務所、公認会計士）
- 原田智浩（監査法人長隆事務所、公認会計士）

※監査法人長隆事務所オンライン監査従事者からのヒアリング内容を含む

地方独立行政法人に監査が必要なのはなぜでしょうか？

A

- ▶ 監査は地方独立行政法人の適正な業務を確保するために行われる

- ▶ 資本金の額が100億円以上または負債合計額が200億以上の地方独立行政法人に対して、会計監査人による監査が義務付けられている

- ▶ 会計監査人は公認会計士または監査法人でなければならない

- ▶ 監査には監事が行う業務監査と会計監査人が行う会計監査の2種類がある

解説

1 地方独立行政法人における監査の目的

地方独立行政法人では、適正な業務を確保するために監査が行われます。

地方独立行政法人の制度設計の主眼は、住民生活、地域社会および地域経済の安定等の公共上の見地から確実に実施されることが必要な事務・事業のうち一定のものについて、地方公共団体とは別の法人格を有する地方独立行政法人を創設して事務・事業を行わせることとし、法人に自主的、自律的な業務運営を行わせるとともに、業務の実績について適切な事後評価を行うことにより、住民のニーズに即応した効率的な行政サービスの提供等を実現することにあります。

このような制度設計の主眼を実効あるものとするためには、地方独立行政法人の業務の効率性、質の向上や透明性の確保を図ることが肝要であり、特に法人の財務運営に関する真実の情報が報告され、この情報に対して適切な事後チェックを行う仕組みが用意される必要があります。

この事後評価・事後チェックこそが監査であり、監査が必要となる理由です。

2　監査の義務化が適用となる法人の規模

　事業年度の開始日における資本金の額が 100 億円以上、もしくは設立団体の承認を受けた最終の貸借対照表の負債の部に計上した金額の合計額が 200 億円以上のいずれにも該当しない地方独立行政法人については、会計監査人の監査は法律上求められていません（地方独立行政法人法施行令第 5 条第 1 号、第 2 号）。なお、会計監査人は公認会計士または監査法人でなければなりません（地方独立行政法人法第 37 条）。

　上記資本金の額が 100 億円以上、もしくは負債の部の合計額が 200 億円以上の地方独立行政法人は、財務諸表、事業報告書（会計に関する部分に限る）および決算報告書について、監事の監査のほか、会計監査人の監査を受ける必要があります。

　会計監査人の監査を受ける場合、会計監査人は、設立団体の規則で定めるところにより、会計監査報告書を作成する必要があります（地方独立行政法人法第 35 条）。

3　監事監査と会計監査人監査の相違点

1 監査の種類は 2 つ

　監査には、「業務監査」と「会計監査」の 2 種類があります。

　業務監査は監事が行います。業務監査とは役員の業務執行状況が地方独立行政法人法や定款を遵守して行われているか（適法性）等について監査を行うとともに、効率的な業務運営が行われているかについても監査を行います。

　会計監査は主に会計監査人が行います。会計監査とは、財務諸表等の適正性について監査を行うものです。具体的には、財務諸表等が、わが国において一般に公正妥当と認められる地方独立行政法人会計基準に準拠しているかについて監査を行い、意見表明を行います。

2 監事と会計監査人の法的権限の相違点

　監事による業務監査が法令・定款の遵守、業務運営に重点が置かれているのに対して、会計監査人による監査は財務諸表等の適正性についてなされるものです。このようなことから、監事と会計監査人の権限は法的にも**図表 8-1** に挙げた相違点が見られます。

3 「監査」と「検査」の違い

　会計監査人による監査は、財務諸表に全体として重要な虚偽表示がない（適正である）ことを保証するために行われるものです。

●監事の権限

根拠法令	権限内容
地方独立行政法人法13条第5項	・監事は、いつでも、役員（監事を除く。）及び職員に対して事務及び事業の報告を求め、又は地方独立行政法人の業務及び財産の状況の調査をすることができる。
同法13条第6項	監事は、地方独立行政法人が次に掲げる書類を設立団体の長に提出しようとするときは、当該書類を調査しなければならない。 一　この法律の規定による認可、承認及び届出に係る書類並びに報告書その他の総務省令で定める書類 二　その他設立団体の規則で定める書類
同法13条第7項	監事は、その職務を行うため必要があるときは、地方独立行政法人の子法人（地方独立行政法人がその経営を支配している法人として総務省令で定めるものをいう。以下同じ。）に対して事業の報告を求め、又はその子法人の業務及び財産の状況の調査をすることができる。
同法13条第9項	監事は、監査の結果に基づき、必要があると認めるときは、理事長又は設立団体の長に意見を提出することができる。

●会計監査人の権限

根拠法令	権限内容
地方独立行政法人法35条第2項	会計監査人は、いつでも、次に掲げるものの閲覧及び謄写をし、又は役員（監事を除く。）及び職員に対し、会計に関する報告を求めることができる。 一　会計帳簿又はこれに関する資料が書面をもって作成されているときは、当該書面 二　会計帳簿又はこれに関する資料が電磁的記録（電子的方式、磁気的方式その他人の知覚によっては認識することができない方式で作られる記録であって、電子計算機による情報処理の用に供されるものとして総務省令で定めるものをいう。以下この号において同じ。）をもって作成されているときは、当該電磁的記録に記録された事項を総務省令で定める方法により表示したもの
同法35条第3項	会計監査人は、その職務を行うため必要があるときは、地方独立行政法人の子法人に対して会計に関する報告を求め、又は地方独立行政法人若しくはその子法人の業務及び財産の状況の調査をすることができる。

Q33 会計監査人監査の報酬や具体的な手続きについて教えてください

A

▶監査報酬は「報酬単価×執務日数（時間）」で決まる

▶地方独立行政法人の監査は毎年7月から翌年6月にかけて行われ、特に4〜6月の「リスク対応手続（期末）」が重要

▶具体的な手続きとしては、実際にクライアントに出向して行う「実査」「棚卸立会」、クライアントの取引先に文書で回答を求める「確認」などがある

解説

1 会計監査人の監査報酬

1 監査報酬はどのように決まるのか

　監査報酬は「報酬単価×執務日数（時間）」で計算されます。報酬単価は監査法人によって異なり、往査日数は地方独立行政法人の総資産、純資産などの規模、拠点数によって決まります。

2 監査報酬の見積り時期と見積書

　地方独立行政法人の場合、会計監査人は公募で選任することが一般的です。公募要領において、監査報酬見積りが提出資料となることが多いため、公募の際に監査法人から提出された資料により、実質的な監査報酬が決まります。

　監査法人から提出される監査報酬見積りの例示を**図表8-2**に示します。監査項目・監査時期ごとに日数が記載され、その日数に監査報酬単価（例の場合10万円）を乗じることにより、監査報酬見積総額が決まります。

3 独立行政法人の監査報酬の事例

　地方独立行政法人の事例ではないものの、会計検査院が過去に監査報酬の状況を調査した公表資料によると、国によって設立された独立行政法人の監査報酬の状況は**図表8-3**

図表 8-2　監査見積書における監査報酬見積り例

監査報酬見積額

監査報酬見積総額：2,000 万円（消費税等別）＠ 10 万円×200 人日

〈監査スケジュール概要〉

項　目	時　期	工 数 （人日）
監査人交代手続	×1年 9月	10
監査計画の立案	×1年10月～×1年12月	20
収益管理（施設基準）監査の実施	×1年10月～×1年12月	25
内部統制の整備状況評価	×2年 1月～×2年 2月	25
内部統制の運用状況評価	×2年 1月～×2年 2月	20
期中監査手続の実施	×2年 1月～×2年 2月	22
期末監査手続の実施	×2年 6月	50
開示の検討	×2年 6月	20
審　査	×2年 6月	6
監査結果報告	×2年 6月	2
合　計		200

図表 8-3　独立行政法人の監査報酬の状況

区分	平成 16 年度	平成 17 年度	平成 18 年度	平成 19 年度	平成 20 年度
法人数	63	67	71	75	75
契約額総額（千円）	1,186,253	1,214,014	1,303,906	1,608,600	1,610,304
1 法人平均（千円）	18,829	18,119	18,364	21,448	21,470

出典：会計検査院ホームページ（https://report.jbaudit.go.jp/org/h21/2009-h21-1020-0.htm）をもとに作成

のとおりです。1 法人の平均は 18,119 ～ 21,470 千円となっています。

　国による設立か地方公共団体による設立かの違いはあるものの、特徴が類似していること、開示書類等も同様であるため、他の法人の監査報酬を知るうえで参考になります。

2　会計監査人監査の項目とスケジュール

　会計監査人による監査は、大きく「監査計画の策定」「リスク評価手続」「リスク対応手続」「監査の総括（審査）」といった項目に分けられ、地方独立行政法人の場合、毎年 7 月〜翌年 6 月にかけて行われます。この他、理事長とのディスカッションや監事とのコミュニケーションも行われ、必要に応じて会計処理の相談などもなされます（**図表 8-4**）。

　このうち「リスク評価手続」は、期末決算残高に係らない部分、たとえば固定資産の取得や除売却に関する手続の実施などが行われます。会計監査人による監査において大きなウエイトを占めているのは、4 〜 6 月にかけて行う「リスク対応手続（期末）」です。

　ここで、「リスク評価手続」「リスク対応手続」という聞きなれない用語について簡単に説明します。

1 リスク評価手続

　内部統制を含む、企業および企業環境を理解し、不正か誤謬かを問わず、財務諸表全体レベルの重要な虚偽表示リスクとアサーション・レベルの重要な虚偽表示を識別し、評価するために実施する監査手続を「リスク評価手続」と言います。

　たとえば、ある地方独立行政法人は A 病棟について、今期大規模な修繕を行う予定である場合、多額の出費がなされますが、その出費が固定資産に計上すべきものか、修繕費に計上すべきものか、判断に迷うことやミスをすることが想定されます。

　今期は大規模修繕が予定されているので、固定資産計上、修繕費計上に注意しようと考えるその行為自体が「リスク評価」です。この「リスク評価」を行うため、つまり大規模修繕がそもそも存在することを知るために行われる行為が「リスク評価手続」になります。

　具体的に大規模修繕が予定されていることを知るためには、議事録を閲覧し、議事録に添付されている予算を確認する、または理事長とディスカッションを行う必要があります。

2 リスク対応手続

　監査人が監査リスクを合理的に低い水準に抑えるために、暫定的に評価した財務諸表項目レベルの重要な虚偽表示のリスクに対して実施する監査手続を「リスク対応手続」と言います。

　先ほどの大規模修繕の例では、大規模修繕により固定資産計上、修繕費計上の判断に迷うことやミスをすることが想定されると述べました。極端にいうと、大規模修繕による固定資産計上、修繕費計上を会計監査人が全件にわたって証憑突合してしまえば、ミスが発見される可能性は高まります（または会計処理にミスがない場合には、ミスがないことがわかります）。この " 全件 " 証憑突合を実施する行為が「リスク対応手続」になります。

図表 8-4　監査スケジュールのイメージ

	7月	8月	9月	10月	11月	12月	1月	2月	3月	4月	5月	6月	
監査計画の策定等	監査計画の策定・日程管理・チーム内ミーティング等												監査報告書
年度監査／リスク評価手続とリスク対応手続（期中）		経営環境の把握と評価（全体）／本部および拠点または施設往査／内部統制の整備状況の把握・統制テストの対象の抽出および統制テスト／詳細テストの実施											
リスク対応手続（期末）								実査・棚卸立会／残高確認／期末残高検討／表示検討					
監査の総括（審査）	計画審査									意見審査			
その他					理事長先生ディスカッション／監事・内部監査との意見交換／各種調書化・調書整理／相談事項・疑義照会対応								

　なお、大規模修繕の例ではミスが生じる可能性が高いという「リスク評価」を行ったため、"全件"証憑突合を実施する「リスク対応手続」が必要と判断しています。

　しかし、大規模修繕を予定しない場合、大規模修繕を予定していた場合に比べ相対的にミスが生じる可能性は低いため、ミスが生じるリスクは低いと「リスク評価」することがあります。この場合には、全件ではなく、サンプリングで何件かの証憑突合を実施するといった「リスク対応手続」になる場合もあります。

3　監査手続では具体的に何を行うか

1 代表的な監査手続

　財務諸表が正しく作成されているという監査意見を述べるためには、会計監査人はその裏づけとなる「十分かつ適切な監査証拠」を入手しなければならないとされています。

　そこで会計監査人は、さまざまな監査手続を行うことになりますが、ここでは、「リスク対応手続」のなかでも代表的な手続として、実際にクライアントに出向いて行う「実査」と「棚卸立会」、そして、クライアントの取引先に文書で回答を求める「確認」を取り上げます。

①実査（イラスト上）

　資産の実在性を確かめるために、会計監査人が現物を実際に確かめる監査手続です。現金、受取手形、株券などの資産が帳簿どおりに実在するかどうかを実際に目で見て、数を数えて確かめる最も確実な方法です。

　実査は、決算日を基準に行いますが、実務的には決算日後のなるべく早い時期に会社に訪問して実施することが多くなっています。実査の対象物には換金性の高い物が多く、一時的に融通して不足金を隠蔽しないように、現金、受取手形、株券などは同時に実査するのが望ましいと言えます。

②棚卸立会（イラスト下）

　棚卸資産（商品・製品・原材料・仕掛品など）を有する会社は、事業年度末に倉庫などに保管されている棚卸資産の数量を数え、帳簿の記録と一致しているかどうかを確認します。この作業を、「実地棚卸」と言い、会社が行う実地棚卸の現場に監査人が同席し、

出典：日本公認会計士協会ホームページをもとに作成

出典：日本公認会計士協会ホームページをもとに作成

215

その実施状況を視察、あるいは一部について実際に監査人自身がカウントすることによって、在庫数量の妥当性を確かめることを、「立会」と言います。

棚卸資産はさまざまな場所に保管されているので、食材であればマイナス30度の倉庫のなかを歩き回ったり、石油であればタンクの上に乗って確認したり、体力・気力が必要な手続になっています。

③確認（イラスト右）

会社の取引先等の第三者に対し、売掛金の残高等について、監査人が直接、文書で問い合わせを行い、その回答を入手して評価する手続です。

一般に、決算日など特定の日の残高の実在性を証明する有力な監査証拠となるので、金融機関との取引や売掛金などの債権、倉庫業者に保管されている棚卸資産等々、さまざまな財務諸表項目を対象に実施します。

出典：日本公認会計士協会ホームページをもとに作成

② その他の監査手続

「実査」「棚卸立会」「確認」以外の監査手続として、記録・文書の閲覧、質問、再計算、再実施、分析的手続などがあります。

①記録・文書の閲覧

紙媒体、電子媒体、またはその他の媒体による企業内外の記録や文書を確かめる監査手続です。記録・文書の閲覧には、証憑突合、帳簿突合などが含まれます。

②質問

監査人が経営者、従業員または外部の関係者に問い合わせて、説明または回答を求める監査手続です。質問には、書面による質問と口頭による質問があります。

③再計算

記録や文書の計算の正確性を監査人自らが計算し、確かめる監査手続です。

④再実施

企業が内部統制の一環として実施している手続、または内部統制を監査人が自ら実施することによって確かめる監査手続です。

外部監査に向けて組織体制はどのように整備すべきですか？

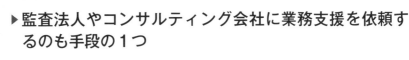

▶ 適正な業務を確保のために内部統制を整備・運用する

▶ より精度の高い経理の制度や組織の構築が求められる

▶ 地方独立行政法人会計基準に準拠した決算を組める人員、監査対応ができる人員を確保する

▶ 監査法人やコンサルティング会社に業務支援を依頼するのも手段の1つ

解説

1 内部統制の整備・運用

1 地方独立行政法人における内部統制

2014（平成26）年の独立行政法人制度改革を踏まえ、地方独立行政法人についても同様の制度改革が2017（平成29）年に行われています。

具体的には、法人の内外から業務運営を改善する仕組みが導入され、法人の業務方法書において、「地方独立行政法人の業務の適正を確保するための体制の整備に関する事項その他設立団体の規則で定める事項を記載しなければならない」旨の改正が行われ、2018（平成30）年4月より施行されています（地方独立行政法人法第22条2項）。

2 会計監査と内部統制監査の関係

財務諸表監査において、監査の対象は財務諸表であり、内部統制ではありません。内部統制の評価は、リスクの高い項目に着目するために行われる手段であって、監査の目的はあくまでも財務諸表が正しいのか、誤っているのかについて意見表明を行うことです。

言い換えると、財務諸表監査で「適正」という監査結果が出ていても、その企業の内部統制が十分な水準にあるかどうかはわからないということです。なぜなら、内部統制の一部が不十分でも、その不十分な状況に合わせて監査手続をより厳格に行い（サンプリングの抽出件数を拡大し、全件実施するなど）、そこで発見されたミスをすべて正しく修正すれば、修正された財務諸表を正しいと意見表明することが可能だからです。

2 決算・経理体制の整備

1 独法化により構築する必要がある制度

　地方独立行政法人は、その名称が示すとおり、地方自治体から独立した法人になります。そのため、目標管理と実績評価をする制度、人事や給与制度、企業会計制度の仕組みを法人独自に導入する必要があり、それらに関する情報システムも独自に整備する必要があります（**図表 8-5**）。また、準拠すべき会計基準が地方独立行政法人会計基準となることから、民間企業とほぼ同様の会計処理・開示を行う必要があり、財務諸表の作成に関する業務が大幅に増加します。そのため、人的なリソースの確保が不可欠です。

　資本金が 100 億円以上、負債の部の合計額が 200 億円以上の場合には、会計監査人による監査を受ける必要があるため、より精度の高い経理の制度や組織の構築が求められます。これらに対する準備は、通常業務を行いながら実施することになるので、独法化の準備作業にはかなりの時間とノウハウが必要になると言えます。

図表 8-5　独法化により構築する必要がある制度

構築項目の例	具体的な内容
目標管理制度・組織体制構築	・地方独立行政法人諸規の作成 ・中期目標、中期計画及び年度計画の策定 ・目標管理・評価制度の構築 ・法人化に伴う許認可申請・届出書類の作成
人事・給与制度構築	・就業規則等の人事関連規定の作成 ・給与制度の分析、事例調査及び設計
地方独立行政法人会計制度構築	・財務関係規程作成 ・開始貸借対照表作成 ・会計基準に関する研修実施 ・財務会計に関する分析、内部統制構築
財務会計システム構築 人事給与システム構築	・財務会計及び人事給与関連業務の分析調整 ・財務会計及び人事給与システムの仕様書作成 ・システム導入に関する手続

② 必要となる決算・経理体制

　会計監査人による監査が必要となる地方独立行政法人については、必要となる制度を理解したうえで、決算書を作成する必要があります。また、監事による監査のみならず、会計監査人による監査にも対応できるような人員確保が必要であり、具体的には次の2つの対応が必要になります。

①地方独立行政法人会計基準の習得

　地方独立行政法人会計基準に準拠して会計処理を行う必要があるため、その知識を身につける必要があります。また、開示項目がセグメントやキャッシュフロー計算書など多岐にわたるため、開示書類を作成するノウハウも身につける必要があります。

②会計監査人からの資料依頼や質問に対応できるリソースの確保

　会計監査人による監査を初めて受ける場合、多くの資料を要求され、かつ多くのヒアリングを受けることになるため、会計基準に準拠した決算を組める人員、監査対応ができる人員を確保する必要があります。

③ 監査法人やコンサルティング会社への業務支援依頼

　独法化に向けて、組織体制の構築や経理体制の整備など、数多くの項目に対応する必要があります。通常業務があるなかで対応が難しい場合は、監査法人やコンサルティング会社に業務支援を依頼するとよいでしょう。

オンライン監査により
監査水準は変わりますか？

▶ 監査水準は訪問でもオンラインでも同じ

▶ 入手する証拠の証拠力は訪問でもオンラインでも原則
として同じ

解説

▶ 違いは紙面提示か電子媒体提示か、対面かパソコン画
面越しか程度

1 会計監査人が入手する監査証拠

1 十分かつ適切な監査証拠とは

　会計監査人は、意見表明にあたって十分かつ適切な監査証拠を入手する必要があります。ここで、「十分」とは監査証拠の量、「適切」とは監査証拠の質を意味しており、「適切」かどうかは監査目的に適合しているか、証明力（信頼性）が高いかにより判断することになります。

　十分性と適切性はトレードオフの関係にあり、質の高い証拠を入手できる場合は入手する監査証拠の量が少なくて済み、質の高い証拠の入手が難しい場合は多くの証拠を入手する必要があります。ただし、多くの監査証拠を入手したとしても監査証拠の質の低さを補完しないこともあります。

2 監査証拠の信頼性に影響を与える要因

　監査証拠の信頼性に影響を与える主な要因として次の5つがあります。

①クライアントから独立した情報源を入手した場合には、より強くなる

②クライアント内部で作成される監査証拠の証明力は、情報の作成と管理に関する内部統制等、関連する内部統制が有効な場合には、より強くなる

③監査人が直接入手した監査証拠は、間接的に、または推論に基づいて入手する監査証拠よりも、証明力が強い

④監査証拠は、紙媒体、電子媒体またはその他の媒体にかかわらず、文書化されたもののほうが、口頭で得たものよりも、証明力が強い

⑤原本によって提供された監査証拠は、コピーやファックス、フィルム化、デジタル化、

その他の方法で電子媒体に変換された文書によって提供された監査証拠よりも、証明力が強い

2　オンラインによる監査手続

　監査をオンラインで実施する場合でも、特段の監査手続の省略は認められておらず、会計監査人としては訪問による場合と同様の手続きを実施する必要があります。訪問による監査を実施した場合にはコピーでの資料提示であったり、対面での質問であったものが、オンライン監査の場合には電子媒体での資料提示になったり、WEB 会議システムでの質問になるだけであり、監査手続自体に特段の変更はありません（**図表 8-6**）。

　また、入手する監査証拠について、コピーによる資料提示でも電子媒体による資料提示でも信頼性に相違はなく、対面での質問でも WEB 会議システムでの質問でも信頼性に相違はありません。

3　実査・立会

　会計監査人が現物を確認する一般的な手続きに、「現金実査」と「棚卸立会」があります。これらの手続きもこれまでは訪問により実施してきました。

　しかし、オンライン環境下においても、インターネット接続環境が整っていれば、これらの手続きを実施することは可能です。具体的には、WEB 会議システムを用いて病院の会議室や薬局と会計監査人の執務室をつなぎ、会計監査人の指示のもとで病院担当者が現金や医薬品、診療材料等を数えることになります。こうすることで、実際に訪問して手続きする場合と同様に監査証拠を入手することができます。

　ただし、訪問による監査に比べて、棚卸対象ロケーションの確認や棚卸除外品の確認、当日の数量カウントの流れや WEB 会議システムの運用方法など、事前準備は念入りにする必要があります。

図表 8-6　訪問監査とオンライン監査の相違点

	訪問監査	オンライン監査
コミュニケーション	対面	WEB 会議システムなど
資料提示方法	コピーまたは原本	原則として電子媒体
旅費交通費	発生する	発生しない
監査ルームの準備	必要	不要

オンライン監査の
メリット・デメリットを
教えてください

- ▶（病院側のメリット）会計監査人に支払う出張旅費交通費や会計監査対応のために割く時間を削減できる

- ▶（病院側のデメリット）資料の電子媒体化に手間がかかり、対面に比べてコミュニケーションが取りにくい

- ▶（会計監査人側のメリット）移動時間削減による監査時間の確保、働く場所と時間がフレキシブルになる

- ▶（会計監査人側のデメリット）現場を見る機会やコミュニケーション時間の減少により、クライアントに対する理解が不足する可能性がある

解説

1　病院側のメリット・デメリット

1 病院側のメリット

　オンライン監査を導入することによる病院側の最大のメリットは、会計監査人に支払う旅費交通費の削減であると考えられます。地方の病院が、首都圏や関西圏の監査法人や公認会計士に会計監査を依頼する場合、旅費交通費だけで30万円を超えることもあり、オンライン監査を導入することによって、この費用を削減することができます。

　これまでは、訪問監査が前提であったため、病院の所在する地域の公認会計士等を会計監査人に選任するケースが多かったと思いますが、オンラインでも会計監査を受けられるのであれば、高品質なサービスを提供してくれる遠方の公認会計士等を会計監査人に選任することが可能になります。

　また、訪問監査の場合、会計監査のために会議室を準備したり、質問や追加の資料依頼に終日備えておく必要がありますが、オンラインによる監査の場合、会議室の手配は必要なくなり、質問や資料提示についても空き時間での対応が可能となるため、担当者が会計監査対応に割く時間が効率化すると見込まれます。

2 病院側のデメリット

オンライン監査導入の最大の問題点は、紙面で保存している資料の電子化であると考えられます。紙面で保存している資料は、紙の大きさがバラバラであったり、ホチキス留めされていることが一般的であり、これらを PDF 化するにはかなりの時間を要することになります。また、PDF 化した資料や仕訳データは、データ容量が大きくなるため、メール送信が難しいことも問題点の１つです。

この他、オンライン監査は訪問監査の場合と比べてうまくコミュニケーションが取りにくいことも問題点と考えられます。

3 病院側のデメリットの対応策

オンライン監査の問題点は、前述した①紙面で保存している資料の電子化、②データ容量が大きい資料の送信、③コミュニケーション不足の懸念——の３点だと考えられます。

まず、①については、該当資料を複合機で PDF 化するのではなく、スマートフォンで写真画像を撮影すれば、かなりの時間削減になると考えられます。そして、②にもつながりますが、データ容量の大きい写真画像データや仕訳データは、クラウドファイル共有サービスを利用することで、会計監査人と容易に大容量のデータのやりとりができるようになります。最後の③については、WEB 会議システムの利用に慣れてくれば解消すると考えられますが、最初のうちは毎月 30 分程度でも定期的にミーティングを開催し、良好な関係を築くことが重要になります。

なお、WEB 会議システムでの打ち合わせは、対面に比べて相手の表情が伝わりにくくコミュニケーションがとりにくいというデメリットがある一方で、移動時間が発生しないため会議に参加しやすいというメリットもあります。

4 会計監査対応を効率化するための取り組み

現時点において多くの病院は会計システムを利用して会計帳簿に記帳しているものの、その根拠資料である請求書や契約書等は紙面で保存しています。今後、請求書や契約書等についても会計システムと紐づける形で電子保存する方向に進めば、会計監査対応がより効率化すると考えられます。

国税庁から帳簿書類の電子化および書類のスキャナ保存が推奨されていることからも、将来的には紙面保存書類を削減し、請求書等をスキャナ保存（電子保存）することが一般的になっていくでしょう。また、この対応は、これまで原本確認のために出勤していた病院職員の在宅ワーク等が可能になることから、病院側にとっても大きなメリットがあると考えられます。

2　会計監査人側のメリット・デメリット

1 会計監査人側のメリット

　会計監査人にとっての最大のメリットは、クライアントまでの移動時間を削減できることです。クライアントが地方の場合、移動時間に3〜6時間程度を費やすこともあります。この移動に費やしていた時間を監査手続に充てることができれば、より細やかな手続きを実施することが可能となり、ひいては、クライアントの満足度向上につながるでしょう。

　また、移動がなくなることにより、旅費交通費が削減され、地元の公認会計士等と価格面の遜色がなくなり、提供するサービスの質で対等に勝負ができるため、商圏の拡大にもつながる可能性があります。

　また、訪問監査の場合、病院での現場作業が基本となり、働く場所と時間が固定されていました。しかし、オンライン監査が導入されると、インターネットの接続環境さえあれば、いつでもどこでも働くことが可能になり、自分のライフスタイルに合わせて仕事ができるようになります。

　このような働き方は、育児や介護等により、遠方への出張や決まった時間に働くことが難しい公認会計士の労働需要を掘り起こすことにもつながります。1億総活躍社会の実現の一助になることでしょう。

2 会計監査人側のデメリット

　オンライン監査では、建物等固定資産の状況や患者の来院状況等を病院から提出された固定資産台帳や診療報酬台帳等の閲覧により確認します。また、訪問監査の場合は、クライアント担当者と雑談などをする機会が多く、提出された資料からは読み取れない情報も入手することができますが、オンライン監査では必要事項の確認に留まることが多くなります。そのため、クライアント情報の入手が限定的となりがちで、訪問監査と比較してクライアントに対する理解が不足する可能性があります。

3 会計監査人側のデメリットの対応策

　訪問しないことによりクライアントに対する理解が不足するという点については、固定資産台帳を閲覧するなかで特に気になったもの（たとえば、取得から相当の時間が経過している資産など）や普段の病院玄関ホールの状況などをクライアント担当者にスマートフォンで写真撮影してもらい、クラウドファイル共有サービスを利用して送信してもらうことで、相当程度に理解を深めることが可能になります。

　また、WEB会議システムを利用して毎月定期的に30分程度でも担当者とミーティン

グを開催すれば、お互いの理解が深まり、雑談を含むより有意義な話をできるようになると考えられます。

4 クライアントの満足度の向上と監査業務の効率化に向けて

これまでの会計監査では、試算表や勘定科目内訳書、決算関係資料を Excel などの電子媒体で入手し、閲覧および分析したうえで質問したり、追加で必要な資料を依頼することが一般的でした。

オンライン環境下でクライアントの会計システムを直接操作・確認するオンライン監査を導入することで、クライアントの手を煩わせることなく、会計監査人自ら必要なデータを入手することが可能になります。また、会計監査人自ら会計システムを操作することにより、会計監査人のニーズを満たすデータの入手が可能になり、監査業務がこれまで以上に効率化する可能性があります。

第9章

新たな脅威に備える！
公立病院のための感染症対策

• 賀来満夫 （東北医科薬科大学医学部感染症学教室特任教授、東北大学名誉教授）

• 遠藤史郎 （東北医科薬科大学医学部感染症学教室病院教授）

• 吉田眞紀子 （東北医科薬科大学医学部感染症危機管理地域ネットワーク
　　　　　　　寄附講座准教授）

感染症対策における公立病院の役割と地域連携の進め方を教えてください

解説

- ▶ 公立病院が中心となり、平時から感染拡大に備えた地域連携の体制を構築する

- ▶ 地域連携の対象には医療機関だけでなく、社会福祉施設、行政なども含める

- ▶ 地域連携は「感染防止対策加算」の枠組みを利用する

1 地域で求められる公立病院の役割

1 公立病院に期待される主な機能

　公立病院は、地域における中心的な医療機関としての役割を果たしており、必要な医療を安定的かつ継続的に提供していくこと、さらには採算性等の問題から民間医療機関による提供が困難な医療を提供していくことが求められています。

　一方、地域事情によっても異なりますが、経営や人員確保の問題から、必要な機能を縮小せざるを得ない公立病院もあります。一般的に公立病院に期待される主な機能は、**図表9-1**のとおりです。

2 地域特性を踏まえて検討すべき課題

　公立病院は、近隣に他の病院が複数ある人口密集地に立地し、地域における機能分担が課題となっている医療機関もあれば、人口が少ない中山間地域に所在し、公立病院が地域で唯一の医療機関となっている場合もあります。さらに、基幹病院へのアクセス等により、二次医療圏や県域を越えて患者の流出入が生じている場合など、その状況はさまざまです。公立病院は、置かれている状況や地域特性を踏まえたうえで、課題を検討する必要があります（**図表 9-2**）。

図表 9-1　公立病院に期待される主な機能

① 山間へき地・離島など民間医療機関の立地が困難な過疎地等における一般医療の提供

② 救急・小児・周産期・災害・精神などの不採算・特殊部門にかかわる医療の提供

③ 県立がんセンター、県立循環器病センター等地域の民間医療機関では限界のある高度・先進医療の提供

④ 研修の実施等を含む広域的な医師派遣の拠点としての機能　など

出典：総務省「新公立病院改革ガイドライン」より引用改変
https://www.soumu.go.jp/main_content/000382135.pdf

図表 9-2　立地条件や求められる医療機能の違いを踏まえたうえでの検討課題

① 地域医療構想を踏まえた当該病院の果たすべき役割

② 地域包括ケアシステムの構築に向けて果たすべき役割

③ 一般会計負担の考え方

④ 医療機能等指標に係る数値目標の設定

⑤ 住民の理解

出典：総務省「新公立病院改革ガイドライン」より引用改変
https://www.soumu.go.jp/main_content/000382135.pdf

2　公立病院に期待される感染症対策

1 平時から構築が必要な地域連携の体制

　現代は、交通網の発達により世界的な人の移動が容易になっています。その影響で、感染症の脅威は国内外を問わずボーダーレス化しています。2003（平成15）年に香港を発端に流行した重症急性呼吸器症候群（SARS）、2012（平成24）年に隣国の韓国で爆発的な流行を引き起こした中東呼吸器症候群（MERS）、そして、2019（令和元）年以来、世界的パンデミックを引き起こしている新型コロナウイルス感染症（COVID-19）にみられるように、新興・再興感染症は大都市圏の問題にとどまらず、地域社会全体を巻き込み、人口の少ない地域においても問題となっています。

　また、流行の拡大・長期化に伴い、患者の受診敬遠や手術延期、通常診療が行えない状

況の発生など、病院運営にも大きな影響を与えます。さらに、流行下においては感染リスクへの懸念などから、公立病院に対する期待は高まるばかりです。

　そのような状況のなか、感染症対策に関する地域連携は、最も重要かつ喫緊の課題となっています。そのため、地域住民の安全・安心の基盤である地域医療において、中心的な役割が期待される公立病院には、自院での感染症対策はもちろんのこと、地域にある他の医療機関や社会福祉施設、行政と、感染症対策に関する連携・協力体制を構築することが求められます。平時から必要な地域全体における連携内容の具体例は、次の①〜⑨になります。

【情報発信および継続的教育内容の例】
①標準予防策に関する知識の確実な普及・習得
②個人防護具の適切な選択のために必要な感染経路に関する知識の習得
③個人防護具の確実かつ適切な着脱方法の習得
④安全な検体採取手技方法の修得
⑤病原体曝露時における対応トレーニング
⑥新興・再興感染症に関する知識習得と実臨床を想定した診療シミュレーション教育
⑦感染防止対策に基づいた死体処置トレーニング
⑧地域における転入院等の多職種連携感染対策シミュレーション教育
⑨高齢者施設など医療資源の異なる状況下における平時および感染症発生時の多職種連携
　支援シミュレーション教育

２ 地域連携は「感染防止対策加算」の枠組みを利用する

　また、感染拡大時の感染症対策に関する地域連携も、地域の特性に応じて行う必要があり、2010（平成22）年度診療報酬改定で新設された「感染防止対策加算」の枠組みを利用することが望まれます。

　日本国内において感染症対策に精通した感染症専門医や感染管理認定看護師はまだまだ少ないものの、「感染防止対策加算1」を算定している医療機関では、感染症対策の経験がある医師、看護師、薬剤師あるいは臨床検査技師がチームを組み、互いの専門性を生かしながら活動しています。「感染防止対策加算2」を算定している医療機関においても、「1」の医療機関同様に医師、看護師、薬剤師、臨床検査技師がチームとして活動しており、「1」と「1」の医療機関同士、「1」と「2」の医療機関同士は定期的にカンファレンス行い、感染症対策に関連する課題を議論・解決してきた実績があります。

　したがって、「感染防止対策加算」の枠組みを利用した連携をベースに、行政とも連携しながら、社会福祉施設などの医療関連施設との連携、あるいは訪問型の福祉サービスへも連携を広げていくことが重要な課題となります。

　われわれは COVID-19 のパンデミックにおいて、地域内で同時多発的に発生するクラスターを経験してきました。そのため、感染拡大時には連携自体が不可能になることも想定されます。そのような場合に備えて医療機関ごと、あるいは地域全体で事業継続計画（BCP：Business Continuity Planning）を策定しておくことも肝要であると考えます。感染症 BCP については、**Q40**（244 ページ参照）で解説しています。

▌参考文献

1）総務省「新公立病院改革ガイドライン」
　　https://www.soumu.go.jp/main_content/000382135.pdf
2）一般社団法人日本感染症学会　https://www.kansensho.or.jp/
3）公益財団法人日本看護協会　https://www.nurse.or.jp/

院内の感染防止に効果的な対策を教えてください

解説

▶ 感染対策の相手が「目に見えない」ことを認識する

▶ 症状や検査だけに頼ってはいけない

▶ 標準予防策を職員全員で共有し、その実践を徹底する

1　感染防止対策の基本

1 闘う相手は目に見えない

　院内の感染防止対策を効果的に行うためには、まずは感染対策の相手を知ることが重要になります。つまり、われわれが感染対策を行う相手は、「肉眼で見ることができない」ことを認識し、「目に見えないものを相手にしている」という事実を知ることが、感染対策のはじめの一歩になります。

2 症状や検査だけに頼らない

　また、感染対策の相手である微生物は、体内に侵入してもすぐに症状を出すわけではなく、「保菌」や「潜伏期」という状態であることもあります。さらに、感染症の検査においては、感染しているにもかかわらず、検査感度やウィンドウ・ピリオド（病原体を検出できない空白期間）の問題などから、検査が陽性にならない場合もあります。したがって、症状や検査だけに頼る判断では、感染対策に"抜け"が出てしまう可能性があります。

　一方、感染症は小さなほころびから、大きなアウトブレイクへと進展することがあることから、細心の注意が必要です。しっかりとした感染対策を構築し、実践していくことが大切です。そのために最も効果的な対策が標準予防策になります。

2　標準予防策の実践

■ 標準予防策とは何か

　標準予防策は、米国の疾病対策予防センター（CDC：Centers for Disease Control and Prevention）が提唱した感染予防対策のガイドラインであり、広く世界中で取り入れられています。医療に関連するあらゆる場所において用いられるべきものであり、感染症のあるなしにかかわらず、医療等を受けるすべてのヒトに適応しなくてはいけない対策です。この標準予防策には**図表 9-3** に示す項目があります。

■ 標準予防策の内容と実践

①手指衛生

　手指衛生は、院内において病原体が広がるのを防ぐための最も重要な対策です。全職員が、日常診療において手指衛生を習慣化しておくべきです。医療現場での手指衛生には、アルコールベースの手洗いが菌の減少率という側面から効果的ですが、手が目に見えて汚れている場合（汚れ、血液、体液など）には、石けんと流水を使用し、物理的に汚れを洗い流す必要があります。また、手指衛生の方法を**図表 9-4**、手指衛生をすべきタイミングを**図表 9-5** に示します。

図表 9-3　標準予防策の内容

> 1. 手指衛生

> 2. 個人防護具（Personal Protective Equipment：PPE）の適切な使用

> 3. 呼吸器衛生

> 4. 鋭利物の安全管理

> 5. 安全な注射手技

> 6. 滅菌物の管理

> 7. 環境表面の清掃および消毒

出典：Standard Precautions for All Patient Care, Infection Control Basics, Infection Control, Centers for Disease Control and Prevention より引用、一部改変

図表 9-4　手指衛生の方法（例）

1　手のひらに石けんをとる

2　手のひらをこすり合わせる

3　手の甲のしわを伸ばすように擦る

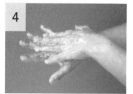
4　もう片方の手のひらを擦る

5　手のひらに石けんを泡立て指先、爪の間を洗う

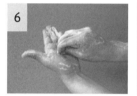
6　反対の指先、爪の間を洗う

7　指をクロスさせ指の間を洗う

8　母指をねじり洗う（両手）

9　手首を丁寧に洗う（両手）

10　流水でよく洗う

11　ペーパーで水分をよくふき取る

いつでも、洗い残しがないように、手順を決めて実施することが大切

図表 9-5　手指衛生をすべきタイミング

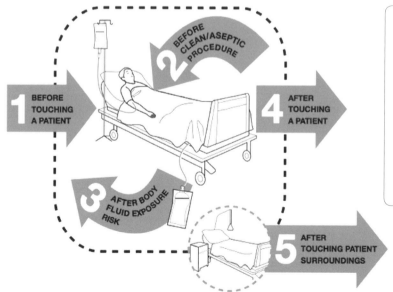

1　患者に触る前

2　清潔操作の前

3　体液暴露リスクの後

4　患者に触れた後

5　患者周囲環境に触れた後

出典：WHO, Standard precautions: Hand hygiene; https://openwho.org/courses/IPC-HH-en より引用一部追記

② PPE（**Personal Protective Equipment：個人防護具**）

PPEとはゴーグル、マスク、ガウン、手袋など、スタッフを病原体から守るための装備です。PPEの適切な使用は感染から自分自身の身を守ることができます。また、自分自身が感染を広げるリスクを低減することが可能です。

PPEは基本的に単回使用が望まれます（素材によってはリユース可能なものもあります）。使用にあたっては、その効果を最大限に生かすために適切な着脱が必要になります。何のために着用するのかという目的意識を持ち、また、脱ぐときにはPPEから汚染される状況を想定するなど、定期的なトレーニングを行っておくことが重要です。

③咳エチケット

咳やくしゃみなどに含まれる飛沫の広がりを抑えるために、咳やくしゃみが出るときには口元を覆うことが咳エチケットの概念です。しかしながら、新型コロナウイルス感染症の発生以降、「ユニバーサルマスキング（咳などの症状がなくてもマスクを着用すること）」が主流となっています。

④鋭利物の安全管理

医療関連施設においては、針などの鋭利物を頻回に扱うことから血液媒介病原体への感染リスク機会があることを職員全体で理解しておくことが必要です。たとえば、注射針の安全な取り扱いルールを現場の意見を取り入れながら決定し、職員全員で共有します。

さらに、鋭利物の安全管理は、鋭利物で損傷しないように、安全装置の導入や鋭利物廃棄容器の活用、鋭利物を扱う現場環境の整備も含めて行います。安全装置は施設に導入しただけではその効果を十分に生かせないので、安全装置の適切な使用方法を職員全員が理解しておく必要があります。

⑤安全な注射手技

不適切な注射手技あるいは点滴手技は、病原微生物の院内伝播の原因になります。したがって、患者に投与する点滴などは清潔な場所で無菌的に準備される必要があります。具体的には、点滴作成時の手順を現場と感染担当部署で作成し、注射手技にかかわるすべての職員が理解し、実践することが重要です。

⑥滅菌物の管理

滅菌対象物の素材等により、高圧蒸気滅菌やガス滅菌などの滅菌方法を検討する必要があります。滅菌の際には滅菌が確実に行われていることを確認するために滅菌保証が必要になります。また、確実に滅菌された滅菌物は適切に管理されていれば、開封されない限り、その無菌性は担保されています。

一方、滅菌物の有効期限に関しては「時間依存型滅菌性維持（TRSM：Time-Related-Sterility-Maintenance）」と「イベント依存型滅菌性維持（ERSM：Event-Related-Sterility-Maintenance）」の2通りの考え方があり、両者を併用して管理している施設もあります。

図表9-6　環境表面の清掃

分類			場所	処理方法
環境表面	ヒトの手があまり触れない環境表面	水平面	床など	定期的清掃
		垂直面	壁など	汚染時の清掃
	ヒトの手がよく触れる環境表面		ベット柵、ドアノブなど	1日1回以上の定期的な清掃 or 消毒

⑦環境表面の清掃および消毒

　環境表面は、「ヒトの手がよく触れる高頻度接触面」と「ヒトの手があまり触れない環境表面（床やカーテンなど）」に分けて対応する必要があります（**図表 9-6**）。その清掃頻度や清掃時に消毒薬を用いるかどうかは、ヒトの手が触れるかどうかで大きく異なってきます。現場で混乱しないようにルール化しておく必要があります。

■参考文献

1）Standard Precautions for All Patient Care, Infection Control Basics, Infection Control, Centers for Disease Control and Prevention; https://www.cdc.gov/infectioncontrol/basics/standard-precautions.html
2）WHO, Standard precautions: Hand hygiene; https://openwho.org/courses/IPC-HH-en
3）一般社団法人日本医療機器学会「医療現場における滅菌保証のガイドライン2015」
4）ヨシダ製薬「Y's Letter Vol.2 No.32」

感染管理体制の構築に向けて人材やチームの育成はどう進めればよいですか？

解説

▶院内感染対策チームのメンバーは、それぞれの職域ごとにスキルアップを図る

▶リスクアセスメントに基づいた感染対策でチーム力を上げる

▶活動目標の達成に向けて PDCA サイクルを回し、より強固な感染管理体制を構築する

1 院内感染症対策はチームで取り組む

1 院内感染対策チームの役割とメンバー

　多くの病院では、「院内感染対策チーム（ICT：Infection Control Team）」が構成され、施設内の感染対策にあたっています。院内の感染管理体制を構築するためには、ICT を軸に施設全体で感染防止に取り組む環境を整えていく必要があります。

　院内感染対策では、サーベイランスやコンサルテーション、教育など、多岐にわたる活動があり、特定の職種のみで対応するのではなく、多職種で構成されるチームで行います[1]。

　ICT メンバーには、それぞれの職種の専門性と、それに基づく感染症対策の知識・経験が求められます。日本では 2012（平成 24）年度診療報酬改定において「感染防止対策加算」が新設されましたが、その施設基準ではメンバーについても言及されています（**図表 9-7**）。実際、病院では、施設ごとのメンバーは多少異なっているものの、医師（歯科医師）、看護師、薬剤師、臨床検査技師、事務職員に加え、リハビリテーション科スタッフ、管理栄養士、診療放射線技師など、さまざまな専門職で構成されるチームが活動しています。

　感染管理体制を確実なものにするためには、それぞれの専門職域のメンバーのスキルアップと、チーム力の向上が求められます。

（1）感染防止に係る部門（以下「感染防止対策部門」という。）を設置していること。
（2）（1）に掲げる部門内に以下の構成員からなる感染制御チームを組織し、感染防止に係る日常業務を行うこと。

ア）感染症対策に３年以上の経験を有する専任の常勤医師（歯科医療を担当する保険医療機関にあっては、当該経験を有する専任の常勤歯科医師）
イ）５年以上感染管理に従事した経験を有し、感染管理に係る適切な研修を修了した専任の看護師
ウ）３年以上の病院勤務経験を持つ感染防止対策にかかわる専任の薬剤師
エ）３年以上の病院勤務経験を持つ専任の臨床検査技師
　「ア」に定める医師又は「イ」に定める看護師のうち１名は専従であること。

出典：厚生労働省施設基準要件から一部抜粋

2 ICT メンバーの職域ごとの人材育成

　ICT メンバーは、自己の持つ専門性をその施設の感染症対策に発揮することが求められています。それぞれの職種において感染症対策に関する資格制度がある場合は、取得することが望まれます（**図表 9-8**）。職域ごとの専門性を高める努力が求められるなか、資格取得を目指すことで、感染症対策に関する基本的な知識が習得でき、自身の持つ専門性をさらに生かすことができるようになります。

2　リスクアセスメントでチーム力を引き出す

1 リスクアセスメントに基づいた感染対策

　ICT のチーム力は、メンバー個人個人の知識と経験をどれだけ引き出すことができるかにかかってきます。普段、メンバーは所属部署で個人の職能スキルを発揮することが強く求められていますが、ICT は個人のスキルをお互いに引き出す選抜チームです。メンバーがお互いの力を引き出すためには活動のゴールを設定し、共通の目的を持つことが重要です。

　ICT の最終目標は「医療関連感染ゼロ」です。その目標に向かって、自施設の課題を抽出し、必要な対策に優先順位をつけます。そのための有効なツールがリスクアセスメン

図表9-8　資格制度とその概要[*]

資格制度	対象となる職種	認定要件	認定機関
インフェクションコントロールドクター	医師・薬剤師・臨床検査技師など	医師歴が5年以上の医師または博士号を取得後5年以上のPhD	ICD制度協議会
感染管理認定看護師	看護師	協会が認定する教育機関で教育を受け、感染管理に必要な知識・技術を修得後、認定審査を受け認定された者	日本看護協会
感染制御認定薬剤師感染制御専門薬剤師	薬剤師	認定：薬剤師としての実務経験を3年以上有し、3年以上施設内において、感染制御活動に従事している者	日本病院薬剤師会
感染制御認定臨床微生物検査技師	臨床検査技師	認定臨床微生物検査技師であり、医療関連の感染制御に関する活動実績がある者	ICMT制度協議会

＊：各認定要件の詳細については、認定機関の基準を確認してください（参考文献2～5）

トです。

　施設により患者背景、診療体制、医療体制が異なるなか、その施設にとって本当に必要な対策に重点を置いた活動を行うためには、必要な活動を選択・分類し、優先順をつけていくことが大切です。リスクアセスメントを行うことで、優先して対応すべきリスクとその理由を明らかにすることができるようになります。

　リスクアセスメントに基づいた活動を始めると、自分たちの取り組んでいることが目に見える形になることに気づきます[6]。**図表9-9**のような流れを考えてみましょう。

　ICTあるいは感染管理室や感染管理専門看護師、感染管理医師が中長期の計画を立てます。病棟では、感染対策を担当するリンクナース（専門チームや委員会と病棟看護師をつなぐ看護師）や各部署にいるICTチームのメンバーたちが計画に沿って短期的なゴールを目指した具体的な活動を計画し、実行していきます。それらはすべて戦略、つまり、リスクアセスメントに基づくシナリオに沿ったものです。

図表9-9　リスクアセスメントに基づいた感染対策

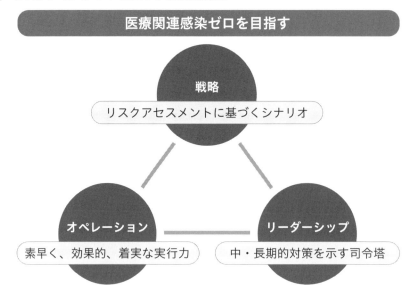

2 リスクアセスメントシートでリスクを評価する

　リスクアセスメントは、ICTや感染管理室メンバーなどの多職種で取り組みます。それぞれの職種が持つ専門知識や経験、それらに基づく感染症対策の視点でリスクをとらえていきます。

　図表9-10 は、リスクアセスメントシートの一例です。まず、医療機関における感染症対策上のリスクと考えられている項目を書き出していきます。次に、それぞれのリスクについて、「起きやすさ」「インパクト」「対策・システム」の3つのカテゴリーで評価していきます。

①起きやすさ

　発生の可能性であり、過去の報告や自施設での経験から判断します。

②インパクト

　発生した際の被害の大きさや重大性を意味します。生命の危機や社会的信頼の失墜は最大のインパクトと考えられます。

③対策・システム

　リスクに対して探知する仕組みがあるかどうかを考えます。

　具体的には、対応する部門が決まっているか、マニュアルはあるか、内容は適切かなど

図表9-10　リスクアセスメントシートの例

リスク 問題点・課題	起きやすさ					インパクト					対策・システム					合計
スコア	4	3	2	1	0	5	4	3	2	1	5	4	3	2	1	
医療関連感染																
手術部位感染			✔					✔				✔				8
カテーテル由来 血流感染			✔			✔					✔					12
環境由来																
レジオネラ症				✔			✔						✔			9
注射薬汚染				✔		✔							✔			10

を検討します。１つひとつのリスクに対して、①〜③の項目を５段階でスコア化します。数字は大きくなるほど、状況が悪い、深刻であることを意味します。スコアを決めるときは、自施設のサーベイランスデータ、耐性菌発生率、手指衛生順守率、抗菌薬使用率など、数値を用いて客観的に評価します。その際に、感染管理室、看護部、薬剤部、検査部、事務それぞれが、自部門で取り扱うデータを感染症対策の視点で収集・解析する必要があります。

　スコア化が終了したら、合計点数を求め、優先順位をつけていきます。例に示したリスクアセスメントシートは簡略化したものですが、実際に使用するときは、カテゴリーにより重みづけを行います。たとえば、インパクトの「５」はときに致死的な状況を示すため、対策システムがない「５」と同等とは考えず、点数に係数をかけて重みをつける、といった作業を行います。

　初めて実施するときは、項目の書き出しとスコア化から始めます。スコアをつけるための客観的なデータや情報は、感染症対策の評価に必要なものであり、チーム内でディスカッションしながら作業を進めることで、メンバー全員がリスクに対する共通認識を持つことができるようになります。

　優先順位が高いもの、特に早急な対策が必要なものを抽出し、それぞれに対して、目標と具体的な対策、時期、評価の方法を書き出していきます。

3 活動目標は PDCA サイクルの上で実行する

■1 PDCA サイクルの活用

　リスクアセスメントにより、実施すべき対策が決まり、ゴール設定をすることができます。着実な実行とゴール達成のため、活動は「PDCA サイクル」にのせていきます。

　PDCA サイクルは、「Plan（計画）→ Do（実行）→ Check（評価）→ Act（改善）」の4段階を繰り返すことによって、業務を継続的に改善する仕組みです。まず、明確な目的のもとに目標を設定し、客観的に評価するための指標を設定します。また、実施の根拠となる院内マニュアルやサーベイランスレポートなどの確認を同時に行い、それらを文書化していきます。

　対策を実施するエリア、範囲、担当者、連絡方法を明確にし、定期的な記録を残します。レポートを作成するときは、データをグラフ化して視覚的にわかりやすくし、解説を加えることで、一般スタッフが、自分たちの行動がどのように感染症対策の向上につながるのかを「見える化」します。

■2 ゴールや目標設定、計画立案の具体例

　一例として、手指衛生順守率を考えます（**図表 9-11**）。「院内感染をゼロにする」を目的とし、そのためのゴールを「手指衛生の確実な実施」とします。現在の手指衛生順守率をモニタリングデータから確認し、たとえば 50% であったものを 70% にすることを目標として設定します。感染管理室、感染対策委員会などにおいて現状と改善のための対策計画を立てます。対策計画の承認を得たら計画に基づき、各現場でリンクナースが中心となって改善のための具体的な方法、勉強会、実習、ポスターなどを実施し、定期的に手指衛生順守率をモニターします。改善が見られないときは、実施している対策を見直し、修正することで、絶えず小さな PDCA サイクルを回していきます。

　このようなプロセスを経ることで、施設全体がゴールに近づいていることをスタッフ全体に目に見える形で伝えていくことが可能となります。

　リスクアセスメントに基づく感染症対策は、ICT メンバーの専門性の向上、チーム力の強化、継続したコミュニケーションを可能とし、より強固な感染管理対策を構築することにつながります。

図表9-11　リスクアセスメントに基づく PDCA サイクルとその実践

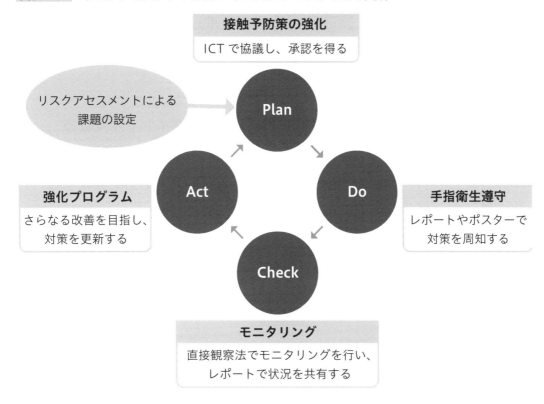

接触予防策の強化
ICT で協議し、承認を得る

リスクアセスメントによる
課題の設定

Plan

Do

手指衛生遵守
レポートやポスターで
対策を周知する

Act

Check

強化プログラム
さらなる改善を目指し、
対策を更新する

モニタリング
直接観察法でモニタリングを行い、
レポートで状況を共有する

参考文献

1) 賀来満夫「感染症治療において薬剤師に期待するもの」『薬学雑誌』131:1403-1405, 2011.（日本薬学会）

2) ICD 制度協議会「インフェクションコントロールドクター（ICD）」
http://www.icdjc.jp/

3) 公益社団法人日本看護協会「感染管理認定看護師養成推進事業」
https://nintei.nurse.or.jp/nursing/qualification/kansencn

4) 一般社団法人日本病院薬剤師会「感染制御専門薬剤師部門」
https://www.jshp.or.jp/senmon/senmon2.html

5) ICMT 制度協議会「感染制御認定臨床微生物検査技師（ICMT）制度」
http://www.jscm.org/icmt_new/index.html

6) 吉田眞紀子「外部評価を視野に入れた感染対策とラウンド」『INFECTION CONTROL 2014 春季増刊』226-232.（メディカ出版）

感染症 BCP の策定手順と注意事項を教えてください

- ▶ 災害と感染症では BCP 策定のポイントが異なる
- ▶ BCP は定期的なブラッシュアップが必要
- ▶ 有事に想定される状況を把握し、対応力を強化する

1 感染症 BCP の基本的な考え方

1 通常の医療をどのように継続するのか

　新型コロナウイルス感染症や新型インフルエンザウイルス等の社会的にインパクトのある感染症が流行すると、通常どおりの診療業務の実施が困難になることがあります。特に治療法やワクチンなどが確立されていない状況では、感染症に対する恐怖感と差別的意識のみが先行し、通常の医療提供を一部停止せざるを得なくなります。

　しかしながら、医療機関はそうした場合でも、医療機関の特性や規模に応じて診療業務に優先順位をつけ、業務を継続・実施していかなくてはなりません。そのためには、あらかじめ日常診療業務のなかでどのように優先順位づけを行うかなどを含めた事業継続計画（BCP：Business Continuity Planning）を策定しておく必要があります。一般的に BCP の基本的要素としては、バックアップシステムの確保、災害に即応した要員の確保、迅速な安否確認が考えられています。

2 災害と感染症では BCP 策定のポイントが異なる

　一方、大規模災害に備えた BCP では、新型コロナウイルス感染症に起因する業務困難例に十分に対応できないとの報告がなされ、BCP の見直しが行われています。このような事例を受け、個別の災害リスクごとに BCP を策定するよりも、あらゆる災害に対応可能なオールハザード型 BCP への見直しがなされつつありますが、災害と感染症では BCP の目的が大きく異なります（**図表 9-12**）。災害対応 BCP は「業務をいかに早く発災前の状態に復旧させるか」がポイントになるのに対して、感染症対応 BCP は「いかにして必要業務を維持するか」に力点が置かれます。

図表9-12　災害と感染症の BCP イメージ

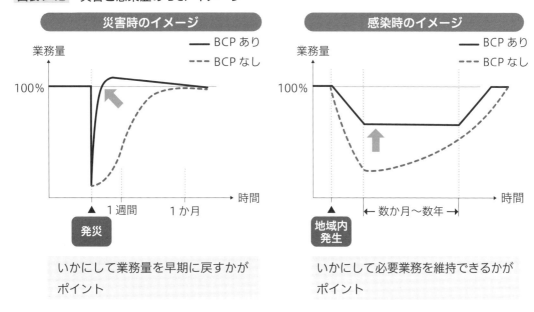

災害時のイメージ

感染時のイメージ

いかにして業務量を早期に戻すかが
ポイント

いかにして必要業務を維持できるかが
ポイント

出典：　平成 24 年度厚生労働科学研究費補助金新型インフルエンザ等新興・再興感染症研究事業「新型インフルエンザ発生
時の公衆衛生対策の再構築に関する研究」分担研究「新型インフルエンザ等発生時の診療継続計画作りに関する研究」
より引用一部改変

2　感染症 BCP の策定──確固たる対応力を備える

① BCP は定期的なブラッシュアップが必要

　BCP は、はじめから完璧なものを策定することが困難であることから、**図表 9-13** に示す①〜⑤の手順で定期的にブラッシュアップしていくことが肝要となります。

　①は組織トップが組織としての方向性を明確に打ち出すことが必要になります。②は①を受けて、具体的に業務計画を策定し、③は②と重複する部分はありますが、実際に運用するための準備を行います。④は全職員が BCP の重要性について認識する必要があることから全職員を対象とし、⑤は平時から訓練などをもとに BCP 内容を定期的に点検し、組織の上層部とともに内容の是正を行います。そして、⑤をもとに方針の定期的な見直しを行うことによって、BCP をブラッシュアップしていきます。

② BCP に記載する内容と有事に想定される状況

　実際の BCP には、「考え方」「具体的な行動内容」「行動に伴う課題とその解決へ向けた

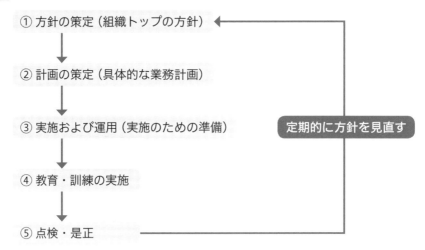

図表9-13　BCP策定の手順

① 方針の策定（組織トップの方針）

② 計画の策定（具体的な業務計画）

③ 実施および運用（実施のための準備）

④ 教育・訓練の実施

⑤ 点検・是正

定期的に方針を見直す

出典：東京都保健福祉局「大規模地震発生時における災害拠点病院の事業継続計画（BCP）策定ガイドライン」より
引用一部改変

取り組み」を記載します。その構成内容は**図表9-14**に示します。また、過去の災害から**図表9-15**に示す状況が想定され、その対応策も考慮しておく必要があります。特に感染症パンデミック時には、①④⑤⑦の項目が問題となります。

　院内で想定外の数の感染者が発生してしまった場合には、指揮系統が乱れ、パニック状態になることが想定されます。また、病院職員がその感染症に罹患してしまった場合や濃厚接触者として認定されてしまった場合には、業務継続に必要な人員の確保ができなくなることも想定されます。したがって、通常時の人員配置が部門ごとにどのようになっているのかを確認し、限られた人員のなかでどのような業務が可能であるかなどを検討し、シミュレーションしておくことが大事です。さらに、発生した感染症の感染経路が空気感染の可能性が想定される場合には、換気環境の整った診療スペース（空間分離・時間的分離も含め）の確保が必須になることから、診療スペースに関してもBCP内で検討しておく必要があります。

　一方、業務遂行にあたっては、職員を感染症から守るための個人防護具（PPE：Personal Protective Equipment）の備蓄や日常からのPPE着脱訓練も検討すべき課題になります。感染症による業務遂行困難事例は、1つの病院に留まらず、地域内で同時多発的に起きることがあるため、地域を超えた枠組みでの応援体制の確立も必要です。加えて、ひとたび病院内で感染症が発生すると、実際には感染していないものの、自宅に帰ること

図表 9-14　BCP の構成内容

考え方	具体的な行動内容	行動に伴う課題とその解決へ向けた取り組み
● BCP の方針 ● 策定フロー ● 現状 ● 被害想定 ● 優先業務の列挙	● 実施業務内容 ● 目標レベル ● 目標時間 ● 実施に必要な資源 　・情報 　・ヒト 　・ものなど	● 課題と解決に向けた取り組み ● 訓練・教育 ● 点検・是正 ● 見直し

出典：東京都「大規模地震発生時における災害拠点病院の事業継続計画策定ガイドライン」より引用一部改変

図表 9-15　過去の災害から想定される状況

① 指揮命令系統の混乱

② 建物損壊による使用制限

③ ライフライン断絶

④ 人員・医療器材の不足

⑤ 帰宅困難者の発生

⑥ 通信手段断絶による情報不足

⑦ 応援医療チームの派遣中止

出典：東京都保健福祉局医療政策部救急災害医療課「大規模地震災害発生時における医療機関の事業継続計画（BCP）策定ガイドライン」（平成 24 年 7 月より引用）

をためらう職員も出てきます。そのような職員のために宿泊場所の確保や、その間の食事の提供なども検討しておく必要があります。

　病院は一般企業とは異なり、平常時の院内体制を確保できない状況下においても一定の医療サービスを提供しなければなりません。そのため病院における BCP、特に感染症に対応する BCP は、より確固たる対応力を備えることが求められます。

▌参考文献

1）東京都保健福祉局医療政策部救急災害医療課「大規模地震災害発生時における医療機関の事業継続計画（BCP）策定ガイドライン」（平成 24 年 7 月）

2）平成 24 年度厚生労働科学研究費補助金新型インフルエンザ等新興・再興感染症研究事業「新型インフルエンザ発生時の公衆衛生対策の再構築に関する研究」分担研究「新型インフルエンザ等発生時の診療継続計画作りに関する研究」

3）平成 25 年度厚生労働科学研究費補助金新型インフルエンザ等新興・再興感染症研究事業「新型インフルエンザ等発生時の市町村におけるワクチンの効率的な接種体制のあり方の検討」分担研究「新型インフルエンザ等に対する医療機関における BCP 策定の手引きの検討」

4）厚生労働省老健局「介護施設・事業所における新型コロナウイルス感染症発生時の業務継続ガイドライン」（令和 2 年 12 月）

5）内閣府「事業継続ガイドライン第三版─あらゆる危機的事象を乗り越えるための戦略と対応─解説書」（平成 26 年 7 月）

事例から学ぶ
公立病院の
再編統合・
経営効率化

地方独立行政法人化により経営危機から脱却 さんむ医療センターの病院改革

地方独立行政法人さんむ医療センター理事長 **坂本昭雄**

1 地方独立行政法人化までの経緯

当院は千葉県九十九里平野の太平洋に面した山武市（人口約5万人）にあります。1952（昭和27）年に23町村により病院組合が設立され、組合立国保成東病院として開院しました。以後、移転・増床と市町村合併を経て、2010（平成22）年3月の組合解散時は2市2町（山武市、東金市、九十九里町、芝山町）の運営による一般急性期350床の病院でした。病院の立地場所は4つの構成団体の真ん中に位置していました。

当院の地方独立行政法人化は2009（平成21）年10月に組合議会で決定され、その後わずか半年後の2010年4月に新設型地方独立行政法人として新たな病院運営がスタートしました。当時を振り返ると、たった6か月間でよくスタートできたものだといまでも思っていますが、独法化にあたっては、①地域医療センター構想の破綻、②内科の崩壊、そして、それに伴う③経営危機——の3つの大きな誘因があったと考えています。

❶ 山武地域医療センター構想の破綻

当時、山武地域には当院のほかに、南に県立東金病院、そして、さらに南に国保大網病院と3つの公立病院がありました。3病院の病床数は合わせて600を超え、医師は70人近く、看護師は360人ほどでした。どの病院も医師の派遣は千葉大学医学部からです。

私は、中小病院の乱立よりも合併して医療資源を集中させて1つの大きな急性期病院（450床）をつくろうと音頭をとり、新たな急性期の病院と既存の建物を利用する「山武地域医療センター構想」として、2001（平成13）年に当時の成東町長とともに千葉県に陳情に行きました。その結果、国保病院と県立病院の合併構想委員会が2003（平成15）年にスタートします。しかしながら、往々にしてありがちなことですが、最後の候補地選定で折り合いがつかず、構想は破綻しました。

❷ 内科医の一斉退職

当時の当院は救急基幹病院ではありませんでしたが、山武郡（2006［平成18］年

の合併後、山武市）の内科系と外科系の夜間二次救急輪番体制のうち、月の夜間当番日の半分を受け持っていました。医師総数は 30 人程度で、救急車は年間 2,500 台ほど、夜間救急患者は年間 4,000 人ほどを受け入れ、かなりの過重労働を強いられていました。

そうしたなか、2005（平成 17）年に救急基幹病院である県立東金病院が前年に発足した新医師臨床研修制度のあおりを受けて、医局に内科医師を引き上げられ（11人が 4 人に減少）、7 日間担当していた夜間二次救急輪番を返上してきました。

そこで、当院は返上された輪番日を吸収して、新たに月の輪番日の 3 分の 2 を引き受けましたが、内科の外来患者や救急搬送の急増による負担増のため、2006 年 3 月末に内科医 11 人の一斉退職という事態を招きました。このことはテレビや新聞で全国に報じられ、地方での医療崩壊が起こり始めたことを世に広く知らしめた出来事でした。

❸ 経営危機

内科医師の一斉退職の結果、病院経営は極度に悪化し、2006 年は単年度で 10 億円以上の赤字を計上しました。資金不足となったため、千葉県の振興基金から 3 億円を借りるとともに、県指導のもと、想像を絶する厳しい経営改善を行いました。千葉県立病院群も負担金頼りの大赤字経営ですが、厳しい経営指導を受けたとは聞いていません。身内には甘く、他人には非常に厳しいようです。このときに経営診断を行い、

経営健全化の有力な選択肢の 1 つとして、地方独立行政法人化が挙げられました。

2007（平成 19）年には、全国の公立病院の多くが赤字経営となっているため、総務省が経営の効率化、再編ネットワーク、経営形態の見直しを掲げて、「公立病院改革ガイドライン」を策定しました。当院では 2008（平成 20）年 3 月の構成市町長会議で、地方独立行政法人化を検討することが確認されましたが、自分たちの病院をつくりたい東金市と九十九里町の意向もあり、2009 年 10 月の構成市町長会議で一部事務組合の解散と、山武市単独での地方独立行政法人となることが議決されました。その後は、わずか 6 か月という超特急で準備を進め、翌 2010 年 4 月には地方独立行政法人さんむ医療センターが運営開始となりました（**図表 1-1**）。

組合を離れた東金市と九十九里町は、破綻した山武地域医療センター構想の候補地（ゼネコン所有地）に、新たに救命救急センターを併設した 300 床の同規模病院（現在の東千葉メディカルセンター）をつくることとなりました（**図表 1-2**）。再編統合を促している総務省の「公立病院改革ガイドライン」とは真逆の組合解散・新たな病院建設は、全国でもここだけだと思います。

2　独法化に向けた地域住民・職員への周知と理解

❶ 地域住民への周知・理解

多くの地域住民に独法化について理解し

図表 1-1　さんむ医療センターの病院概要

稼働病床数（許可病床数）		
・一般病棟	137 床	（190 床）
・回復期リハビリテーション病棟		
	36 床	（40 床）
・緩和ケア病棟	20 床	（26 床）
・地域包括ケア病棟	40 床	（46 床）
・人間ドック	10 床	（10 床）
合計	243 床	（312 床）

診療科目
内科、循環器内科、呼吸器内科、消化器内科、緩和ケア内科、総合診療科（院内標榜）、外科、大腸・肛門外科、小児科、産婦人科、整形外科、脳神経外科、耳鼻咽喉科、眼科、泌尿器科、皮膚科、小児外科、麻酔科、歯科口腔外科、リハビリテーション科、形成外科（院内標榜）

併設施設
訪問看護ステーション、居宅介護支援事業所

指定告示等
救急告示病院

図表 1-2　山武長生夷隅保健医療圏の公立病院

てもらうために、新聞の折り込みとして配られる山武市の広報紙を活用しました。2009 年 10 月に独法化が議決されたことを受けて、翌 11 月には山武市からの重要なお知らせ「国保成東病院について」との見出しで、新聞の折り込み広告でお知らせしました。その後は山武市の広報紙で翌年 3 月まで毎月、計 5 回にわたって住民に周知しました。

　内容は多岐にわたり、「地方独立行政法人ってなに？」から始まり、独法化の経緯、合意内容、市長・理事長のコメントといった、さまざまなお知らせとともに、組合立国保成東病院時代の決算状況から独法化後の中期目標、収支見込みなど幅広く掲載しました。

　一方、独法化反対のビラを配布した市民グループもありました。独法化を住民に説明して理解を得ることはかなり難しく、来院する皆様にはこれまでと変わりなく医療サービスの提供を行うことを説明してご納得いただきました。

❷ 職員への周知・理解

最も時間と労力を費やしたのは職員への周知と理解です。医師は公務員であることにこだわりを持っていませんが、それ以外のほとんどの職員は公務員でなくなることへの漠然とした不安を抱いていました。そのため、まず職員がいま考えていることや不安に思っていることを知ることを目的に、全職員に対してアンケート調査を行いました。さまざまな答えが返ってきましたが、多くは身分保障や給与関係に対して不安を感じていました。

その後、アンケート調査をもとに、市長とともに職員説明会を5回実施し、全員雇用と2年間の現給保障を約束しました。さらに、医師と事務職員以外の職員全員に総務課長と2人で個人面談を行いました。仕事が終わってから1人30分〜1時間ほどかけて話をしましたので、面談は4か月ほどかかりました。

私にとって、この個人面談は一番きつい仕事でしたが、結果として退職者は公務員の継続を希望した看護師4人のみでした。また、看護師に関しては、千葉県から独法化の許認可条件として就業志望看護師名簿の提出を求められていたため、就業意思確認後に千葉県の市町村課に就業希望看護師名簿を提出しました。

❸ 職員の雇用条件

給与体系は、医師は据え置き、看護師とコメディカルは国立病院機構に準じ、事務職員は社会福祉法人に準じて設定しまし

た。ただ、地方における看護師確保は困難なことが多いため、看護師は医師と同様に初任給調整手当を新たに設けて、子育て世代に手厚い給与体系としました。健康保険は千葉県市町村共済組合から脱退し、千葉県医業健康組合に加入し、年金は地方職員共済組合に継続加入となりました。

3　独法化後の経営改革

❶ 病棟再編と DPC 導入

ゆりかごから墓場までの地域包括ケアを自院単独で提供できるように、年月をかけて病棟の再編成を行いました。当院は整形外科の手術が多いため、独法化と同時に一般急性期病棟の1病棟を回復期リハビリテーション病棟に転換し、整形外科患者のみならず、脳疾患でリハビリを希望する患者も他院から積極的に受け入れました。がん患者も多いため、2014（平成26）年には緩和ケア病棟を開設しました。現在でも二次医療圏内で唯一の緩和ケア病棟であり、2016（平成28）年には厚生労働省より地域がん診療病院の指定を受けました。

また、独法化後、ただちにDPCに手上げをし、2012（平成24）年にDPC病院となりました。2016年には地域包括ケア病棟を開設した結果、従前よりあった訪問看護ステーションを含めて、自院での地域包括ケアシステムを構築できました。

病棟再編成とDPC導入の経営に対する効果は、一般急性期病棟の在院日数の短縮・

入院単価の上昇や、医業収益に対する材料費（薬品費＋診療材料費）の減少（17〜18％程度）、後発医薬品使用率の上昇（98％前後）などと相まって経営改善の一助となっています。

さらに、一般急性期病床が減るとともに、看護師が増加し、2015（平成27）年から7対1の看護配置基準をとれたことも経営改善に大きく貢献しました。DPC参加によって、コストを抑えれば当然のことながら利益が増え、自院と他の類似病院との比較も可能となります。中小規模の病院でもDPCは積極的に参入すべきであると考えます。

物品購入に関しては、独法化以前のように一般競争入札による最低落札価格に縛られることがなくなったため、さらなる価格交渉を行いました。備品登録を行う10万円以上の物品の購入は理事長自らすべての落札業者と厳しい価格交渉をしています。

❷ 退職金

現在、公立病院の退職金制度がどのようになっているのかはわかりませんが、独法化前後に退職金について調べたことがあります。独法化前は千葉県市町村総合事務組合に退職金を積み立てていましたが、これは病院にとって2つの点で大きな不利益でした。

1つ目は退職金の引当率です。当時は本給の22％を病院が積み立てていましたが、独法化後は民間並みの6％としました。2つ目は、千葉県市町村総合事務組合に積み立てた退職金は、退職金以外にはまったく使うことができず、塩漬け同然のお金でした。しかし、独法化後は退職金を独自に積み立てており、全職員が一斉退職しない限り一部は手持ちの資金となります。独法化を予定されている病院で退職金を事務組合に積み立てている場合は、組合から脱退して独自に積み立てることをお勧めします。

ちなみに、当時、千葉県市町村総合事務組合では役所以外の病院や事務組合等の42団体はほぼ満額積み立てていましたが、加入している29市、20町村は150億円ほどの積み立て不足額がありました。われわれ病院はどんなに赤字でも退職金は必ず事務組合に積み立てなければなりません。一方、積み立て不足の本庁の役人は退職金として借りることができるというメリットがあります。塩漬け同然のお金を積み立てているわれわれ本庁以外の者に言わせれば、「離れはお粥を啜っているのに母屋ではすき焼きを食べている」みたいなものです。

❸ 医療従事者の確保対策

地方においては医療従事者の確保は困難が伴います。安定的に医療従事者を確保するために独法化後から、医師、看護師、理学療法士、作業療法士を志す学生に対して奨学金制度を設けました。

医師に関しては、開設自治体が積極的に募集しており、現在まで7人の山武市単独の奨学生がおり、うち3人は初期と後期研修中です。看護師奨学金制度は2010年から開始して、現在まで117人に奨学金を貸与してきました。理学療法士、作業療法士は2016年から開始して6人に貸与してい

ます。

4 経営改革の成果——行政サービス実施コストより

病院が住民に提供している医療サービスの費用を示す1つの指標として、行政サービス実施コストがあります。全国の公立病院や地方独立行政法人の病院は、開設者から業務に対する負担金を毎年受け取っています。行政サービス実施コストを見れば、提供した医療サービスのコストに負担金が見合っているかどうかがわかります。

開設者からの負担金は一定の取り決めに従って算定されますが、行政サービス実施コストが負担金を上回っている場合は経営改善を図り、下回っている場合は経営努力の結果であり、決して負担金が過剰であるということではありません。そして、結果として生じた利益剰余金は次へのステップのために積み立てられるべきと考えます。剰余金を過剰と判断して一部返納させている自治体もありますが、改善意欲が低下しないか心配です。

当院が独法化後の10年間に受け取っている負担金が住民に提供している医療サービスのコストとして見合っているかどうかをグラフで見てみると、独法化1年目と2年目の行政サービス実施コストは負担金（1年目は4月・5月分人件費・材料費相当分の5億円を除く）を上回る結果となりました（**図表1-3**）。しかし、前述した病棟再編やDPC導入などによって、その後はほぼ負担金範囲内で医療サービスが提供

できています。ただ、2020（令和2）年2月と3月にCOVID-19の流行によって外来・入院ともに大幅な患者減少があったため、2019（令和元）年度の行政サービス実施コストは増加しました。

独法化後10年の結果として、利益剰余金は17.7億円、流動比率も555.17％と高く、病院側の経営改善努力の結果、築50年となる現病院に代わって、2024（令和6）年5月には新病院が竣工することとなりました。

5 コロナ収束後、公立病院再編は加速する

2021（令和3）年6月現在、COVID-19流行の収束時期はまだ見通せませんが、ワクチンの普及や治療薬の創出によって、いずれは収まっていくでしょう。今回のパンデミック下で、入院加療が必要である患者に対して収容病床の確保が困難な自治体も出てきたことから、このような収容病床逼迫が再び起こらないためにも、公立病院の再編統合や病床削減などは行うべきではないとの意見が聞こえてきます。

しかし、パンデミック収束後は各地域の地域医療構想調整会議が推し進められ、経営改善が進まない中小の公立病院は再編統合を迫られることが必至かと思います。経営改善がなかなか進まない病院では、地方独立行政法人化が大きな選択肢の1つとなるでしょう。

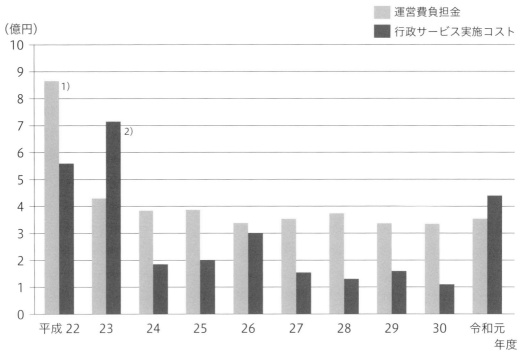

図表1-3　運営費負担金と行政サービス実施コストの推移

（億円）

凡例：
- 運営費負担金
- 行政サービス実施コスト

1）前年度2月・3月分診療報酬は山武市に入るため、4月・5月分人件費・材料費相当分5億円を含む
2）資産除去債務1億4,600万円を含む

県立病院と市立病院の再編統合から13年 山形県・酒田市病院機構が目指す地域の未来

地方独立行政法人山形県・酒田市病院機構病院統括医療監付参事 **佐藤俊男**

1 再編統合までの経緯

❶ 県立病院と市立病院が抱えていた課題

　地方独立行政法人山形県・酒田市病院機構は、山形県立日本海病院（528床）と酒田市立酒田病院（400床）が経営統合し、2008（平成20）年4月に発足しました。当時、県立病院と市立病院の再編統合の事例はなく、多くの懸念材料がありましたが、現状は想定をはるかに超えた成果が出ています。

　県立日本海病院は、1993（平成5）年4月に酒田市で開設しました。神奈川県とほぼ同じ面積を持つ山形県庄内地方（人口約26万人）には、三次救急医療機関がなく、その設置を望む住民、自治体の要望に応えてできた病院です。しかし、開設から15年ほど経過した同院は、約2kmの距離にある市立酒田病院と診療科・機能が競合し、100億円を超える多額の累積損失を抱えて

いました。

　一方、1969（昭和44）年9月の新築移転から約40年が過ぎた市立酒田病院では、建物の老朽化に伴い、改築が急務となっていました。2005（平成17）年3月には、市議会に設置された病院建設等特別委員会が第一次建設マスタープランを策定し、「30床減少し、16診療科に減らして移転改築する」との方向性を示したものの、地元医師会等から「同様の機能のまま移転改築を進めれば、県立日本海病院との競合状態が続き、共倒れになる」などの反発を受け、協議は難航していました（**図表2-1**）。

❷ 山形県・酒田市病院機構の発足

　こうしたなか、2005年6月に外部の有識者を交えた改築委員会が設置されます。メンバーは、全日本自治体病院協議会会長の小山田惠氏、東日本税理士法人代表社員・所長の長隆氏、市立酒田病院病院長の栗谷義樹氏ら5名です（肩書は当時）。

　委員会では早期の結論を目指し、議論を重ね、同年10月に報告書を作成。「厳しい

図表 2-1　主な再編の経過と計画策定

1969（昭和44）年　9月	市立酒田病院現在地に開設
1993（平成5）年　4月	県立日本海病院開設
1994（平成6）年　3月	市病第一次建設マスタープラン策定（500床）
2005（平成17）年　3月	市病院改築第二次マスタープラン策定（370床）
2005（平成17）年10月	市改築等外部委員会報告（統合を）
2006（平成18）年　8月	県外部監査報告（再編統合を）
2006（平成18）年　9月	知事・市長再編統合合意
2006（平成18）年11月	県・市再編協議会開催
2007（平成19）年　3月	県・市統合再編整備基本構想報告
2007（平成19）年　4月	経営形態有識者委員会設置
2007（平成19）年　7月	**一般地方独立行政法人化決定**
2008（平成20）年　3月	**法人中期目標、関連条例議決、基本計画決定**
2008（平成20）年　4月	**法人設立**
2008（平成20）年　5月	業務改善委員会設置

財政状況のもと、県立病院と市立病院を再編統合し、非公務員型の地方独立行政法人を設置することが適当である」と提言しました。また、報告書には、「医療制度を取り巻く急速な変化に迅速かつ的確に対応するには、病院長が予算執行および人事権を持ち、経営の自立性と責任体制を明確にすることが不可欠である。県立・市立といったことに束縛されない柔軟な新しいシステムを採用する必要があり、本気の取り組みと、業績順調な民間病院と同レベルの経営基盤を確立することが望まれる」との内容が盛り込まれました。その主な論点を挙げると、次のとおりです。

①両病院の医療機能調整と患者サービスの向上
②病床数の調整（一般病床の削減）
③経営形態の選択
④財務調整、運営負担金の考え方
⑤理事会の構成
⑥安定した医師・看護師等の確保、職員調整、病院間の人事交流
⑦法人服務規程、給与規定の調整
⑧県、市町村等共済組合の調整
⑨情報システムの統合化
⑩目標管理の体制を固めること
⑪大学医局、地区医師会との調整
　協議を進めるなか、県に対して中間報告

を行いました。しかし、反応は大変厳しく、起債の相談をしていた総務省の反応も同様でした。

一方、地元医師会が中心となり、市民向けのシンポジウムや医師会員と両病院の勤務医による意見交換会を開催しました。市民からは市立病院がなくなることに対する不安の声も上がりましたが、勤務医との意見交換会では、再編統合を希望する前向きな意見やメリットが異口同音に述べられました。

県には、職員の雇用問題に大きく踏み込めるかという懸念がありました。しかし、毎年多額の繰り入れと累積損失を抱え、相当思い切った見直しが必要との指摘を受けていたことから、外部監査を進めることになりました。2006（平成18）年8月には外部監査報告書が出され、そこで初めて両病院を再編統合し、新たな地域医療体制を構築するという方向が整います。

その後、山形県知事と酒田市長をトップとする「山形県・酒田市病院統合再編協議会」が設置され、2007（平成19）年3月に統合再編整備基本構想を策定。山形県議会、酒田市議会の議決、総務大臣の認可を経て、2008（平成20）年4月に、新たな地域医療体制の構築と経営改善、患者サービスの向上を目標として、地方独立行政法人山形県・酒田市病院機構がスタートしました。

❸ 一般病床を削減、機能分担を図る

再編統合後、県立日本海病院は名称を「日本海総合病院」として、528床から646床へ増床、新たに二次医療圏と一部圏域をカバーする救命救急センターを設置しました。市立酒田病院は名称を「日本海総合病院酒田医療センター（のちに日本海酒田リハビリテーション病院に改称）」として、400床から235床へ減床。さらに、2010（平成22）年11月に一般病床から医療療養型病床へ転換（病床数は114床へ）し、急性期機能を担う日本海総合病院と機能分担を図りました。地域の状況を把握しながら一般病床を大幅に減少し（計286床減）、病院同士の機能分担を進めたことは、経営改善の大きな要因になったと考えています。

山形県・酒田市病院機構では2018（平成30）年4月、懸案として残っていた酒田市の旧八幡町病院、離島にある飛島診療所、松山診療所など5診療所を移管・統合しました。現在の庄内二次医療圏の状況、機構の体制は図表2-2～3のとおりです。

2　地方独立行政法人移行に向けた準備

❶ 経営形態の選択

再編統合に向けて、特に議論を重ねたのは、経営形態の選択です。選択肢としては地方独立行政法人以外に、地方公営企業法全部適応方式、一部事務組合方式、事業管理者設置などがあり、それぞれの長所・短所を徹底的に比較検討しました。検討した項目の具体例は次のとおりです。

①効率的で柔軟な病院運営システムの構築に対応できるか

259

図表 2-2　庄内二次医療圏の状況

※ 2021 年 3 月 31 日現在

人口　261,011 人

酒田市	99,235 人	遊佐町	12,895 人
三川町	7,533 人	庄内町	19,977 人
鶴岡市	121,371 人		

（酒田市高齢化率 36.3 %）

救急告示病院

3 次救急医療機関：日本海総合病院　　　　　（630 床）27 科
2 次救急医療機関：鶴岡市立荘内病院　　　　（521 床）24 科
　　　　　　　　　　鶴岡協立病院　　　　　　（201 床）
　　　　　　　　　　本間病院　　　　　　　　（154 床）
　　　　　　　　　　山形愛心会庄内余目病院（324 床）23 科

その他：情報開示施設など

　Net4U（鶴岡地区医師会）
　日本海酒田リハビリテーション病院（慢性期型 114 床）
　庄内検診センター

庄内二次医療圏は北の酒田地区、南の鶴岡地区から構成され、人口 10 万人に対する医師数、看護師数、薬剤師数とも山形県平均を下回っており、医療資源の不足が深刻化しています。そのため庄内地域で一貫した医療連携が不可欠となっています。

②迅速で多様な人材を確保できるか

③給与・勤務条件等でインセンティブのある条件を示すことができるか

④病診・病病連携の拡充等は可能か

⑤多様な雇用形態は可能か

⑥柔軟な勤務条件を設定できるか

⑦病院運営の自立性は向上できるか

⑧柔軟な予算執行は可能か

⑨コスト削減に柔軟に対応できるか

⑩職員が働きやすい環境を弾力的に整備できるか

⑪迅速な医療機器等の整備は可能か

⑫多様な患者サービス提供への対応は可能か

⑬経営の透明性は確保できるか

　最終決定は経営形態有識者委員会に委ねられ、議論の結果、一般地方独立行政法人（非公務員型）の採用が正式に決定しました。非公務員型の地方独立行政法人は、いったん定款を決定すると、公務員型への定款変更が不可能であるなどのデメリットがありましたが、設立主体と切り離され、経営がまとまりやすい、4 年から 5 年の中期計画のもとで弾力的で機動的な財政運営が可能などのメリットが決め手となりました。

　理事長の人選については、さまざまな議

図表 2-3　地方独立行政法人山形県・酒田市病院機構の体制

【再編統合の経過】

再編統合前	2008 年 4 月	2018 年 4 月
《山形県医療機関》	《病院機構》	《病院機構》
山形県立日本海病院 （528 床、25 科）	日本海総合病院 （525 床、25 科）	日本海総合病院 （646 床、27 科）
《酒田市医療機関》	酒田医療センター （235 床、7 科）	日本海酒田リハビリテーション病院 （114 床、2 科）
酒田市立酒田病院 （400 床、15 科）		
《酒田市医療機関》	《酒田市医療機関》	
酒田市立八幡病院 （46 床）、5 診療所	酒田市立八幡病院 （46 床）、5 診療所	日本海八幡クリニック （無床）、5 診療所

【現在（2020 年 4 月 1 日）の医療提供体制】

病 院 名	日本海総合病院	日本海酒田リハビリテーション病院
診療科目	27 診療科	2 診療科
職 員 数	1,010 名（2020.4.1）※非常勤含まず	112 名（2020.4.1）※非常勤含まず
病 床 数	630 床	114 床
患 者 数	年間患者延数（1 日当たり）（2020 年度実績） 入院：186,991 人（510.9 人） 外来：342,371 人（1,420.6 人）	年間患者延数（1 日当たり）（2020 年度実績） 入院：34,696 人（94.8 人） 外来：243 人（1.0 人）
	病床利用率…81.1% 平均在院日数…11.5 日	病床利用率…83.2% 平均在院日数…60.9 日

診療所名	日本海八幡クリニック等診療所
職 員 数	13 名（2020.4.1）　※非常勤含まず
病 床 数	無床
診療科目	4 診療科 訪問診療、訪問看護、遠隔診療

論がありましたが、結果的に当時の市立酒田病院病院長・栗谷義樹氏が就任しました。

❷ 職員の服務規程、給与規定の整備

　職員の服務規程、給与規定などの整備、診療科、病床等の調整については、医師、看護師、事務方などいくつかの部門（総務部、財務部、診療部、看護部など）に分け

てワーキンググループを設置し、短期間で進めました。

　職員は、県立と市立の職員のほか、新たにプロパー職員を採用しましたが、この段階では激変を避けることを念頭に、県立と市立の服務規程等をほとんど変更せず、徐々に調整することにしました（たとえば、休暇の取得は県立と市立の職員で日数に違

いがありました）。医師の待遇は県立と市立で違いがありましたが、高いほうの基準に合わせました。これにより特に若い医師の待遇が改善されました。

市立酒田病院では早い段階で非公務員型になることを想定し、栗谷病院長自ら病棟ごとに何度も説明を行いました。

❸ 医師・看護師等の確保

医師の確保については、ごく一部の医師の退職はありましたが、大学医局から医師の異動を止めていただいたこともあり、県立、市立ともほとんどの医師がそのまま引き継がれました。同じ医局の先輩、後輩が同じ病院で仕事ができることに魅力を感じていたようです。当時の医師数は、県立日本海病院が72名、市立酒田病院が38名で計110名でした。現在は再編統合の効果もあり、約1.4倍の155名ほどになっています。また、研修医のマッチングは毎年ほぼ100％の状況が続いています。

最も懸念されていたのは看護師の確保です。市立酒田病院の看護師（234名）は、法人設立前から非公務員になるという了承を得ていたものの、県立日本海病院の看護師（392名）は県内各所から着任していたため、公務員で残りたい、出身地に近いところに戻りたいと訴える方がいました。そこで、最初に異動の希望調査を行い、一部の増床や救急救命センターの設置が終了するまでの3年間は派遣職員とし（管理職を除く）、3年後に再度、希望調査を行うことにしました。職員がどのくらい残ってくれるのかという懸念はありましたが、極力

希望に沿うように進めた結果、大半の職員は3年後も残ってくれました。

事務方は、県と市からの派遣職員が併存していましたが、徐々に法人の正職員を希望する方が増えました。年数回ある議会へ出席する必要がなくなり、事務遂行に専念できることにメリットを感じていたようです。

3 地方独立行政法人移行後の経営改革

❶ 事業遂行のスピードが格段に上がる

移行後の最も大きな成果は、決定権者が理事会（理事7名）となり、事業遂行のスピードが上がったことです。それまでは予算や職員の採用について、その都度、設置者（県と市の財政課、人事課等）と協議を行う必要があり、なかなか決定に至らないこともありました。必要に応じて適時、職員（特に看護師）が採用できるようになり（独法化により職員定数条例の対象にならない）、看護師、看護助手等の臨時職員は、再編統合当初の157名から300名まで増えました。

結果的に、医師・看護師等の医療資源の大半が日本海総合病院に集約され、手術件数が大幅に増加しました。17日前後だった在院日数は11日前後に短縮、3万8,000円前後であった入院単価は7万円前後まで上昇しています（**図表2-4**）。

院内委員会は当初50を超え、毎日が会

図表 2-4　再編前後財務指標比較

	2007 年度	2019 年度	比較	全国平均値 （第 3 期中期計画目標値）
病床数 （稼動病床数）	528（床）	630（床）	102（床）	
営業収支比率	**91.7%**	**103.7%**	**12.0P**	98.5％以上 （100％ 以上）
経常収支比率	97.5%	102.5%	5.0P	103.0％以上 （100％ 以上）
入院単価	39,373（円 / 日）	70,955（円 / 日）	31,582（円 / 日）	（62,000 円 / 日以上）
外来単価	8,957（円 / 日）	16,904（円 / 日）	7,947（円 / 日）	（13,000 円 / 日以上）
人件費率	**59.5%**	**40.0%**	**△ 19.5P**	46.6%（46.6%）
材料費率	28.2%	29.3%	△ 1.1P	27.7%（27.7%）
経費率	16.2%	18.6%	△ 2.4P	
不良債務	25（億円）	0	△ 25（億円）	0
減価償却費	3.37（億円）	14.66（億円）	11.29（億円）	
病床利用率	85.4%	81.1%	△ 4.3P	83.2%（80％ 以上）
病床回転率	176.3%	265.2%	88.9P	
平均在院日数	**17.3（日）**	**11.5（日）**	**△ 5.8（日）**	（12.0 日以内）

※1　全国平均値は、2015 年度における公立病院 500 床以上の黒字病院の数値
※2　（　　）は、第 3 期中期計画目標値

議の連続でしたが、37 まで数を絞り、参加人数も少数精鋭に見直しました。また、業務改善委員会を設置し、PDCA を徹底して、ロスコストの見直しと患者サービスの向上に取り組みました。

　理事会の決定が早く、決定したら即実行できることが改善に取り組める大きな要因です。変化の激しい病院事業は、補正の必要があるにしても、年 1 度の予算で遂行で

きると思っています。補正予算については、ほとんど即対応が可能になりました。職員の意識と応対も変化し、生き生きと働いているように感じます。

❷ コスト削減を徹底し、13 年連続黒字決算に

　市立酒田病院は改築に備えた一定の内部留保がありましたが、県立日本海病院は多

額の負債を抱えていました。100億円を超える累積損失（毎年ほぼ7〜8億円のマイナス決算）を生み出していた経営を抜本的に改善しなければなりません。

地方独立行政法人の開設にあたっては不良債務ゼロが必須要件で、県は開設前に起債を導入して不良債務を解消し、日本海総合病院の累積損失額はゼロからのスタートとなりました。また、資産の再評価（建物評価は下がり、土地評価は上がっていました）と市立酒田病院の内部留保の合算により、資本額が増加しました。そのため、毎年の決算収支をいかにプラスにしていくかが当面の大きな課題となりました。

新法人の設立当時、総務省が公立病院の再編に対する優遇・支援措置を設けており、そのほとんどを活用しました。具体的には、再編後5年間は病床削減があっても交付税は削減前の病床数で維持、出資債の発行、解体費の特別交付税などです。運営交付金については、再編統合前の病床割合（県57：市43＝1期目）となりました。

各部局では、コストの見直しを徹底しました。細部も含めるとその数は数百にも上ります。その結果、10億円を超えるコスト削減を達成し、収支は大幅に改善しました。主な取り組みは次のとおりです。
①高利率であった県・市の起債の繰り上げ償還
②両病院の施設管理に関する委託契約を細部にわたって見直した
③独法化により可能となった薬品、診療材料の共同発注
④病院食を外部委託に

当初の中期目標では、4年間で当期純利益を4億800万円にすると掲げていました。つまり、毎年ほぼ1億円のプラスです。再編統合後、療養型114床に転換した酒田医療センター（旧市立酒田病院）はマイナス決算となりましたが、法人全体では初年度に経常収支がプラス、翌年度に医業収支がプラスとなり、4年後の日本海総合病院の純利益は8億5,300万円を計上しました。法人全体と日本海総合病院は、再編統合以来13年連続で黒字決算を続けています（図表2-5）。法人全体の営業収益が上がったこともあり、以前は約60％であった人件費比率は2010（平成22）年以降、40％台を維持しています。

経営の健全化により、内部留保は当初の想定を大幅に超えました。そのため、退職引当金など各種引当金を充実し、剰余金は建設改良積立金などに充てています。減価償却については全額償却（14億円程度）を行う一方、長期前受金戻入（4億円程度）は行っていません。

❸ 法人独自の投資が可能に

再編統合によって二重投資が回避され、決算が大幅に改善したことから、30億円を超える独自投資が可能となりました。一部起債の導入はありますが、PET-CT棟、ダヴィンチシステム、新型MRI棟、ハイブリッド手術システム、レジデントハウスの建設など、法人独自の医療機器等の整備を進めました。

図表 2-5　大幅な収益・費用の構造変化＝収益増

この 12 年間で**病床数は約 1.2 倍（528 → 630）、営業収益は約 2.3 倍へ大幅改善**

	日本海総合病院比較			
	2007 年度（528 床）	2019 年度（630 床）	増 減	増加率
＊収益費用比較			【単位：百万円】	
営業収益	8,620	20,177	**11,557**	234.1%
入院収益	6,373	13,268	6,895	208.2%
外来収益	1,963	5,788	3,825	294.9%
営業費用 （含引当金 887　平成 27）	9,399	19,451	**10,052**	206.9%
給与費	5,130	8,069	2,939	157.3%
材料費	2,431	5,911	3,480	243.2%
経費	1,396	2,706	1,310	193.8%
減価償却費	332	1,466	1,134	441.6%
営業利益（損失）	△ 779	726	**1,505**	
経常利益（損失）	△ 256	561	817	
当期純利益（損失） 長期前受金戻入	△ 263 —	517 0	780	

4　患者サービスの向上と職場環境の改善

❶ 患者サービスの向上

　患者サービスの向上は、病院の経営健全化とともに大きな課題でした。よく指摘を受ける待ち時間対策では自動受付機、自動振り込み機の設置により待ち時間の短縮を図り、接遇の改善、明るい挨拶の徹底を進めました。

　病院のエントランスホールには花や樹木を増やし、明るい雰囲気に変え、防犯カメラを増設して患者の安全確保に努め、駐車場は駐車台数を大幅に増やしました。他にも院内には、コンビニエンスストア、パンを販売するコーヒーショップ、美容院等を新たに設置。ホスピタルロードには写真・絵画等を常に展示しています。

図表 2-6　雇用機会の創出・拡大

	2007 年	2008 年	2021 年	備　　考
正職員	938	886	1,140	2014 年に期限の定めのないスタッフ職員を採用
臨時職員	174	157	332	看護師・看護助手・医療クラーク・事務補助等
委託職員	235	254	358	医事・施設管理・給食・保育所等
病院内出店勤務者	23	36	33	食堂、売店、コンビニ、ベーカリー、あきほ市等
合　計	1,370	1,333	1,863	

再編統合前　　再編統合

再編統合により一時減少したものの機能が拡充され、再編統合前と比較して **500 人程度**の雇用を創出

❷ 職場環境の改善

　職員のために 24 時間対応の保育所を開設し、病児、病後児保育を行っています。女性の医師が増えたことから、短時間勤務正職員制度、フレックスタイムの育児短時間勤務、育児に関する特別休暇など各種支援制度を設けました。増えてきた研修医等のためのレジデントハウスは 30 室確保され、随時の入室に備えています。

　外来患者の事前情報把握の一環としてAI 問診システムを導入し、お薬手帳が自動的にカルテに表示されるなど、診察時間の短縮を図っています。さらに、医療クラークを多数採用し、電子カルテにかかわる医師の負担を軽減するなど、医師、看護師等が本来の職務に専念できる体制を整備しました。

　正職員、臨時職員、委託職員等を含めた法人全体の職員数は、再編統合前の 2007 年は 1,370 名でしたが、2021（令和 3）年には 1,863 名まで増加。新たに 500 人程度の雇用を創出したことになります（**図表 2-6**）。

　当法人は、引継ぎ型の地方独立行政法人であることから、職員は "みなし公務員" となります。そのため、独法化後も市町村職員共済組合に継続して加入し、退職金も継承、公務員災害補償基金も適用されています。また、決算の内容次第ではあります

が、年度末に業績手当を全職員（臨時職員等含む）に支給しています。統合初年度を除く、大半の年度末に支給しました。

5 進む地域情報化への対応「ちょうかいネット」

❶ 庄内地域の病院、診療所など 244 施設が参加

再編統合から 3 年後の 2011（平成 23）年 4 月に、ID-LINK を活用して診療情報を共有するシステム「ちょうかいネット」（実施団体：庄内医療情報ネットワーク協議会）がスタートしました（**図表 2-7**）。当時は、各医療機関で IT インフラの整備が進んでいたものの、その活用は院内の情報共有に限定され、地域の診療連携は依然として紙ベースで行われていました。こうした状況を受けての運用開始です。

2021（令和 3）年 5 月現在、庄内地域全体の病院、診療所、介護施設など 244 の施設が「ちょうかネット」に参加してます。主要 5 病院は医師の診療録の全面開示が必須となっており、登録患者数は 5 万 279 人になりました。これは庄内地域の人口のおよそ 19％を占め、年々増加傾向となっています。

コロナ禍においては、特に PCR 検査の実施状況と検査結果について、主要病院、酒田、鶴岡の両医師会、酒田市の健康福祉部、保健所等が取りまとめをし、毎日、情報共有をしていました。マスクなど PPE（Personal Protective Equipment：個人防護具）の在庫量については、地域医療連携推進法人日本海ヘルスケアネットの共有サーバーにおいて情報共有を行っています。

❷ 山形県全体の情報連携が可能に

「ちょうかいネット」の活用により、診療所において、患者情報をほぼリアルタイムに知ることが可能になりました。診察前にカルテや服薬情報が一覧で表示されることから、診察時間の短縮につながっています。また、患者本人から直接聞くことによる情報の不正確さ、誤解がなくなり、重複検査、医療ミスの防止にもなっています。これまでの垂直方向ではなく、水平方向へ病診連携が進み、「各病院の "中" がよく見えるようになった」と評価を受けています。医師や看護師からのアクセスが多いのはもちろんですが、適切なケアプランの作成に有効であることから、介護事業所のケアマネジャーの利用が増えています。また、やまがた健康推進機構と連携し、酒田市等一部の自治体の国保に限られますが、健康診断情報の共有を行っています。

2019（平成 31）年 3 月には、山形県内の二次医療圏ごとの医療情報ネットワーク「べにばなネット」「もがみネット」「OKI ネット」と協定を結び、山形県全体の医療情報連携が可能になりました。さらに、2020（令和 2）年 4 月には、全国初となる県境をまたいだ医療情報ネットワーク「秋田・山形つばさネット」が構築されています。

図表 2-7　ちょうかいネット（2011 年 4 月〜）

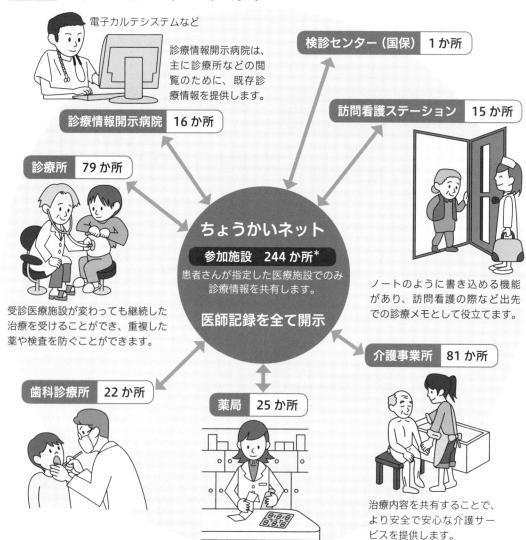

電子カルテシステムなど

診療情報開示病院は、主に診療所などの閲覧のために、既存診療情報を提供します。

診療情報開示病院 16 か所

検診センター（国保） 1 か所

訪問看護ステーション 15 か所

診療所 79 か所

ちょうかいネット
参加施設　244 か所*
患者さんが指定した医療施設でのみ診療情報を共有します。

医師記録を全て開示

ノートのように書き込める機能があり、訪問看護の際など出先での診療メモとして役立てます。

受診医療施設が変わっても継続した治療を受けることができ、重複した薬や検査を防ぐことができます。

介護事業所 81 か所

歯科診療所 22 か所

薬局 25 か所

治療内容を共有することで、より安全で安心な介護サービスを提供します。

投薬の重複がなくなります。

「ちょうかいネット」は、庄内地域の医療施設が個人情報保護機能の万全なインターネット回線により診療情報を共有するシステムです。

患者さんの同意のもと病院（急性期医療）、かかりつけ医、在宅ケア、介護事業所が一体となり、切れ目のない連携した医療サービスを受けられるようになります。

地域医療施設全体で住民の健康をサポートし、安心して暮らせる社会を実現します。

＊図表内の参加施設に庄内地域以外からの参加施設を加えた合計数

個人情報保護対策

❶情報の暗号化
　個人情報保護のため、高度な暗号化処理をします。

❷端末の特定
　閲覧を認証された端末以外は、ネットワークに接続できません。

❸閲覧の記録
　いつ、だれが、どこで、どの情報を見たかを記録で確認できます。

❹医療従事者の責務
　医療従事者が守秘義務に違反した場合、罰則が科せられます。

6 地域医療連携推進法人の設立

❶ 法人設立までの経緯

地域の主要病院である県立日本海病院と市立酒田病院の再編統合が進んだことで、こうした動きを地域全体で進めようと、北庄内にある病院の病院長を中心に議論が進んでいました。そうしたなか、2015（平成27）年の医療法改正により地域医療連携推進法人制度が発足します。

2016（平成28）年4月には、日本海総合病院、酒田地区医師会が中心となって、北庄内地域の医療法人、社会福祉法人などが参加する勉強会、6月には参加法人の実務者による会議を開催。連携のメリットや法人設立の可能性について率直な意見交換をしました。実務者会議では、各法人が施設概要、患者動態、入所者状況、財務諸表などの各種資料を提出しましたが、特に経営関連資料はすべて提出することになっていたことから、互いの財務状況や危機感を把握・共有する機会となりました。

同年9月には、各法人の代表者が出席する地域医療連携推進法人設立協議会を開催し、以降5回にわたり法人設立のための定款、議決権、共同事業等の協議を続けました。こうした協議が進んだのは、当機構の運営が順調で、日本海総合病院が地域で基幹病院としての役割を果たせていたことが大きな要因だったと考えています。

やがて、各協議が整い、法人間で基本合意書を締結し、2018（平成30）年2月に一般社団法人「日本海ヘルスケアネット」を創立。4月に山形県知事の設立認可を受け、9法人で地域医療連携推進法人がスタートしました。地区の医師会に加え、歯科医師会、薬剤師会が参加している地域医療連携推進法人は他に例が少なく、病床調整、人事交流、地域フォーミュラリーの策定など、多彩な共同事業が可能になっています。現在、参加法人は10法人、合計職員数は2,910名となっています（**図表 2-8**）。

❷ 法人内の多彩な共同事業

次に、日本海ヘルスケアネットで実施している病床調整、人事交流など多彩な共同事業の事例を紹介します。

【病床調整・機能調整等】

日本海総合病院の維持透析機能を医療法人健友会に完全移行しています。これにより、医療法人健友会本間病院は外来診療を別の場所に移動し、透析病床を計70床まで大幅に増床。収益が増加したことから黒字化を果たしています。

【各職種の人事交流】

複数の職種で人事交流が進んでいます。日本海総合病院からは出向という形態で協定を結び、医師7名、看護師10名、技師1名が他法人へ出向しています（2020年12月現在）。職員給与は日本海総合病院の給与規程に従い、差額は持ち出しで補填しました。コロナ禍においては、即座に看護師、技師等の出向を行いました。

【地域フォーミュラリーへの取り組み】

全国初の地域フォーミュラリーへの取り組みは、相当困難と思われていましたが、

図表 2-8 地域医療連携推進法人「日本海ヘルスケアネット」の仕組み

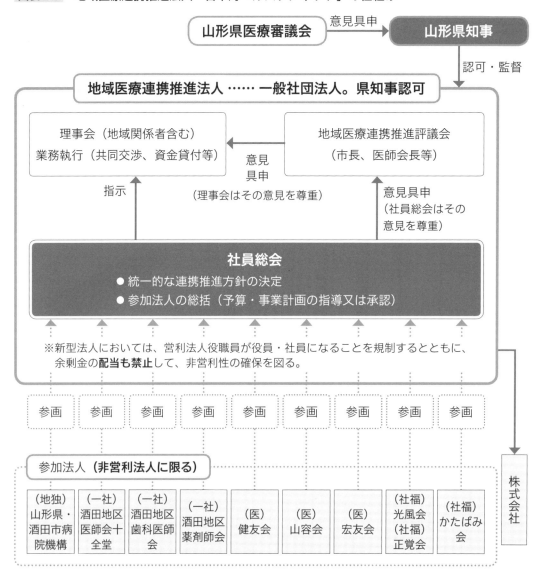

診療所医師、薬剤師会等の意見・協力を得ながら進めています。PPI、アルファグルコシターゼ阻害薬からはじめ、現在はARB、スタチン等8品目が推奨薬品となっており、徐々にデータが蓄積され、その効果が明らかになってきました。栗谷理事長は「全国で地域フォーミュラリーの取り組みが進めば、診療報酬のかなりの減額が見込める」と期待しています。

推奨薬品は、地域フォーミュラリー作成委員会でリストをつくり、審議をして、最終的に日本海ヘルスケアネット理事会で決

定します。推奨医薬品群は推奨医薬品以外の使用、調剤を制限するものではなく、品質、安全、安定供給、経済性等を総合的に検討して選定します。地域フォーミュラリーと方法論や管理・運営が異なる院内フォーミュラリーは、日本海総合病院からまずスタートしました。

【薬局クラウド化】

　総務省の実証事業に参加しながら、マイナンバーを活用した調剤情報共有システムを構築しています。薬剤師会との連携が進んだことで、地域の大半の薬局が参加し、薬の重複や禁忌薬品のチェック、ポリファーマシーへの対応を行っています。地域全体の在庫管理や薬剤師の研修機能の強化等に関する構想も検討が進んでいます。

【敷地内薬局の設置】

　薬剤師会との連携の成果としては、2023（令和５）年の開局に向けて、日本海総合病院の敷地内薬局の設置に関する協議が進んでいます。県との協議は終わりましたが、地区医師会が施設内に入りたいということで、市を交えて再度協議を進めているところです。

【訪問看護ステーション再編統合】

　４つの参加法人が実施している訪問看護ステーション事業の再編統合（一部統合済）に向けて検討が進んでいます。需要に対応した訪問看護提供体制の一元化で、機能の充実と効率化、経営の安定化が期待されます。

【地域連結決算への取り組み】

　連結決算については、各法人の損益状況、資産状況のデータを提出・共有し、地域内での委託状況等を把握しています。地域外への委託が多いため、地域から外部に資金を流出させない方策はないか、極力共同事業に取り込めないか、資金の有効活用はどうあるべきかといった検討を続けています。

　また、介護施設の入所者情報、空き情報をデータ化し、共有するための仕組み、少子高齢化がさらに進むなか、地域の医療・介護事業者の健全で持続可能性（BCP）のある経営のあり方、地域連携推進法人内に医療・介護・福祉の共同事業体を設立する仕組みなどについて、模索・検討を進めています。

【コロナ禍での連携】

　新型コロナの感染拡大後、すぐに対応マニュアルを作成し、職員派遣の検討を行いました。毎日払い出し可能なマスク、消毒液、手術用ガウン、人工呼吸器、ECMO、その他供給不足が懸念される機器・備品などの情報発信に注力し、参加法人間の情報共有を強化しました。

【歯科医師会との口腔ケア事業推進】

　歯科医師会と連携し、県の事業でもある高齢者口腔保健推進事業に参加しながら、高齢者の口腔ケア、フレイル対策に取り組んでいます。

　他にも、医療機器等の共同購入、検体検査、電子カルテ、病院食の共同化などについて検討しています。まだまだ課題はたくさんあるものの、できるところから取り組んでいきたいと考えています。

　また、全国の地域医療連携推進法人（2021

［令和3］年7月20日現在28法人）との協議の場が形成されたことから、各法人との連携、情報共有も進んでいます。

7 コロナ禍の先にある新しい時代に向けて

地方独立行政法人に移行して13年になりますが、良好な決算や内部留保の拡大により、安定した経営が続いています。事業運営は以前とはまったく様変わりし、医療・介護・福祉の連携と情報共有が進んだことで、地域の状況がよく把握できるようになりました。コロナ禍のような臨時的な事案（ICU改床、医師、看護師、技師の出向など）が発生しても、柔軟で速やかな対応ができています。

今後、少子高齢化のさらなる進展、医療需要の変化、医療・介護制度の改革などを控えているなか、適正な事業執行を続けるためには、トップマネジメントや迅速で的確な判断、状況把握がより重要となります。

これらは、単に地方独立行政法人に移行するだけで解決する問題ではありません。しかし、公立病院には、地方独立行政法人法の趣旨にあるように、地域の住民・患者サービスの充実を最優先しつつ、効率的かつ効果的な事業を選択・執行することが求められているのも事実です。

当法人において、ここまで各事業が進捗したのは、多くの職員の事業に対する理解と頑張りがあったからです。それは、自治労系と医労連系の2つの職員組合が1つに統合されたことにも象徴されます。当初はここまでの変化が起こることは、まったく想像できませんでした。

今後も当法人では、地域完結型の医療・介護・福祉の実現を目指し、試行錯誤を重ねながら連携を進めていきます。コロナ禍を乗り越えた先にある新しい時代に向けて、地域を1つの病院として捉えるような思考・分析を大切にしながら、地域の課題に対応していきたいと考えています。

施設基準管理システム「iMedy」を活用した業務効率化

iMedy 株式会社代表取締役 **只友裕也**

1 病院における施設基準の課題

2025年問題に向けた医療制度改革が進むなか、公立病院では「新公立病院改革ガイドライン」に示された経営の効率化に本格的に着手しているところかと思います。高齢者の人口比率が上がる一方で、労働人口の減少が医療機関だけでなく日本社会全体の問題となっており、経営改善には労働生産性を上げるための業務効率化が大きな課題となっています。

しかしながら、医療機関においては診療報酬の大部分に影響を及ぼす施設基準に関して、数多くの病院で担当者任せのアナログな管理を行っており、病院全体の課題として認識・改善を行っているケースが少ないように見受けられます。皆様がご承知のとおり、施設基準は厚生労働省から公表される告示および通知文章でルールが通知されます。各病院は可能な限り高い診療報酬を算定できるように診療体制を整え届出を行いますが、届出後の管理・維持においては経営層をはじめとする役職者がリアルタイムに把握していないということが多いのではないかと思われます。

当社では、このように病院が抱える「施設基準」の課題を解決するとともに業務効率化ひいては経営改善の一助になるべく施設基準管理システム「iMedy」（以下「iMedy」）の開発・提供を行っています。本稿では、その概要と事例を紹介します。

2 管理不備による返還金の実態

どの医療機関も報酬を最大化するために、できるだけ多くの施設基準を算定できるように届出をするという試みを行っていると思います。一方で、算定している施設基準の管理が行き届いていなく、結果として返還金が発生してしまうという事態も多く見受けられます。

毎年、厚生労働省が公表している適時調査による返還金の推移（**図表 3-1**）を見てみると、年度による波があるものの、平均して1年間で約50億円の返還金が発生していることがわかります。

本来、努力して院内の設備や診療体制を整えて施設基準を届け出ているにもかかわらず、単純な管理不備による返還金が発生してしまうことは、医療機関にとって望まぬ結果でしかありません。施設基準の制度自体が複雑かつ難解ということが根本的な

図表 3-1　適時調査による返還金の推移

	H22	H23	H24	H25	H26	H27	H28	H29	H30	R1
	32	55.8	72.2	61.7	65.1	76.3	43.6	36.7	49.3	50.4
	2,117	2,274	2,409	2,508	2,347	2,562	3,363	3,643	3,636	3,544

■ 返還金（億円）適時調査によるもの（数字上段）　◆ 適時調査件数（数字下段）

出典：厚生労働省「保健医療機関等の指導・監査等の実施状況について」

原因であると感じられますが、制度に対応できる管理体制を構築することで返還金を回避することができるのではないでしょうか。施設基準を管理する現場で何が問題となっており、解決の糸口は何なのか、当社が医療機関へのヒアリングを通して見えてきたヒントを次に紹介します。

3　施設基準の課題に関するヒアリング結果

当社では「iMedy」を開発する以前から数多くの病院へ施設基準管理に関してヒアリングを行ってきました。地域や病床数はさまざまではありますが、大多数の病院において共通の施設基準管理方法が実施され

ており、似通った課題が発生しているということがわかりました。

当社で実施したヒアリングの結果を**図表3-2**に示していますが、医療機関の大小を問わず大きく差のない施設基準管理方法であることがわかります。なお、**図表3-2**の集計は病床規模が100床程度から1,000床超までの362病院に対して行ったものを算出しています（対象病院の平均病床数は365床）。

ヒアリングを通して明らかになった1つ目の結果は、大多数の病院は数名の担当者で施設基準の管理を行っているという点です。医事課もしくは総務課の事務系職員が担当している病院が大半であり、病床規模によるものの1名もしくは2名で担当して

図表 3-2　施設基準管理に関するヒアリング調査の結果

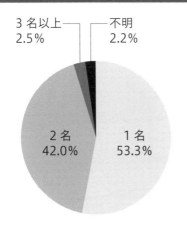

①院内で施設基準を管理する主な担当者数

3名以上 2.5%　不明 2.2%　2名 42.0%　1名 53.3%

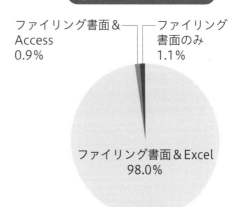

②施設基準の管理方法

ファイリング書面&Access 0.9%　ファイリング書面のみ 1.1%　ファイリング書面&Excel 98.0%

N＝iMedy 株式会社ヒアリング実施 362 病院（平均病床数 365 床）

いる病院が約9割を占めるという結果になっています。

　2つ目の結果は施設基準の管理方法です。約98％の病院において、ファイリングした書類とExcelを用いて管理を行っているとの結果が出ており、何かしら業務効率化を図るツールを用いて対策を行っている病院は約1％に過ぎないという結果になりました。

　さらに、ヒアリングを実施するなかで、このような管理方法を行っている多くの担当者が口にする課題には共通点があり、次に挙げる3点に大きく集約されます。

①施設基準の管理に「書類」「Excel」のツールでは限界がある

②施設基準のルール・解釈が難解なことも影響し、管理上のポイントが担当者の頭のなかにある

③管理上のポイントが明文化されていないため、複数名またはチーム体制での管理方法を確立しにくい

　このヒアリング結果を通じて、難解な施設基準を理解している担当者のナレッジ・ノウハウをできる限り病院の資産として構築する必要があり、施設基準の維持に関するポイントを複数名で共有することができれば、適正な施設基準の管理、さらには病院経営の一助になると感じ、そのためのツールとして「iMedy」の開発に着手しました。

4　「iMedy」の概要

　「iMedy」は、**図表 3-3** に示したように、「厚生労働省の公開データ」「病院のデータ」

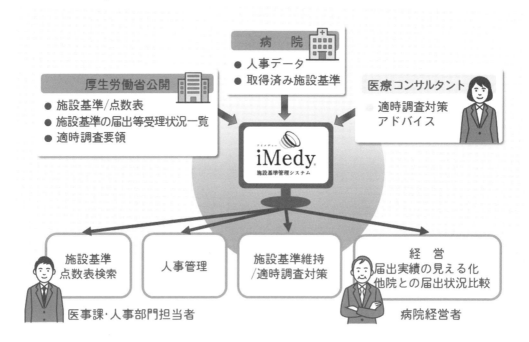

「医療コンサルタントによるデータ」の３つから構成されています。クラウド形式のサービスであるため、当社からは厚生労働省およびコンサルタントの最新情報を配信し、ユーザーである病院は自院の施設基準データを集約することで、施設基準に関するナレッジの蓄積および情報共有を効率的に行うことが可能です。

　具体的には、これまでに述べた病院が抱える課題に対して、現場担当者の業務効率化および返還金の抑制・新規届出による増収に役立てられる次の４つのポイントでサポートします。

①自院が取得できそうな施設基準は何かを可視化すること

②複雑な施設基準のルールに対する現場担当者のノウハウを残し、共有を図れること

③施設基準情報を一元的に管理し、維持に影響のあるポイントをリアルタイムに把握・通知させること

④適時調査における返還金抑制対策をサポートすること

5 「iMedy」が病院に もたらすベネフィット

　次に、上記の４つのポイントが具体的にどのようなもので、病院にどのようなベネフィットをもたらすかを紹介します。

❶ 施設基準のベンチマーク

「iMedy」上では自院が取得できそうな施設基準は何かを可視化するために、他の病院と施設基準の比較を行う「ベンチマーク」という機能があります（**図表 3-4**）。

全国各地の病院が届出を行っている施設基準の情報は、各地方厚生局から毎月「届出受理状況」というデータが公開されています。当社では、このオープンデータを活用し、自院は届け出ていないが、同一エリア・同一規模の病院、またはライバル病院が届け出ている施設基準は何なのかということをワンクリックで可視化することを可能にしました。

病院にとっては、自院が新たに届出できる施設基準は何があるのかということを瞬時に把握することができ、施設基準の知識を持った職員でなくても比較検討を行えるという点で、人的コストを追加せずに収益増のヒントを得られるという利点があります。

❷ 施設基準のノウハウの共有をサポートする検索機能

2つ目に、施設基準のルールに関するノウハウを共有するために「告示・通知・点数表・疑義解釈」という検索機能があります（**図表 3-5**）。

厚生労働省から公表される施設基準のルールである「告示・通知」および「疑義解釈」の確認などは、市販されている解釈本を用いてチェックしていることが多いのではないでしょうか。「iMedy」では「告示・通知」「疑義解釈」に加えて、「点数表」をシステム内でデータベース化しており、検索および解釈のメモを残すことができます。

書面ではなくデータ化されたものであるため、キーワードによる検索が可能となり、これまでの手順と異なるアプローチが可能です。たとえば、「常勤薬剤師が従事者になっていない職員が1名いる」など、病院の実態に合うルールの施設基準は何があるかという探し方ができるうえ、ページを1枚ずつめくり返すことなく即座に知りたい情報にアクセスできるため、職員の作業時間を大幅に削減することができます。

さらに、施設基準のルールに関して、現場担当者のノウハウをコメントとして残すことも可能なため、施設基準のナレッジを蓄積するツールとしても活用できます。

❸ 病院情報を一元的に集約する管理機能

3つ目は、施設基準と届出条件となっている関連要素を一元的にデータ管理する機能です。施設基準担当者が作成しているExcel に取って代わる本機能は、病院が届け出ている施設基準の基本情報に加えて、「従事者」「実績要件」「ドキュメントファイル」「タスク」など関連要素を紐づけて管理することができます（**図表 3-6**）。

なお、本機能の大きな特徴は、施設基準の維持に影響のある内容にはアラートが発生するという点です。施設基準の要件である従事者に対して、退職や休職の情報がある場合、また、認定資格の期限が近づいて

図表 3-4　施設基準を他院と比較する「ベンチマーク機能」

<u>基本診療料</u>　　<u>特掲診療料</u>　　<u>入院時食事療養</u>　　<u>その他届出</u>　　<u>先進医療</u>

項目	略称	割合	グラフ
歯科疾患管理料の注11に掲げる総合医療管理… 🔍	医管	62% (101件)	■■■■
ウイルス疾患指導料 🔍	ウ指	27% (43件)	■■
外来栄養食事指導料の注3 🔍	外栄食指	32% (52件)	■■
喘息治療管理料 🔍	喘管	7% (10件)	■
心臓ペースメーカー指導管理料の注5に掲げる… 🔍	遠隔ペ	69% (112件)	■■■■
糖尿病合併症管理料 🔍	糖管	80% (130件)	■■■■■
がん性疼痛緩和指導管理料 🔍	がん疼	88% (143件)	■■■■■■
がん患者指導管理料イ 🔍	がん指イ	78% (126件)	■■■■■
がん患者指導管理料ロ 🔍	がん指ロ	78% (127件)	■■■■■
がん患者指導管理料ハ 🔍	がん指ハ	67% (109件)	■■■■
がん患者指導管理料ニ 🔍	がん指ニ	66% (106件)	■■■■

図表 3-5　「告示・通知・点数表・疑義解釈」の検索機能

	本文	メモ
☐	別添1　特掲診療料の施設基準等	
☐	第6の4　院内トリアージ実施料	
☐	1　院内トリアージ実施料に関する施設基準	
☑	（1）以下の項目を含む院内トリアージの実施基準を定め、定期的に見直しを行っていること.	1年に1度マニュアルの見直しを実施（2021年6月10日時点）
☑	ア　トリアージ目標開始時間及び再評価時間	1次トリアージ：救出現場にて実施　一人当たり30秒から1分（困難な場合3分程度まで）で終わらせる.
☑	イ　トリアージ分類	赤:Ⅰ.(第1順位)　最優先治療群(重傷群)　黄:Ⅱ.(第2順位)　待機治療群(中等症群)　緑:Ⅲ.(第3順位)　保留群(軽傷群)　黒:O.(第4順位)　不処置群(死亡群)
☑	ウ　トリアージの流れ　なお、トリアージの流れの中で初回の評価から一定時間後に再評価すること.	2次トリアージ：救助現場にて再評価
☑	（2）患者に対して、院内トリアージの実施について説明を行い、院内の見やすい場所への掲示等により周知を行っていること.	病院正面入り口、外来通路、入院病棟通路に掲示
☐	（3）専任の医師又は救急医療に関する3年以上の経験を有する専任の看護師が配置されていること.	
☐	2　届出に関する事項　院内トリアージ実施料の施設基準に係る届出は、別添2の 様式7の3 を用いること.	

図表 3-6　施設基準と関連要素の紐づけ

きた場合に、アラートで関係者に通知するという仕組みを設けています。

開いてみなければ確認できないファイリング書類や Excel とは異なり、業務情報をデータ化することによって、日々管理を行っている担当者に属人化させず、院内全体で施設基準を管理するという視点を持った業務プロセスに変えることができます。

❹ 適時調査における 返還金抑制対策

４つ目は、適時調査対策として、事前準備をサポートするアドバイス機能です（**図表 3-7**）。現在、厚生労働省は適時調査時にチェックする内容を定めた「適時調査実施要領」をホームページ上で公開しています。「iMedy」では当該データをデータベース化し、システム内で内容確認や進捗管理

が行えるようにしています。

加えて、現役の医療コンサルタントによる注意事項やアドバイスコメントを掲載し、適時調査の経験がない担当者でも周到な準備ができるようにサポートします。

この「iMedy」の４つのポイントは、現場担当者の業務効率化を真っ先に促進するものですが、同時に業務プロセスの改革を行い、施設基準担当者のナレッジ・ノウハウを蓄積できるという副産物を生み出すことができます。現場担当者が時間をかけて理解した難解な施設基準のノウハウを異動や退職でリセットさせるのではなく、情報の蓄積により病院資産へと変え、少しでも経営効率化のお役に立ちたいと思っています。

図表 3-7　適時調査対策のアドバイス機能

■ 重点的に調査を行う施設基準
> 特定入院料
> ◇ 回復期リハビリテーション病棟入院料1及び2（A308）

特定入院料

◇ 回復期リハビリテーション病棟入院料1及び2（A308）

☐ （1）　特定機能病院以外の病院であること。

☐ （2）　リハビリテーション科を標榜している。
保健所や厚生局に届出た「標榜診療科」に関する届け出書類の写しなどを用意しておくとともに、届出をされていることも確認しておきましょう。

☐ ★（3）　一般病棟又は療養病棟の病棟単位としており、回復期リハビリテーションの必要性の高い患者を8割以上入院させている。
事前 ・様式49により確認
当日準備 ・入院患者のうち、回復期リハビリテーションの必要性が高い患者の割合の算出根拠となる書類を見せてください。（直近1か月分）
様式**49**において「入院患者の比率」欄が8割以上必要です。該当患者数や割合を示せる疾患別の患者リストと集計表などを 用意しておきましょう。

☐ （4）　次のいずれかの届出を行っている。
該当する施設基準の届出受理通知を用意しておきましょう。

☐ ア　心大血管疾患リハビリテーション料（Ⅰ）

☐ イ　脳血管疾患等リハビリテーション料（Ⅰ）、（Ⅱ）、（Ⅲ）

☐ ウ　運動器リハビリテーション料（Ⅰ）、（Ⅱ）

☐ エ　呼吸器リハビリテーション料（Ⅰ）

5　公立病院における導入事例

実際に「iMedy」を導入した市民病院（400～500床規模）の事例を紹介します。この病院は「iMedy」導入以前より、医師が頻繁に異動することがあり、病院の経営層の方々は医師の異動が施設基準に与える影響を懸念していました。「誰が動いたときに

どう対処しなければならないかを可視化したい」という課題を持っていたと話します。

実際に担当者が施設基準の従事者情報を記録しているものはファイリングした書類のみであったため、担当者以外は影響の範囲を気づくことができない状態だったそうです。この運用下では担当者だけが「この医師は〇〇の従事者だったな……」と頭のなかで判断をする業務方法になり、「影響

を気づけなかった」「対応を忘れていた」などの単純ミスで診療報酬の請求に大きな影響を及ぼす可能性が残ったままでした。

このような背景があり、施設基準情報を可視化すること、担当者の業務効率化を図ることを目的に「iMedy」を採用していただきました。同じようなケースは数多くあります。

導入後、病院の担当者からは、「施設基準に紐づけてデータ管理を行えるようになったため、従事者を中心に業務情報の可視化ができるようになった」「異動になる医師のリストを人事部から聞いた段階で『iMedy』上で影響のある施設基準が何なのか、必要があれば関連部署に連絡をして維持に向けた対応が迅速に行えるようになった」との声を頂戴しています。

していただいた病院の声から、「iMedy」をこれまで以上に、「施設基準のナレッジ共有を促進させ、業務プロセスを変えられる」製品にしていきたいと考えています。現状では、施設基準情報の可視化および院内共有を促進させることはサポートできますが、今後は、院内担当者以外でも施設基準の複雑なルールを確認しやすい機能や病院の垣根を越えてナレッジ共有できる機能などを持ち合わせたツールに進化させたいという展望を持っています。

施設基準を管理する事務系担当者、関連する多職種の職員、病院経営層の皆様が自院の施設基準情報に簡単にアクセスでき、ノウハウ・ナレッジを得られ、行動を起こすことができるようなベネフィットをもたらすツールとなるように、今後もアップデートを重ねていきます。

6 「iMedy」の今後の展望

当社では、これまでのヒアリングや導入

事例 ④

「AI問診ユビー」で実現する
医療現場の働き方改革

Ubie株式会社共同代表取締役、医師　**阿部吉倫**

1　国が進める　医師の働き方改革

❶ 医師の時間外労働の上限規制

　2020（令和2）年12月22日、厚生労働省は「医師の働き方改革の推進に関する検討会 中間とりまとめ」を公表しました。

　これによると、2024（令和6）年4月から医師にも「時間外労働の上限規制」が設けられることになります。ただし、皆が一律ではなく、医師の「働き方」により少しずつ違いがあります。救急や周産期など地域医療を確保するうえで必須となる医療機関（いわゆる「B水準」）、研修医ならびに専門医や高度な手術等を習得するための医療機関（いわゆる「C水準」）では、連続勤務時間の上限や一定時間のインターバルを設けることを条件に、事実上は上限規制が外れることになりますが、基本的には診療に従事する勤務医（いわゆる「A水準」）が労働基準法36条に基づく労使協定（36協定）に準拠すること、というのが国の方針です。

　こうした背景もあり、全国の医療機関ではいま、「医師の業務効率化」が喫緊の課題となっています。

❷ 意外と多い、外来診療中の「医師の事務作業」

　国が「時間外労働を減らしなさい」という方針を立てなければならないほど、わが国の医師は長時間にわたる労働を行っています。厚生労働省が2016（平成28）年に行った「医師の勤務実態及び働き方の意向等に関する調査」によると、いわゆる「ドクターストップ」となるほどの時間外労働をしている医師は、全体の40％を超えていました。年間の時間外労働時間が960時間、月間では80時間のラインを超えた医師です。

　1か月に20日間の勤務があるとすれば、1日当たりの時間外労働は4時間ですから、医師からすれば「よくあること」なのかもしれません。しかし、一般労働者は、この年間960時間がいわゆるドクターストップや過労死ラインと呼ばれる、働きすぎとされる時間なのです。

　医師はなぜ、それほどまでの時間外労働を強いられているのでしょうか。その理由としては、いくつかの要因が考えられます。厚生労働省の調査によると、医師の時間外労働の主な理由として挙げられるのが、救急搬送を含めた時間外診療が必要な患者への対応（64.8％）、所定の勤務時間内に対応

しきれない長時間の手術や外来診療の延長（57.7％）があります。これに続くのがカルテ作成（55.6％）でした（**図表4 -1**）。

そして、外来の患者数が増えるほど医師の勤務時間は長くなりますが、医師にはこれらの「診療行為」に対応しなければならないとする応召義務があります。また、「求めに応じた質の高い医療を提供したい」という個々の職業意識の高さも、医師の時間外労働が長くなる原因でしょう。

特に注目したいのが、医師の1日の勤務時間のうち、カルテ記載などの事務作業に追われる時間が非常に長いということです。医師は、外来診療をすれば外来カルテに、病棟での診察や指示は病棟カルテに、正しく詳細に記録を残していく必要があります。これもまた、医師の時間外労働につながる要因となっています。

しかし、考え方を変えれば、「応召義務」に直接的なかかわりの少ない事務作業なら、他の職種へ移管する「タスク・シフティング」が可能になります。それぞれの医療機関が担う役割にもよりますが、さまざまな分野でICT化が進む現在、特に事務作業が多く発生する外来業務においては、タスク・シフティングが重要な課題であると考えます。

2 医師の事務作業を効率化する「AI問診ユビー」

当社では、医師の外来業務のなかで最も時間を要すると思われる「問診の記録」に注目し、「AI問診ユビー」を開発しました（**図表4 -2**）。2018（平成30）年に提供を開始したこのサービスは、パソコンやタブレット端末、患者自身のスマートフォンからも操作でき、取得した問診データを電子カルテにコピー＆ペーストすることで、問診データ入力にかかる時間を削減できる

図表4-1　医師の時間外労働の主な理由

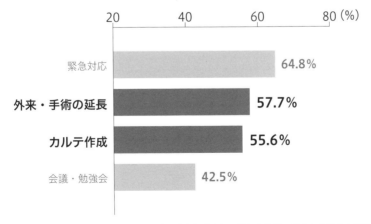

緊急対応　64.8％
外来・手術の延長　57.7％
カルテ作成　55.6％
会議・勉強会　42.5％

出典：厚生労働省「医師の働き方改革に関する検討会」資料

図表 4-2　AI 問診ユビーとは

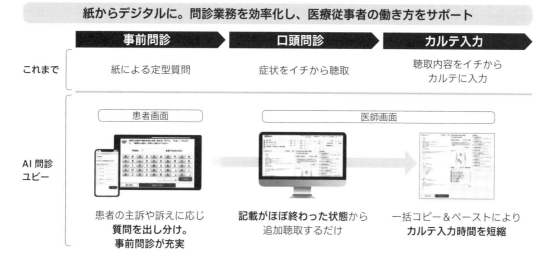

紙からデジタルに。問診業務を効率化し、医療従事者の働き方をサポート

事前問診	口頭問診	カルテ入力

これまで

紙による定型質問 ／ 症状をイチから聴取 ／ 聴取内容をイチから カルテに入力

AI 問診ユビー

患者画面 ／ 医師画面

患者の主訴や訴えに応じ**質問を出し分け。事前問診が充実** ／ **記載がほぼ終わった状態から**追加聴取するだけ ／ 一括コピー＆ペーストにより**カルテ入力時間を短縮**

サービスです。

「AI 問診ユビー」は、従来「紙で運用されていた問診票」をデジタルデータに置き換えていきますが、そこには AI（人工知能）の能力を必要とします。当社は、「AI 問診ユビー」の中核をなす AI エンジンに対し、5 万本におよぶ論文（症状と疾患の関係性に関するもの）を収集したデータベースを作成、学習させることで、主訴などの情報から AI が最適化された質問を自動で生成、聴取できる仕組みを実現しました。

たとえば、「お腹が痛い」という主訴があった場合、「痛みはどれくらい続いているか」「痛む箇所はどこか」「腰の痛みはあるか」など、患者の回答にあわせて 20 〜 30 の質問が生成されていきます。そして、患者の主訴をそのままデジタルデータとするのではなく、「生活に支障をきたす痛み」と回答した場合は、「NRS8/10 程度」のように医療用語や文章に変換して記録しま

す。さらに、問診への回答終了後は、患者の回答による「参考病名」を最大 10 まで表示（主訴「お腹が痛い」の場合、急性胆嚢炎、急性虫垂炎、ウイルス性胃腸炎など）する機能も備えています。

「AI 問診ユビー」の AI エンジンは、唯一無二の存在としてクラウド上にあり、常に導入先医療機関における医師の診断結果をデータベース化しています。つまり、随時最新のデータを反映させ、成長していく AI エンジンです。国内の主要な電子カルテシステムとの連携実績もあり、患者から聴取した問診データは、電子カルテ側からすぐに呼び出すことが可能です。

これら「AI 問診ユビー」の機能は、外来診療における「問診に附帯する事務作業」の効率化を図り、医師の作業時間低減に寄与しています。

3 病院における「AI 問診ユビー」の導入事例と成果

では、実際に「AI 問診ユビー」を導入された病院の事例と導入後の成果を紹介します。

❶ 日本海総合病院
（山形県酒田市、630 床）

日本海総合病院では、「AI 問診ユビー」の導入前、いくつかの課題がありました。たとえば、救急外来で診察を行う一般診療の医師に対する「専門外診療のサポート」が大きな課題でしたし、看護師やクラークが問診結果を「手入力」することによる労働時間の延長や情報量・質の差も解消したいと考えていました。

実際に「AI 問診ユビー」を導入されてからは、問診により把握できる「情報量」が改善し、手入力にかかっていた時間が患者１人当たり 12 分から８分に短縮されました。さらに、問診を担当するスタッフにより得られる情報量に格差があることから生じていた、患者と看護師の間の無駄なコミュニケーションも改善しました。

予想外の効果として、コロナ禍における効果も見られています。従来どおりの紙での運用の場合、コロナ関連症状の患者には詳しい内容を聞くことができず、追加問診が必要となるケースがありました。しかし、「AI 問診ユビー」では、問診内容の聞き漏らしがなくなり、医療者の感染リスクの低減にも寄与したと考えられます。

そしてもう１つ、「AI 問診ユビー」の導入を決断した病院長からは、「研修医や若手医師の診療技術の向上にもつながるのでは」と指摘されました。AI が出す結果を鵜呑みにすることは、医師として避けなければなりません。あくまでも「参考情報」として捉え、さらに深堀りした質問を自ら考えて患者とコミュニケーションをとることで、診察技術の向上につながります。病院長は「『AI 問診ユビー』を通じて指導医との情報共有ができれば、お互いの認識を一致させた状態での指導が可能となり、若い医師のスキルアップのスピードも早くなるのではないか」と期待されていました。

❷ 西奈良中央病院
（奈良県奈良市、246 床）

「AI 問診ユビー」導入のきっかけが、まさに国の方針である「医師の働き方改革」だった病院もあります。

かつての西奈良中央病院の運営には、いくつかの課題がありました。医師からは「患者さんと向き合う時間を増やしたい」という声があがり、さらには診察開始までの時間（およそ 30 分以上）を短縮したいという声もありました。しかし、医師のタスク・シフティングの要となる病院内クラーク人員は限界を迎えており、こうした医師の声にはなかなか応えられない状況にありました。そのようななか、国からは医師の業務時間短縮を求められ、その結果、「患者が問診に回答する段階からさまざまな情報を連携する仕組みが必要だ」と考え、「AI 問診ユビー」を導入しました。

導入後、まず見えてきた効果が、「問診の書き方の統一と情報量の増加」でした。かつては患者が手書きで問診票を記載していたため、人によって書き方は違いますし、書き込まれる情報量も違いました。しかし、「AI問診ユビー」を導入したことで、患者からの回答方法が統一されるとともに、電子カルテに記録される情報量が大幅に増え、医師や看護師、クラーク間での情報の乖離が小さくなったとのことです。

さらに、医師の業務時間が短縮しました。医師による問診時間が患者1人当たり数分短縮した結果、外来業務時間は1日当たり30分以上の短縮につながりました。

同院にとって「AI問診ユビー」の導入は初めてのICT化でした。結果的に業務改善効果が出たことから、それまでのICTに対する不信感などが払拭され、さらなる病院全体のICT化に前向きになりました。

今後は、看護師の業務改善によるケアの充実、患者の院内滞在時間短縮を目指すとともに、今後増えていくデジタルファースト世代の満足度向上にも、つながっていくと期待されています。

❸ 藤枝市立総合病院
（静岡県藤枝市、564床）

「近い将来、医療とAIが共存する時代が来る」という考えのもと、ウィズコロナ時代における医師の働き方改革に向け、「AI問診ユビー」を導入されたのが、藤枝市立総合病院です。

コロナ禍では、さまざまなシーンで「人との接し方」が変わってきました。それは医療現場も同じで、ポストコロナ時代には、既存の概念を覆す「新しい形」が求められるでしょう。その1つが、「医療現場におけるデジタルの活用である」と、2020（令和2）年6月に「AI問診ユビー」を導入しました。

藤枝市立総合病院では、待合スペースでの業務上の「無駄」が多いこと、そして、コロナ禍の業務に真摯に取り組む医師や看護師の「働き方改革」をどのように進めていくかが課題でした。医師は、患者が記入した紙の問診票を見ながら診察し、カルテに記録するのが当たり前で、コロナ禍で医療者の業務量が膨れ上がったこともあり、"患者の目を見た"診察やケアをしたくてもできないという大きなジレンマを抱えていました。そのような状況のなかで「AI問診ユビー」を知り、トップダウンで導入を即決しました。

導入後、まず見えてきた効果が、問診の「見落とし」の抑制です。人が行う問診では、答えていく患者側にも、それを記録する医療者側にも、見落としが生じることがあります。しかし、AIならば、こうしたヒューマンエラーを回避しながら多くの情報を得ることができます。また、AIを活用しながら、医師自身も常にセルフアセスメントを繰り返していくため、医師の診療技術の向上効果も期待できます。

同院では今後、来院前問診によるコロナ患者受け入れ態勢の整備、看護師や医師の負担軽減および患者の待ち時間削減、患者と医療者間でのコロナ感染リスクの低下などを目指しています。導入当初は救急外来

での運用でしたが、病院全体へ導入範囲を拡大し、業務改善を図りたいとのことです。

4 医療とAIが共存する社会の実現に向けて

「AI 問診ユビー」は現在、全国 400 以上の医療機関で導入され、多くの医師や看護師等の業務の効率化をサポートしています。病院だけでなく、クリニックでの導入も進んでおり、いずれの医療機関でも同じ AI エンジンを使用しています。利用者である医師や看護師、そして患者に、特に意識させることなく、独自のデータベースをつくり上げています。

当社では 2020 年 4 月、新たなサービス「AI 受診相談ユビー」をリリースしました（**図表 4 -3**）。患者以前の「生活者」が、自分のスマートフォンから症状に応じた参考病名や地域の医療機関を検索できるサービスです。「AI 問診ユビー」と同じ AI エンジンを使用しているため、今後はこの 2 つのサービスがシームレスに接続して相乗効果を生むことを期待しています。

具体的には、地域のかかりつけ医のプライマリケアを支援しながら、同時に生活者のかかりつけ医への受診を支援します。こうした関係性が地域全体に拡大すれば、もっと広い地域、いわゆる二次医療圏内の急性期病院とも、情報共有ができます。当社の持つ AI 技術が紹介・逆紹介という、病院とクリニックを結ぶ役割を担っていくこと、「地域医療連携」のハブとして機能することに期待しています（**図表 4 -4**）。

患者が医療機関を受診するきっかけや理由は、「問診票への記録」という形でデータ化が可能で、これを集約したビッグデータが、今後の日本の医療には不可欠です。患者にとっての医療の入口は、「問診」なのです。

ウィズコロナ、そして、ポストコロナの世界でも、さまざまな理由により、適切な受診のタイミングを掴めずにいる生活者は存在します。生活者には「医療をもっと身近に」、そして、医療者には「地域医療連携をより円滑に」していくこと――これが医療と AI が共存する 1 つの形になっていくと考えています。

図表 4-3　AI 受診相談ユビーとは

自宅などにてスマートフォン等から、**症状に関連する病名や近くの医療機関を調べる**ことができる

通常疾患に加え、新型コロナウイルス感染症（COVID-19）の症状チェックも可能

地域医療の DX を進め、新たな医療のかかり方の実現へ

問診データを武器に、地域医療圏の中核を担う**急性期病院**とゲートキーパーとなる**クリニック**のハブに。
「早期発見・早期受信」「かかりつけ医支援」「病診分業」を下支えし、医療資源の最適配分を実現

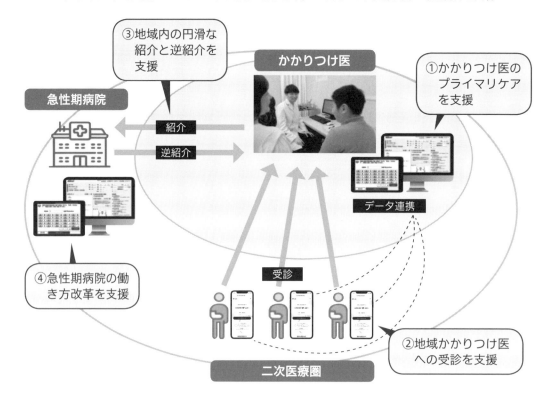

地域における公立病院の役割とコロナ後の経営改革

公立病院に求められる職員の意識改革 これからの時代の経営のあり方とは

鳥羽研二

地方独立行政法人
東京都健康長寿医療センター
理事長

東京都健康長寿医療センターは、2009年に東京都老人医療センターと東京都老人総合研究所が一体化し、地方独立行政法人に移行した。2019年に理事長に就任し、収支改善に向けて、職員の意識改革を進めてきた鳥羽研二氏に、東京都や地域の医療機関と連携したコロナ対応やこれからの時代に求められる公立病院の役割・経営改革のあり方についてうかがった。

高齢者医療や老年医学研究の拠点として存在感を発揮

東京都健康長寿医療センター（東京都板橋区）は、1872（明治5）年に設立された養育院が前身で、渋沢栄一が初代院長を務めたことでも知られています。2009（平成21）年に東京都老人医療センターと東京都老人総合研究所が一体化し、地方独立行政法人に移行して現在の名称になりました。私は2019（令和元）年から理事長を務めています。

当院は、病床数550床、32診療科、常勤職員886人（2021［令和3］年4月1日現在）と規模が大きく、外来患者数は1日1,000人を超える日もあります。高齢者に多い心血管医療、がん医療、認知症医療を重点医療として掲げていますが、小児科、産科関連を除くすべての疾患に対応してい

ます。そのため、患者の平均年齢は一般的な急性期病院より高く、入院患者の平均年齢は77.4歳（2020［令和2］年度）となっています。救急医療にも力を入れており、東京消防庁、東京都医師会ならびに東京都福祉保健局が共同で活動する「東京都CCUネットワーク」の加盟施設として、急性心筋梗塞等の救急患者を受け入れています。

一方、研究所は自然科学6部門、社会科学3部門からなり、認知症やフレイル予防、がん転移機序、老化誘導によるがん治療などの研究において成果を上げ、外部獲得研究費は年間10億円にのぼります。2020年度からは、認知症との共生と予防を持続的に推進することを目的に「認知症未来社会創造センター」を開設しました。AI（人工知能）研究の第一人者である東京大学の松尾豊教授にご協力いただきながら、AI

やビッグデータの活用を中核に据えているのが特徴です。当研究所では国内初の「高齢者ブレインバンク」において老年性疾患の脳組織を約 2,100 件蓄積するなど、高齢者疫学研究に関するさまざまなビッグデータを保有しており、これらを解析して認知症のリスク要因や抑制効果を探っていきます。具体的には 3 つの事業（①データベース［TOKYO 健康長寿 DB］構築、② AI 画像診断システム構築、③地域コホート等ビッグデータの活用）を柱としています。（図表 1-1）

　また、フレイル予防の取り組みをより一層推進していくための組織として「フレイル予防センター」を立ち上げ、2021 年 1 月から、「フレイルサポート医研修」を始めました（図表 1-2）。座学講習（１日）を受け、症例に関するレポートを提出した医師をサポート医として認定するもので、板橋区医師会の先生方を中心に第 1 回目の認定者が誕生し、栄養士などコメディカルの養成も開始しています。今後は東京都を中心に横展開し、日本老年医学会からも認定を受けた資格にするなど、関連学会とも連携していく方針です。フレイルサポート医の養成を通して、フレイルやその疑いのある方が診断や治療、介護などさまざまな支援を途切れなく受けられる体制づくりに貢献したいと考えています。

図表 1-1　認知症未来社会創造センターの概要

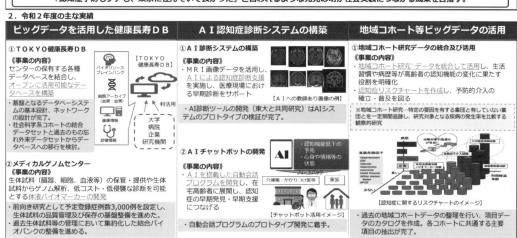

291

図表1-2　フレイル予防センターの概要

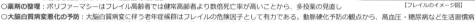

フレイル予防センター

1．概要

① 背景と目的
- ○高齢者の1割以上を占めるフレイルは、高齢者の1/3を占めるプレフレイルから移行
- ○生命予後ばかりでなく、要介護への移行率が2割を超えることから、介護予防の観点からも重要な課題
- ○こうした状況を踏まえ、当センターの医療・研究部門が一体となって、フレイル予防の取組を推進していくための新たな組織を立ち上げる。

② 取組内容
- ○栄養指導：歯科・栄養士の診断のもと、摂取の円滑化、蛋白摂取不足の改善
- ○運動指導：年齢と運動耐用能を循環器内科・整形外科・リハビリテーション科の観点から点検し、ロボット・ＡＩ等の活用も視野に入れつつ、運動指導を実施
- ○薬剤の整理：ポリファーマシーはフレイル高齢者では健常高齢者より数倍死亡率が高いことから、多投薬の見直し
- ○大脳白質病変悪化の予防：大脳白質病変に伴う老年症候群はフレイルの危険因子として有力である。動脈硬化予防の観点から、高血圧・糖尿病など生活習慣病のリスクを点検し、ガイドラインに沿った生活指導を実施
- ○地域との連携：フレイルチェックシートを活用し、フレイル悪化の危険因子を同定するとともに、社会的要因の関与を明らかにし、フレイル予防の展望を示す
- ○基礎研究の充実：フレイルの中核となるサルコペニアの病態解明、バイオマーカーや創薬に繋がる基礎研究の充実

医療・研究部門の知識と技術を統合的に活用し、フレイルでも快適に過ごせる社会の形成に貢献

2．令和2年度の主な実績

① 地域との連携

自治体や医師会と連携し、介護予防・フレイル予防の取組を支援
- ・「板橋区におけるフレイル対策に関する意見交換会」を開催し、社会資源の整理、保険指導の実施法、フレイル健診の活用法等について意見交換を行った。
- ・フレイル予防センター運営会議を開催し、フレイル予防センター内のチームにおける今後の取組や外科系フレイル評価チーム結成、研究所と病院の連携について確認した。

② フレイルサポート医の育成

医師会と連携し、地域におけるフレイル対策をリードする医師を育成するための研修を開始
- ・板橋区医師会を対象にフレイルサポート医研修会を実施するとともに、オンライン用動画を作成しコロナ禍における研修実施手法を検討した。

③ 栄養の対策

フレイルに対する栄養指導の質の向上
- ・東京都栄養士会と連携して、来年度にフレイル予防の栄養指導士の資格を作り、講習会を開催予定。

【フレイルサポート医研修イメージ図】

東京都や地域医療機関と連携し新型コロナに積極的に対応

　新型コロナウイルス感染症については、東京都や地域の医療機関等と連携し、積極的に対応してきました。代表的な取り組みを紹介します。

❶ 東京都との連携

【宿泊療養施設への職員派遣】

　軽症の感染者などを収容する東京都の宿泊療養施設の運営に協力し、医師・看護師を派遣しました。看護師を派遣しているため、一部の病棟を休止しながら、宿泊療養施設の後方支援病院として、症状が悪化した患者の受け入れも行っています。

【陽性患者・疑い患者の受け入れ】

　「新型コロナウイルス感染症入院重点医療機関」として、コロナ専用病床を38床（ICU3室）確保しました。もともと感染症病室はあったものの陰圧個室が限られていたので、簡易陰圧装置を導入しました。また、新型コロナ疑い救急患者の東京ルールにも参画し、円滑な受け入れ体制を整備しています。

❷ 地域医療機関との連携

【連携検査外来の設置・運営】

　板橋区医師会が検査機関を立ち上げる1か月前に、板橋区の「地域外来・検査セン

ター」として PCR 検査を始めました。区内の連携医療機関からの検査依頼は 2020 年度実績で 589 件を数えます（診療所で PCR 検査が可能となった 9 月以降は検査数が減少）。その他、当院には発熱外来（旧帰国者・接触者外来）があるため、保健所からの依頼で週に 5 ～ 20 件の PCR 検査を実施しています。

【重症症例への対応】

近隣にある東京都保健医療公社豊島病院がコロナ専門病院に変わり、新型コロナ患者を多く受け入れるということで、一部の一般患者を当院で引き受けました。他にも、区西北部保健医療圏（豊島区、北区、板橋区、練馬区）内の病院で対応困難な重症患者を受け入れ、体外式膜型人工肺（ECMO）を用いた高度医療を提供しています。これまで 4 例の重症患者を治療しましたが、全員が無事回復しました。

【ワクチン接種体制への協力】

ワクチン接種の「基本型接種施設」として、当院の職員だけでなく、地域の医療従事者、地域住民への接種体制を整備しました。

❸ PCR 検査体制の強化

当初、PCR 検査は民間に委託しており、結果が判明するまで 2 日間ほどかかっていました。そのため、熱症状のある患者は個室に隔離する必要があり、その間、医療スタッフは完全防備しなければなりません。ところが、検査を受けた患者のうち陽性となるのはわずかで、隔離室の逼迫と医療スタッフの労力が課題となっていました。

そこで、2020 年 8 月に新型コロナを含む 21 種類のウイルスを 1 時間程度で同時検出できる全自動遺伝子解析装置「Film Array」を導入。さらに、研究所職員の協力で検査体制を整え、1 日最大 200 件の PCR 検査を自前でできるようにしました。これにより、検査結果がすぐに判明すると同時に、偽陽性・偽陰性がなくなりました。秋頃からは、救急搬送の入院患者も全員 PCR 検査を行い、陰性を確認してから入院するようにし、治療後は研究所の PCR 検査を 2 回（現在は 1 回）受けてから、大部屋に移ってもらっています。

こうした取り組みにより、2021 年 1 月までは院内感染ゼロを続けていました。しかし、送り込み医療機関との確認不足をきっかけに院内クラスターが発生。その影響もあり、その後 2 か月で対前年比 3 億円の減収となり、油断は禁物だと改めて思い知らされました。

❹ 患者と患者家族の面会

現在、都内のほとんどの病院で対面による面会が禁止となっています。当院では緩和ケアなどの患者でどうしても必要な場合に限り、実費負担の PCR 検査で面会を可能にしました。これは、先に述べた充実した検査体制があるからこそ、実現できたことです。患者とその家族が長期間にわたって対面できないのは、とてもつらいことです。病気で亡くなった方が骨になるまで会えないといった新型コロナ特有の悲しい事態を少しでも減らさなければなりません。

❺ 職員の協力と病院のサポート

こうした一連の取り組みができたのは、職員に高い意識があったからだと考えています。感染防止対策に必要な備品や設備は現場責任者からの意見を踏まえて、経営企画部門の幹部が迅速・適切に調達しました。宿泊療養施設への職員の派遣は手上げで募集していましたが、常に募集人数以上の職員が率先して協力してくれました。病院側としては感染防御の徹底や危険手当の支給など、できる限りのサポートを行い、仮に職員が市中感染したとしても経済的・精神的な不都合がないようにしました。看護部門では心のケア窓口が看護師からの相談を受け、心理的ストレスの軽減にあたっていたこともあり、コロナを理由に退職した看護師は1人もいません。

理事長就任後に行った 職員の意識改革

現在、東京都では、14の都立病院と保健医療公社病院の地方独立行政法人化に向けて準備を進めています。当院はこうした動きに先駆け2009（平成21）年に独法化され、私が理事長となった2019年からは、大きな経営改革を断行してきました。

まず、職員に言い続けたのは、「自分たちで稼げないと病院は潰れてしまう」ということです。一部、運営費負担金・交付金はいただいていますが、病院の運営費のほとんどは診療報酬から捻出しなければいけません。ところが、当時の職員にはそうし

た意識はなく、給与と賞与は永遠に保証されるものだと思っていたようです。そこで、職員の人事評価を変え、民間基準にしました。赤字が改善しないと給与は増えず、頑張れば頑張るほど給与に跳ね返る仕組みにしたわけです。

同時に各診療科の収支を見える化しました。これをもとに、各診療科の責任者が来期の経営改善に向けた具体的な取り組みをプレゼンし、質疑応答を行うなど、経営参画の意識を高めて収支改善を図ったところ、濃淡はありますが、かなりの成果につながってきています。

また、地方独立行政法人の強みを生かし、幅広い業者が参加できる競争入札にして、2年間で2～3億円の経費削減に成功しました。

経営改革の成否は 人のマネジメント次第

このように、コストとベネフィットの感覚が職員に浸透すれば、経営面にプラスに働きます。ただし、公立病院は精神科や小児、当院であれば認知症など、非採算の部門があることも事実です。たとえば、認知症の周辺症状が強い方や難病の小児など、民間病院が引き受けない患者の受け皿は必要です。非採算の政策医療に関する個別のコストを計算したうえで、どのような形で経営するかを考えなければいけません。経営をしっかり行うのであれば、国立がん研究センターや国立長寿医療研究センターをはじめとするナショナルセンターのよう

に、総予算は厚生労働省が決め、各々の経営は各独立行政法人が行うような方法もあります。片や地方では、複数の施設を1人の理事長が掌握し、ガバナンスも1つにして、各施設に病院長を置くような地方独立行政法人も見受けられます。どういったスタイルがマッチするのかは十分に検討する必要があるでしょう。

また、独法化後に経営改革を進めるには、私が当院で行ったような改革を2〜3年で行う必要がありますが、公務員として働いていた職員の意識が変わるまでには5年はかかります。組織が変われば人の意識もすぐに変わるわけではなく、理解してすぐに変わるのが3分の1、残りは一応従うが積極的に協力しない、ことあるごとに反対するといった職員です。こうした職員のマインドチェンジには相応の労力と時間がかかります。

しかしながら、当院がそうであったように、地方独立行政法人としての経営が活性化すれば、住民サービスをよくする職員が適切に評価され、個人のやりがいが高まり、その病院の特徴になっていきます。まずは病院トップがリーダーシップを発揮して、幹部、やる気のある若手を巻き込むことが重要です。私はどちらかというとトップダウン型ですが、ある先生は若手のワーキンググループをつくり、各々のグループが独自に改善する手法を採用していました。その病院では、仮にトップが変わっても次のリーダーが持続的に生まれるでしょう。私はそうした組織体制にできなかったことを反省しています。

いずれにしても、経営改革の成否は人のマネジメント次第です。トップが組織だけを変えようとしてもうまくはいきません。病院の理念やビジョン、ポリシーを持続させるためには、幹や根、花を育てることが大切です。重要なキーマンを育てないといけません。

公立病院には緊張感のある経営競争原理に勝てる特徴が必要

これから急性期病院は対象患者を奪い合うようになり、団塊の世代が減少する15年後以降は外来も入院も長期不況に陥るでしょう。そうした時代に公立病院が生き残るためには、競争原理に勝てるような特徴を打ち出す必要があります。

国は地域医療構想の実現に向けて、公立病院の再編統合、民間病院との役割分担を求めています。公立病院は民間病院とよい意味での競争関係を築きながら、緊張感を持って経営にあたるべきです。新興感染症や大規模災害など危機対応に必要な病床は平時からどのくらい用意しておくのか、小児科や精神科などの政策医療にはどのくらい補助を出すのかなど、民間病院ができない部分は一定の公費を導入して継続していかなければなりません。運営必要額を明示して、自治体と住民の理解を得ながら取り組んでいく必要があります。地域の医療機関が適切な競争と共存を図れるような仕組みの実現に向けて、公立病院の意識改革が求められているのだと思います。

コロナ後を見据えた
制度改革を推進
病院の役割分担と
連携強化が急務

山下　護

厚生労働省
保険局医療介護連携政策課長

厚生労働省では、2040年を見据えた持続可能な医療提供体制の構築に向けて、「地域医療構想の実現」「医師の働き方改革」「医師の偏在対策」を三位一体で進めている。保険局医療介護連携政策課長の山下護氏に、コロナ後の制度改革の方向性や公立病院の再編統合のあり方についてうかがった。

将来の人口推計を見据えた
医療提供体制の整備が急務

　私が病院経営や医療政策にかかわり始めたのは、2004（平成16）年に医政局指導課（現・地域医療計画課）に配属されたことがきっかけです。当時は、公立病院の経営や再編統合などを含め、地域医療に関するさまざまな施策に取り組みました。そのなかで病院の経営者に対して一貫して主張してきたのは、医師には診療や手術など医師にしかできない業務に集中してもらい、診療収入が高まる仕組みをつくろうということでした。病院の稼ぎ頭は医師であり、医師が働きやすいように支援するのが事務部門です。ところが、実際はそのような組織体制になっていない公立病院が少なからずあり、市長などに直談判するなど自治体に対して働きかけを行っていました。

　現在、所属する医療介護連携政策課は、2014（平成26）年7月に新設されました。日本の人口動態がダイナミックに変化していくなか、各地域で必要となる医療・介護の連携体制の仕組みを政策面から推進するための部署です。私たちは10年後の政治や経済を正確に予想することはできませんが、自分が10年後に何歳になるかは正確にわかります。すなわち、10年後や20年後の人口は高い精度で予測することができ、それを地域の医療政策に落とし込むことが私たちの重要な役割です。

　たとえば、ある地域に高度急性期の病院を新設したいと言っても、需要はどれだけあるのか、将来的にその需要はどのように変化していくのかを見定めなければいけません。本来、商品・サービスはマーケットの需要に応じて提供されるものですが、これまでの病院は需給バランスや将来予測を

考慮せずにつくられたケースがありました。地域医療構想には否定的な意見も見受けられますが、日本の人口が減少し、医療の需給バランスが変化し始めているのに、それに目をつぶるのは控えていただきたいということです。いまや地方でも道路ネットワークが整備され、病院へのアクセスは向上しています。その病院が本当に必要かどうかを現在だけでなく、将来まで見据えて適切に判断する必要があります。

　同じ診療圏に同じ診療科や機能を持った病院があるなら、お互いに役割分担すべきです。同じような医療を提供していても患者を奪い合うだけで、専門医や高度医療機器が重複し、とても非効率になります。A病院で急性期の治療をして、B病院でリハビリを行うなど、お互いに補完し合えば、医業資源も分散しません。

　こういった話をすると自治体の関係者の方からは、「大規模投資をしたのに住民に説明ができない」と言われることがありますが、もはやそういう時代ではありません。将来の需要の変化に合わせた病院経営、地域医療の体制整備が求められています。医療介護連携政策課が直接的に何かを誘導できるわけではありませんが、効率的な医療提供体制の実現に向けて、病院や介護施設の連携を推進していきたいと考えています。

日頃の情報共有をもとにした連携と役割分担が重要

　現在の日本の医療提供体制は単体の病院ですべての治療を完結させる形にはなって

いません。患者の状態に合わせて治療する病院を変える必要があります。急性期の治療にあたる病院と、ある程度の治療が終わった患者を受け入れる病院を明確に分けて、患者の状態にあった医療機関へスムーズに転院できるように連携が必要です。

　連携の成否は、日頃から密に情報共有ができているかどうかで決まります。病院間の調整は都道府県をはじめ、大学病院、地域の基幹病院にマネジメントしてほしいところです。中心となる病院がうまくリーダーシップを発揮できると、患者を地域全体で診るような体制が整います。これは、まさしく地域医療構想の目指すところと一致します。自分たちがやるべきことは何か、他院に任せることは何かを少しでも早く明確にすることが大切です。地域の各病院が得意な分野に人的・物的資源を集中させることで、支出を抑えながら利益を最大化することが可能となります。連携・役割分担は経済的に見ても合理的だと言えます。

　特に公立病院には、公立病院にしかできない役割を担っていただきたいと思います。民間病院がすでに提供している医療と同じ分野に投資する必要はなく、地域全体を俯瞰して戦略を練るべきです。これまでそうした戦略がなかった結果、小規模の市民病院が地域で競合し、お互いに医師が確保できない、患者が来ないから赤字だと窮状を訴えるようなことが起きてきました。病院の建設を承認した市長は住民から感謝され、それでよいのかもしれませんが、やがて経営が苦しくなれば自治体の重荷になっていくだけです。都道府県や市区町村

の担当者、公立・民間を含めた地域の病院経営者らが一体となって、地域全体の医療提供体制を最適化していくための将来プランを練らないといけません。

三位一体改革を推進 有事を踏まえた 医療提供体制の構築を！

2024（令和6）年4月からは医師の時間外労働規制がスタートします。日本は専門医が薄く広く配置されており、そのことが勤務医の疲弊を招いてきました。そのため、

特に急性期病院は一定の集約化を図る必要があると考えています。同じ専門性を持った医師が1つの病院に集まれば、自然と切磋琢磨できるでしょうし、過剰な労働負担も是正できます。厚生労働省では2040（令和22）年を見据えた持続可能な医療提供体制の構築に向けて、「地域医療構想の実現」「医師の働き方改革」「医師の偏在対策」を三位一体改革として進めています（**図表2-1**）。医師の働き方改革や偏在対策は、地域医療構想につながる重要事項です。

また、2021（令和3）年6月には医療法が改正され、都道府県が策定する医療計画

図表2-1　三位一体で進める医療改革

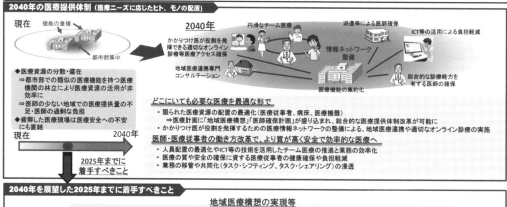

出典：厚生労働省 第66回社会保障審議会医療部会資料「医療提供体制の改革について」（平成31年4月24日）

の５事業に「新興感染症等の感染拡大時における医療」が追加されることになりました。2024年からスタートする第８次医療計画から「５疾病・６事業および在宅医療」へ見直されます（**図表2-2**）。新型コロナの感染拡大では、医療提供体制のさまざまな課題が浮き彫りになりました。医療機関同士の役割分担・連携体制だけでなく、感染防護具や医療物資の確保・備蓄、受け入れ候補となる医療機関や臨時の医療施設・宿泊療養施設の確保、感染症患者の対応にあたる専門人材（医師・看護師等）の確保・育成など、検討が必要な事項は数多くあります。各都道府県で有事に対応できる医療提供体制をどのように整備するかについて、十分に議論しておくことが大切です。

現在、各都道府県ではコロナ対策に懸命に取り組んでいることと思います。まずは感染拡大を抑え、一人でも多くの命を救わなければなりません。一方で、これからワクチン接種が進み、感染が収束に向かっていったあとは、地域医療が抱える課題についても考えていただきたいと思います。今回のコロナ危機も踏まえて、平時から病院間の連携を深めていくことが、地域の未来を守ることにつながります。

図表2-2　医療法改正の概要

良質かつ適切な医療を効率的に提供する体制の確保を推進するための医療法等の一部を改正する法律案の概要

改正の趣旨

良質かつ適切な医療を効率的に提供する体制の確保を推進する観点から、医師の働き方改革、各医療関係職種の専門性の活用、地域の実情に応じた医療提供体制の確保を進めるため、長時間労働の医師に対し医療機関が講ずべき健康確保措置等の整備や地域医療構想の実現に向けた医療機関の取組に対する支援の強化等の措置を講ずる。

改正の概要

＜Ⅰ．医師の働き方改革＞

長時間労働の医師の労働時間短縮及び健康確保のための措置の整備等　（医療法）【令和6年4月1日に向け段階的に施行】

医師に対する時間外労働の上限規制の適用開始（令和6年4月1日）に向け、次の措置を講じる。

- 勤務する医師が長時間労働となる医療機関における医師労働時間短縮計画の作成
- 地域医療の確保や集中的な研修実施の観点から、やむを得ず高い上限時間を適用する医療機関を都道府県知事が指定する制度の創設
- 当該医療機関における健康確保措置（面接指導、連続勤務時間制限、勤務間インターバル規制等）の実施　等

＜Ⅱ．各医療関係職種の専門性の活用＞

1．医療関係職種の業務範囲の見直し　（診療放射線技師法、臨床検査技師等に関する法律、臨床工学技士法、救急救命士法）【令和3年10月1日施行】

タスクシフト/シェアを推進し、医師の負担を軽減しつつ、医療関係職種がより専門性を活かせるよう、各職種の業務範囲の拡大等を行う。

2．医師養成課程の見直し　（医師法、歯科医師法）【①は令和7年4月1日／②は令和5年4月1日施行等】　※歯科医師も同様の措置

①共用試験合格を医師国家試験の受験資格要件とし、②同試験に合格した医学生が臨床実習として医業を行うことができる旨を明確化。

＜Ⅲ．地域の実情に応じた医療提供体制の確保＞

1．新興感染症等の感染拡大時における医療提供体制の確保に関する事項の医療計画への位置付け　（医療法）【令和6年4月1日施行】

医療計画の記載事項に新興感染症等への対応に関する事項を追加する。

2．地域医療構想の実現に向けた医療機関の取組の支援　（地域における医療及び介護の総合的な確保の促進に関する法律）【令和3年4月1日施行】

令和2年度に創設した「病床機能再編支援事業」を地域医療介護総合確保基金に位置付け、当該事業については国が全額を負担することとするほか、再編を行う医療機関に対する税制優遇措置を講じる。

3．外来医療の機能の明確化・連携　（医療法）【令和4年4月1日施行】

医療機関に対し、医療資源を重点的に活用する外来等について報告を求める外来機能報告制度の創設等を行う。

＜Ⅳ．その他＞　持ち分の定めのない医療法人への移行計画認定制度の延長【公布日施行】

1

出典：厚生労働省 第31回地域医療構想に関するワーキンググループ参考資料「良質かつ適切な医療を効率的に提供する体制の確保を推進するための医療法等の一部を改正する法律案の閣議決定について」（令和３年２月12日）

地域住民の理解を得ながら 公立病院のあり方を再考すべき

医療を受ける側の患者や地域住民も、病院や医療のあり方について理解していただく必要があります。多くの方は、「近くに病院があると安心・便利で、なくなってしまっては困る」と声を上げますが、普段からその病院を利用していたかといえば、評判のよい隣町の病院に通っていたりします。その結果、近くの病院がなくなってしまうわけですが、それはおかしな話です。大切なのは、治療が必要なときに適切な治療を受けられることです。近くに病院がなくても車や公共の交通機関を利用してアクセスできる距離に病院があれば、問題はないはずです。

極論にはなりますが、地方に住むがんの患者が最先端の治療を受けたいと考えた場合、東京にあるがんセンターへ行くこともできます。近くにがんの治療ができる病院があったしても、十分な治療実績がなければ、そこで手術を受けたいと思う人は少な

いでしょう。自治体も赤字病院の維持・存続に税金を使うよりは、他の公共サービスを充実させたほうが、住民にとって有意義だと思います。

経営が悪化している公立病院を改革するためには、病院経営の実績を持つ人材を理事長・院長に登用する必要があります。地方独立行政法人化は経営改革の実現に向けた選択肢の1つとなりますが、自治体から病院経営者に権限を委譲し、リーダーシップを発揮してもらうことで、経営の質だけでなく、医療の質も高まっていきます。

コロナ対応では、公立病院の多くが積極的に患者を受け入れ、治療にあたりました。そのため、公立病院の再編統合は見直すべきだという意見も散見されます。しかし、これから高齢化や人口減少が進む地域で、同じ機能を持った公立病院が競合していても先細りしていくだけです。地域医療の将来像や公立病院のあり方を医療関係者や自治体が十分に検討し、地域住民の理解を得ながら改革を進めていく必要があると思います。

進むデータヘルス改革 個人の健康管理は どのように変わるのか

小林秀幸

前厚生労働省
子ども家庭局母子保健課長

健康・医療・介護分野のデータを有機的に連結させ、より効果的・効率的な医療・介護サービスの提供を目指す「データヘルス改革」。2020年6月からはマイナポータルにおいて乳幼児健診情報の利活用がスタートしている。厚生労働省子ども家庭局母子保健課長（取材時）の小林秀幸氏に、データヘルス改革が目指す医療の未来や母子保健課としての取り組みなどについてうかがった。

第3部　地域における公立病院の役割とコロナ後の経営改革

日本は世界で初めて 「母子健康手帳」を導入した国

　子ども家庭局母子保健課は、妊娠した女性や乳幼児の健康を主管する部署で、私は2019（平成31）年4月に着任しました。母子保健課の代表的な取り組みとしては、「母子健康手帳」が挙げられます。これは母子健康法に基づき市町村が妊娠の届出をした方に対して交付するもので、妊娠、出産および育児に関する健康記録であるとともに、乳幼児の保護者に対する育児の指導書にもなっています。

　日本は世界で初めて母子健康手帳を導入した国であり、その活用が始まったのは1948（昭和23）年のことです。それまで使われていた「妊産婦手帳」と「乳幼児体力手帳」を統合し、「母子手帳」として誕生しました。現在の名称となったのは1966（昭和41）年で、時代のニーズとと

もに記録内容を充実させ、母子の健康と成長を支えてきました。欧米ではこうした手帳の活用はほとんど見かけません。母子健康手帳は、日本独自の画期的な仕組みだと考えています。

　その他、母子保健課の最近の取り組みとしては、不妊治療の保険適用に向けた制度設計を進めてきました。また、新型コロナウイルス感染症関連では、「妊婦や胎児のリスクはどの程度で、分娩時にもマスク着用を求めるべきか」「子供がマスクをつけることでコミュニケーション力や成長・発育に影響はないか」といった母子に特有の問題について、関係学会・団体と協力・連携しながら解決に努めています。

国民の健康寿命の延伸に向けて データヘルス改革を推進

　厚生労働省は、2017（平成29）年に「デー

タヘルス改革推進本部」を立ち上げました。データヘルス改革とは、これまで分散されていた健康・医療・介護分野のデータを有機的に連結させて、AI や ICT を活用した効果的・効率的な医療・介護サービスを提供しながら、国民の健康寿命のさらなる延伸を目指す政策のことです。具体的には次の 8 つの柱を掲げ、対策を進めてきました（**図表 3-1**）。

❶保健医療記録共有

全国的な保健医療記録共有サービスの運用により、複数の医療機関等の間で患者情報の共有。

❷救急時医療情報共有

医療的ケア児等の救急時の医療情報共有により、搬送先医療機関で適切な医療を受けられる体制の整備。

❸ PHR・健康スコアリング

自社の従業員等の健康状態や医療費等が「見える化」され、企業・保険者の予防・健康づくりに活用。

❹データヘルス分析

NDB、介護 DB 等の連結解析と幅広い主体による公益目的での分析。

❺乳幼児期・学童期の健康情報

乳幼児健診等の電子化情報の市町村間の

図表 3-1 データヘルス改革の全体像

出典：厚生労働省「第 4 回データヘルス改革推進本部資料」（平成 30 年 7 月 30 日）

引継ぎとマイナポータルによる本人への提供。

❻科学的介護データ提供

科学的に効果が裏付けられた介護を実現するため、分析に必要なデータを収集するデータベースの構築。

❼がんゲノム

がんゲノム医療提供体制の整備と、パネル検査に基づく適切な治療等の提供やがんゲノム情報の集約。

❽人工知能（AI）

重点6領域を中心としたAI開発基盤の整備とAIの社会実装に向けた取り組み。

厚生労働省の「データヘルス改革推進本部」では、2020（令和2）年度までにデータヘルス改革の基盤となる「保健医療データプラットフォーム」の本格運用を開始する予定で計画を進めてきましたが、新型コロナウイルス感染症の影響もあり、2020年7月には「新たな日常にも対応したデータヘルスの集中改革プラン」を公表し、特に重要な3つのアクションについて今後2年間で集中的に取り組む方針を示しました（**図表3-2**）。さらに、2021（令和3）年6月には2025（令和7）年までの工程表を刷新し、これに沿って計画を進めているとこ

図表3-2　集中改革プランの3つのアクション

新たな日常にも対応したデータヘルスの集中改革プラン

データヘルス集中改革プランの基本的な考え方

○　3つの仕組みについて、<u>オンライン資格確認等システムやマイナンバー制度等の既存インフラを最大限</u>活用しつつ、<u>令和3年に必要な法制上の対応等</u>を行った上で、<u>令和4年度中に運用開始</u>を目指し、効率的かつ迅速に<u>データヘルス改革</u>を進め、新たな日常にも対応するデジタル化を通じた強靭な社会保障を構築する。

▶3つのACTIONを今後2年間で集中的に実行

ACTION1：全国で医療情報を確認できる仕組みの拡大

<u>患者や全国の医療機関等で医療情報を確認できる仕組み</u>について、対象となる情報（薬剤情報に加えて、手術・移植や透析等の情報）を拡大し、<u>令和4年夏</u>を目途に運用開始

ACTION2：電子処方箋の仕組みの構築

重複投薬の回避にも資する<u>電子処方箋の仕組み</u>について、オンライン資格確認等システムを基盤とする運用に関する要件整理及び関係者間の調整を実施した上で、整理結果に基づく必要な法制上の対応とともに、医療機関等のシステム改修を行い<u>令和4年夏を目途に運用開始</u>

ACTION3：自身の保健医療情報を活用できる仕組みの拡大

ＰＣやスマートフォン等を通じて国民・患者が<u>自身の保健医療情報を閲覧・活用できる仕組み</u>について、健診・検診データの標準化に速やかに取り組むとともに、対象となる健診等を拡大するため、令和3年に必要な法制上の対応を行い、<u>令和4年度早期から順次拡大し、運用</u>

★上記のほか、医療情報システムの標準化、API活用のための環境整備といったデータヘルス改革の基盤となる取組も着実に実施。
電子カルテの情報等上記以外の医療情報についても、引き続き検討。

出典：厚生労働省「新たな日常にも対応したデータヘルスの集中改革プランについて」（令和2年7月30日）

ろです。

2020年6月から
マイナポータルで
乳幼児健診情報の閲覧が可能に

データヘルス改革の8つの柱のうちの1つとして、「乳幼児期・学童期の健康情報」が掲げられています。母子保健課では、2018（平成30）年に「データヘルス時代の母子保健情報の利活用に関する検討会」を開催し、乳幼児期に受ける健診情報などを電子的に記録し、一元的に管理できる仕組みの構築を検討してきました。

これまで、乳幼児期に母子保健事業として市町村で行われる健診と、学童期に学校保健として教育委員会や学校が実施する健診は別の制度として運用されており、健診結果等を引き継ぐための仕組みが存在しないことが課題となっていました。子供の健康や将来を考えれば、適切なかたちで情報を引き継ぐべきであり、一元管理が実現すれば、乳幼児期の健康状態や生活習慣病等が将来どのように疾病リスクに影響するのかなど、その関係性を分析するビッグデータとして活用することもできます。これは、内閣府「経済財政運営と改革の基本方針2018（骨太の方針2018）」においても、その重要性が指摘されています。

一方、情報の保存性やポータビリティも課題でした。日本は地震や台風など災害が多く、貴重な情報が水没したり、紛失して使えなくなることも珍しくありません。また、転居すると他の自治体や学校に情報が引き継がれないなど、自治体・学校間の情報共有も未整備でした。

前述の検討会では、こうした課題について議論を重ね、母子保健法等の改正を経て、2020年6月からマイナポータルにおいて乳幼児健診情報の利活用がスタートしています。ただ、現状、マイナポータルで閲覧できる情報は生後3〜4か月、1歳6か月、3歳時の乳幼児健診における一部の項目に限られ、今後どのように項目を拡大していくかはさらなる議論が必要です。

データヘルス改革で目指しているのは、個人の健康状態や服薬履歴等を本人や家族が把握し、日常生活の改善や健康増進につなげるための仕組みであるPHR（Personal Health Record）の実現です。乳幼児健診の分野は先行することができましたが、今後は学校健診、特定健診をはじめ、予防接種歴、診療記録や服薬情報なども紐づけていくことが期待されます。

また、PHRの実現には、民間事業者の協力が不可欠です。行政がつくるシステムはデータを数字のまま提供するだけの無味乾燥なものになりがちですが、見やすくわかりやすいインターフェイスや利便性を高めるための創意工夫は民間事業者の得意とするところです。2021年度中にはマイナポータルと民間事業者が提供している母子健康手帳アプリのAPI（Application Programming Interface：ソフトウェアコンポーネントが互いのやりとりに使用するインターフェイスの仕様）連携が始まる見通しで、サービスの広がりや利便性の向上が期待されています。

データヘルス改革の実現により 医療・介護現場が効率化

データの利活用には、「この情報は誰に帰属するのか」という課題が常につきまといます。国民からすれば、自身の健康情報を把握したうえで健康増進や日々の暮らしに役立てたいと考える方もいれば、第三者に個人情報を提供することを懸念される方もいます。ゲノム医療が進展すると、数年後にがんを発症する可能性が高い、高血圧のリスクがあるといったことがわかりやすくなりますが、遺伝子情報は究極の個人情報であり、国民の信頼を得るためには情報流出・漏えいを防ぐ安全安心なシステム設計が何よりも大切になります。

ビッグデータの進展に伴う、新たなヘルスケア産業の創出にも期待したいところです。日本の医薬品や医療機器メーカーは高いポテンシャルを持っていますが、現状では欧米の後塵を拝しており、医薬品だけで見ても貿易収支上の赤字は数兆円レベルです。そこには日本ではデータが集めにくい、治験を実施しにくいといった背景があり、データヘルス改革はそうした課題を解消し、革新的な医薬品の創出や医療機器の開発につなげていく狙いもあります。

医療機関や介護施設においては、情報連携の進展により業務の効率化やサービスの高度化が期待されます。患者が過去に受けた治療内容や健診結果を病院同士、または病院と診療所間でシームレスに共有できるようになれば、検査や治療、投薬の重複が解消され、より適切な治療を行うことがで

きます。コミュニケーションが苦手な患者、認知症の症状がある高齢者でも正確な治療歴や投薬歴が手に入るメリットは大きいと思います。

一方、医療機関同士の情報連携については、すでにいくつかの地域で医療情報連携ネットワークが整備・運用されており、全国版の共通システムを構築するためには、それらの取り扱いや連結のための医療情報の標準化が課題となってきます。特に標準化は、異なる仕様の電子カルテ間でデータの移行ができないケースが散見され、これまでも問題となってきました。標準化は時代の流れであり、最低限のルールの整備を急がなければなりません。

使いたいサービスがあれば デジタル化は一気に加速する

データヘルス改革の加速に向けて、政府のデジタル推進の中心に位置づけられているマイナンバーカードの普及が大きなカギを握っています。政府は2022（令和4）年度末までにマイナンバーカードの全国民への普及を目指していますが、2021年8月末現在の交付率は4割未満に留まっており、今後、利用促進を図るためには、国民がマイナンバーカードを持つ動機につながるサービスメニューの開発が重要になります。

マイナンバー関連の施策はデジタル庁が司令塔となりますが、厚生労働省は健康・医療・介護の分野で、他の省庁はそれぞれの分野でアイデアを出し合い、さまざまな

サービスを検討中です。特に健康に関する情報は国民の関心が高く、データヘルス改革で国民がメリットを感じられるサービスを提供することができれば、マイナンバーカードの普及につながっていくでしょう。

　日本が海外に比べてデジタル化が遅れているのは、これまでのアナログのシステムの利便性が高く、デジタル化のメリットをあまり感じないといったことも関係しています。実際、母子健康手帳は10年に1度の大きな見直しの時期に差しかかっていますが、今後も紙の手帳がよいのか、電子化したアプリを中心にするのがよいのかは、利用者側の使い方次第で変わってきます。

　また、デジタル化は具体的な仕上がりや用途、目指すべきゴールを考えずに進めると、結果的に使えないシステムとなってしまうおそれがあります。初期の制度設計は非常に重要であり、慎重に進めていくべきですが、一方でスピード感がなければ時代の変化にはついていけません。慎重さとスピード感を両立させながら、今後もよりよい制度設計の実現に向けて取り組んでいきたいと考えています。

上塚芳郎（うえつか・よしお）

　1977（昭和52）年、北里大学医学部卒業。その後、循環器診療に従事し、1987（昭和62）年、一時父親が開業していた診療所の開設者を経て、1997（平成9）年、東京女子医科大学医学部循環器内科学講師に就任。2001（平成13）年、米国ハーバード大学公衆衛生大学院修士（MPH）を取得し、2005（平成17）年、東京女子医科大学の循環器内科学と医療・病院管理学の教授に就任。同大学附属成人医学センター所長を経て、2020（令和2）年3月に退任。その後は、民間病院にて内科診療を続ける傍ら一般財団法人松本財団にて医療材料の流通の研究を続けている。元東京都社会保険診療報酬支払基金医科審査委員、元日本医療・病院管理学会理事等を歴任。

第1部

吉田実貴人（よしだ・みきと）

　シンガポール国立大学MBA卒業。監査法人長隆事務所パートナー、公認会計士。大手監査法人で上場会社の会計監査、株式公開支援、投資ファンドの支援等に携わり、海外駐在を経たのち、アドバイザリー会社で財務デューデリジェンス、企業価値評価、金融ファンド評価等に従事。東日本大震災を機に、出身地である福島県いわき市で市議会議員を2期8年務め、さまざまな政策提言を行う。また、医師不足に直面する地域医療を目の当たりにし、積極的な医師招聘活動で成果を出す。現在は会計を切り口にしたスタートアップ等について大学等で非常勤講師を務めている。趣味はトライアスロン。

竹田和行（たけだ・かずゆき）

　1961（昭和36）年東京都生まれ。東京都福祉局社会保険指導部医療課社会保険調査官、関東信越厚生局医療課長補佐、同群馬事務所審査課長を経て、2012（平成24）年に社会医療法人輝城会医療・介護経営研究所所長に就任。2020（令和2）年より株式会社施設基準総合研究所代表取締役。その他、監査法人長隆事務所特別顧問や施設基準管理システム「iMedy」（iMedy株式会社）のアドバイザーとして技術助言を務める。診療報酬の取り扱いや施設基準のルール、適時調査や個別指導の仕組みなどについて契約先の保険医療機関や保険薬局などに助言などを行い、各地で行われているセミナーや講演会において適時調査や個別指導などをテーマにした講演を行う。著書に、施設基準の適時調査を解説した「施設基準適時調査マニュアル」（産労総合研究所）がある。

増原慶壮（ますはら・けいそう）

1975（昭和50）年、大阪薬科大学卒業。同年、聖マリアンナ医科大学病院薬剤部。1978（昭和53）年より薬物治療モニタリングなど臨床活動に従事。1995（平成7）年、博士（薬学）。2001（平成13）年、聖マリアンナ医科大学病院薬剤部長。同年10月、ファーマシューティカルケアの理念を実践するために薬剤師の病棟配置を開始。2003（平成15）年、DPC導入と同時にジェネリック医薬品を採用。2004（平成16）年、わが国初の一般名処方を開始。2010（平成22）年、1病棟1名の薬剤師の配置完了。2014（平成26）年、院内フォーミュラリーを開始。2017（平成29）年より株式会社日本医薬総合研究所病院コンサルタント部長、2018（平成30）年より株式会社日本医薬総合研究所取締役。2019（令和元）年より日本調剤株式会社取締役（FINDAT事業部長）、聖マリアンナ医科大学客員教授。著書に『アプライドセラピューティクス症例解析に基づく薬物治療』（テクノミック）、『フォーミュラリー─エビデンスと経済性に基づいた薬剤選択─』（薬事日報社）、『フォーミュラリーマネジメント─院内フォーミュラリーから地域フォーミュラリーへ─』（薬事日報社）ほか。

上村知宏（うえむら・ともひろ）

1999（平成11）年、社会福祉・医療事業団（現・独立行政法人福祉医療機構）入職。医療施設を中心に10年間、融資部門および社会福祉施設等の職員に対する退職金支給事業等に従事。融資部門においては、全国各地にある医療機関のうち、国・都道府県において各種政策上必要とされる施設整備事業に対し、行政や金融機関等と連携を図りながら事業計画策定時の相談・支援業務や融資審査業務を実施し、多数の案件に携わる。その後、民間金融機関への派遣、医療施設、社会福祉施設等に対する経営支援、地域医療構想等、行政計画の遂行に向けた支援に従事した。2021（令和3）年より福祉医療貸付部課長代理として、引き続き融資部門に従事しているほか、医療関係機関・団体等における講演・執筆活動、研究事業への参画等も行っており、医療・福祉分野における広範囲な支援に携わっている。

田中謙吾（たなか・けんご）

1977（昭和52）年生まれ。神戸大学経営学部卒。2012（平成24）年に公認会計士登録。準大手監査法人にて、上場企業（システム開発事業、介護福祉事業等）の現場責任者を担当。その後、非営利法人に特化した監査法人に転籍し、医療法人をはじめとした非営利法人に対する多くの監査業務を現場責任者として担当。現在は、監査法人長隆事務所にて、地方独立行政法人の監査業務や公立病院の地方独立行政法人化支援に従事。その他、非営利法人に対する内部統制構築支援や地方自治体に対する各種の支援業務も行っている。

森本明浩（もりもと・あきひろ）

1986（昭和61）年生まれ。2012（平成24）年、公認会計士登録。2008（平成20）年の公認会計士試験に合格後、あずさ監査法人（現・有限責任あずさ監査法人）に入所し、上場企業や独立行政法人、地方独立行政法人等の会計監査に従事する傍ら、株式上場支援業務や財務デューデリジェンス業務にも従事。その後、2019（令和元）年に税理士法人に転職し、法人および個人事業主の税務業務や再生業務、経営改善業務に従事。現在は、監査法人長隆事務所にて医療法人の会計監査に従事している。

原田智浩（はらだ・ともひろ）

1979（昭和54）年生まれ。2014（平成26）年、公認会計士登録。早稲田大学大学院会計研究科を卒業後、2010（平成22）年の公認会計士試験に合格。その後、公認会計士試験受験予備校で講師を務め、中小監査法人で、食品、化学、卸売、情報・通信、機械などの幅広い業種の上場会社等の会計監査に従事。現在は、監査法人長隆事務所にて、地方独立行政法人、医療法人、社会福祉法人の会計監査に従事し、日本公認会計士協会埼玉会医療法人専門委員会および社会福祉法人専門委員会に所属している。

賀来満夫（かく・みつお）

東北医科薬科大学医学部感染症学教室特任教授、東北大学名誉教授、東京都参与、一般財団法人ジャパンワンヘルスネットワーク財団代表理事。長崎大学医学部卒業後、長崎大学大学院医学研究科修了。自治医科大学呼吸器内科学教室講師、長崎大学医学部附属病院検査部講師、聖マリアンナ医科大学微生物学教室助教授を経て、東北大学大学院感染制御・検査診断学分野教授、総合感染症学分野教授を務めた。世界保健機関感染症・感染制御アドバイザー、厚生労働省院内感染対策中央会議など複数の会議の委員、一般社団法人日本野球機構（NBP）・公益社団法人プロサッカーリーグ（Jリーグ）「新型コロナウイルス対策連絡会議」専門家チーム座長。2020（令和2）年10月に発足した東京感染症対策センター専門家ボード座長を務めている。

遠藤史郎（えんどう・しろう）

東北医科薬科大学医学部感染症学教室病院教授、東北医科薬科大学病院感染制御部部長、東北大学大学院医学系研究科感染制御インテリジェンスネットワーク寄附講座客員教授。自治医科大学医学部卒業後、東北大学大学院医学系研究科修了。東北大学病院 感染管理室室長、国際医療福祉大学塩谷病院病院教授を経て、現職に至る。一般社団法人日本野球機構（NBP）、公益社団法人プロサッカーリーグ（Jリーグ）「新型コロナウイルス対策連絡会議」専門家チーム・東北地区アドバイザー。宮城県新型コロナウイルス感染症医療調整本部アドバイザリーボードメンバー、仙台フィルハーモニー管弦楽団新型コロナウイルス感染症対応特定医療機関主担当医師を務めている。

吉田眞紀子 (よしだ・まきこ)

東北医科薬科大学医学部感染症危機管理地域ネットワーク寄附講座准教授、東北大学病院検査部非常勤講師、東北大学大学院医学系研究科感染制御インテリジェンスネットワーク寄附講座非常勤講師。武庫川女子大学薬学部卒業、薬剤師免許取得、名古屋大学大学院医学系研究科修了、博士（医学）取得。専門は、感染症疫学・感染症危機管理学・医療関連感染。国立感染症研究所実地疫学専門家養成コース（FETP）、世界保健機関西太平洋地域事務局サーベイランス専門官、東北大学大学院医学系研究科総合感染症学分野を経て、現職。

第**2**部

坂本昭雄 (さかもと・あきお)

1973（昭和48）年3月、千葉大学医学部卒業後、千葉大学医学部附属病院第二外科に入局。埼玉県厚生連幸手総合病院外科、ハーバード大学医学部留学、千葉大学医学部附属病院第二外科講師等を経て、1996（平成8）年9月、組合立国保成東病院病院長に就任。2010（平成22）年4月、地方独立行政法人さんむ医療センター理事長（病院長兼務）、2013（平成25）年4月より同理事長（専任）。日本外科学会指導医、日本消化器外科学会指導医、ピロリ菌感染症認定医。主な所属学会に日本外科学会、日本消化器外科学会がある。

佐藤俊男 (さとう・としお)

山形県酒田市出身。早稲田大学卒業後、酒田市役所入所。2003（平成15）年10月、酒田市病院事務部長。2008（平成20）年4月、地方独立行政法人山形県・酒田市病院機構事務局長。2012（平成24）年8月、同機構を退職後、特定非営利活動法人日本医療流通改善研究会顧問、日本メディカルGPO株式会社顧問を経て、2016（平成28）年4月より地方独立行政法人山形県・酒田市病院機構病院統括医療官付参事。一般社団法人病院トップマネジメント研究会代表理事。

只友裕也 (ただとも・ゆうや)

青山学院大学国際政治経済学部卒業。2011（平成23）年、株式会社ヴィンテージ入社。同社にて福祉ソフトウェア事業・医療ソフトウェア事業の立ち上げから拡大を主導する。2015（平成27）年より同社取締役。2020（令和2）年、iMedy株式会社を設立、代表取締役に就任。

阿部吉倫（あべ・よしのり）

　2015（平成27）年、東京大学医学部医学科卒業。東京大学医学部附属病院、地方独立行政法人東京都健康長寿医療センターで初期研修を修了。血便を放置し、48歳で亡くなった患者との出会いをきっかけにデータサイエンスの世界へ。2017（平成29）年5月にUbie株式会社を共同創業、医療の働き方改革を実現すべく、全国の医療機関向けにAIを使った問診システムの提供を始める。2019（令和元）年12月より日本救急医学会救急AI研究活性化特別委員会委員。2020（令和2）年、Forbes 30 Under 30 Asia Healthcare & Science部門選出。

第**3**部

鳥羽研二（とば・けんじ）

　1951（昭和26）年、長野県生まれ。1978（昭和53）年、東京大学医学部卒業。東京大学医学部附属病院、杏林大学医学部付属病院などを経て、2010（平成22）年に国立長寿医療研究センター病院長に就任。2014（平成26）年、同センター理事長・総長。2019（令和元）年6月より地方独立行政法人東京都健康長寿医療センター理事長。

山下　護（やました・まもる）

　1997（平成9）年、東京大学教育学部卒業後、厚生省（現・厚生労働省）入省（児童家庭局）。米国社会保障調査員（年金資金の運用・企業年金に関する調査）、厚生省大臣官房政策課などを経て、2004（平成16）年4月からは厚生労働省医政局指導課課長補佐として第5次医療法改正を担当。その後、外務省在タイ王国日本国大使館一等書記官、厚生労働省保険局総務課政策調整委員、モンゴル社会保険庁政策顧問、厚生労働省年金局企画官を経て、2019（令和元）年7月より厚生労働省保険局医療介護連携政策課長。

小林秀幸（こばやし・ひでゆき）

　1996（平成8）年、長崎大学医学部卒業。1997（平成9）年、厚生省（現・厚生労働省）に入省し、医薬安全局、健康局、老健局などを経て、2010（平成22）年、富山県に出向（県厚生部長）。その後、環境省環境保健部特殊疾病対策室長、文部科学省研究振興局先端医科学研究企画官、厚生労働省医政局経済課医療機器政策室長、子ども家庭局母子保健課長などを経て、2021（令和3）年9月から内閣府カジノ管理委員会事務局依存対策課長。

■装幀・本文デザイン＆DTP／株式会社サンビジネス
■取材協力（第3部）／大正谷成晴

公立病院のための
地方独立行政法人設立・運営マニュアルQ&A

2021年10月20日　第1版第1刷発行

監修者　　上塚芳郎
発行者　　林　　諄
発行所　　株式会社日本医療企画
　　　　　〒104-0032　東京都中央区八丁堀3-20-5　S-GATE八丁堀
　　　　　TEL03-3553-2861（代）
　　　　　FAX03-3553-2886
　　　　　http://www.jmp.co.jp/
印刷所　　凸版印刷株式会社

ISBN978-4-86729-074-3　C3034　　Printed and Bound in Japan,2021